董顯光．原著／曾虛白．中譯／蔡登山．主編

董顯光自傳

報人、外交家與傳道者的傳奇

目次

《董顯光自傳》譯本序言

張群

董顯光先生早歲肄業美國密蘇里新聞學院，為我國專攻現代報學首開風氣的有數學者之一。歸國後實心從事於新聞工作，成為名記者。民國二十年代，主持上海英文《大陸報》，尤蜚聲於時。抗戰發生，響應政府號召，參與實際政治：先後擔任軍事委員會第五部副部長、中央宣傳部副部長、行政院新聞局局長。政府遷臺以後，受命為我國駐日本大使及駐美大使。一生事蹟，為國人所熟知，知友同輩，尤樂道之以為榮。然其親筆記述生平事略之文字；則為社會所少見。董先生逝世之後，朋輩檢點書篋，清理遺著，得其手撰英文自傳稿本，視為珍寶。董夫人特囑曾虛白先生譯為中文，頃已竣事。新生報副刊商得獨家刊載之權，定於本月十九日起連續發表，並將印行專書，實為我國出版界一大盛事。

自傳全稿凡二十四章，自少年求學經過，至晚年大使退休，依次敘述；而於戰時在國際宣傳處及勝利後任行政院新聞局長任內之工作，記載獨詳。此書發表，不但足供「下一代看做榜樣」，使治學從政者有所取法；且因其「反映二十世紀中國的許多重要事件與問題」，可供我國研究近代史的參考，其價值可知。作者以其出身農家，歷經長期奮鬥而鍛鍊成為不移不屈的人格，乃名其書為「一個中國農夫的自傳」，其不忘根本的精神與全書質樸的描述，皆可於此一書名見之。曾先生譯筆信達，詞句雅麗，更必受廣大讀者之歡迎。

我與董先生本屬通家，又同為基督信徒，數十年來，兩家時相過從，交誼深厚，而在行政院共事期間，工作上復經常聯繫。來臺初期，怵心世事，彼此切磋論學，晤敘尤多。今其自傳即將刊行，喜得先讀之快，不徒深感榮幸，而書中觸及共同相處之時間與空間，彼此有類似的領略與閱歷，舊事重溫，彌增感念。

聖經謂：在神看來，千年如同一日，人生斯世，不過數十寒暑，真如白駒之過隙，然其所以不朽者，乃在捨己為群，愛人淑世，宏其心力之貢獻以有益於當時而垂範於後世，用能將一己有限的生命，發揚為無遠弗屆的光輝。董先生一生德業輝煌，事功彪炳，所以貢獻於人群者甚多；此一自傳行世，將更激勵後起者的思想與行動，而繼續改善群體的生活，其有益於世，足以不朽可知也。李社長白虹於刊行之先，以我與董先生有舊，囑為序文介紹，義不敢辭，因略述數言，以與無數讀者的心聲相印證。

民國六十二年三月十五日

譯介《董顯光自傳》前言

曾虛白

我們在去年整理董顯光兄遺留在臺北的書箱時，發現他寫得完完整整的一本英文手稿，封面上寫的標題是，「一個中國農夫的自述」，（*Autobiography of A Chinese Farmer*），仔細翻閱，竟是他的自傳。

顯光兄在這本自傳的序文裡把他寫這篇自傳的動機說得很清楚。他以為「自傳應該保留給那些立有豐功偉業足為萬世師表者寫」。他自我檢討，「我的一生並不是推動時代主流的動力。我雖經常側身在偉大人物的營幕裡，可是我並不是偉人本身。因此，我在歷史上的地位是被動的。」他的結論說，他因此沒有寫自傳的願望和興趣。

可是，他為什麼到底寫了這本自傳呢？

他在自序裡也說得很明白：這是董夫人的苦勸促成的。董夫人以為顯光兄的「一生有許多不尋常的經驗，最少也應該寫下來留給下一代看著做榜樣。」這句話給顯光兄一個啟發，他感到，他半生做了三十年的新聞記者，最後二十幾年僥倖得站在幕後窺察歷史發展的動態，伴隨著製造歷史的人物掌握到了解局勢的線索，有機會觀察到許外歷史人物的特殊性格，領悟到局外人摸索不到的政治意義。」因此，他改變觀念，以為把他的一生經歷寫下來，「反映了二十世紀中國的許多重要事件與問題，多少應該有些價值。」

顯光兄的自傳分成二十四章寫的。第一二兩章，敘述他怎樣由一個農家子出國進修學成歸國的奮鬥經過。第三、四、五章，描寫在軍閥混戰時期中，他怎樣做一個配合革命潮流嶄露頭角的新聞記者。第六、七章，說明他怎樣在新聞崗位上配合國策作參加戰爭有價值的準備。第八章至第十四章共七章為這本自傳的重心，詳述顯光兄在抗戰期中負戰時國際宣傳重責盡智竭慮，冒險犯難的種種奮鬥經過。第十五章為其戰後退休過渡時期的簡述。第十六、十七、十

八、十九四章緬述其為新聞局長後隨政府遷臺轉業主持中央新聞實務工作的經過。第二十章至最後結論的第二十四章則述其轉入外交界由駐日本大使轉任駐美國大使在另一崗位上為國宣勞的經過。

檢閱全書，第六章前都是顯光兄從赤貧的農家子奮鬥嶄露頭角為新聞記者艱苦歷程的自述。雖然說教會的資助與巴克學院工讀機會不是每一個青年都可以倖得的，可是顯光兄那種給生命規定具體的歷程，予生活訂下固定的目標，機警地抓到機會，不懼艱險，不怕困難，擇善固執，鍥而不捨勇往邁進卒底於成的精神，仍足為有志青年所取法。

筆者與顯光兄訂交共事，開始在他創辦《庸報》的時候。因此，我們可以說，顯光兄的生活從這本自傳第六章起跟筆者的生活，或有實際的關聯，或得精神上交流，因此翻閱本書倍增瞭解與同情的棖觸。

記得戰前顯光兄跟筆者在上海分別主持英文《大陸報》和大晚報的時候，我們的新聞鼻早聞到了決定國家生死存亡大戰爭必然來臨的氣息。面對這旋乾轉坤決定國運的大轉變，我們雖能預斷前途的艱險無異湯火，然曾彼此策勵，一旦戰爭爆發，決放棄任何事業上的成就與室家兒女的顧慮，斷然攜手，躍入戰爭漩渦與國家的命運共存亡。

因此，在政府抗日戰爭全面展開的號召之下，我們倆舍棄一手創造的的新聞事業，拋下一日數驚的妻子兒女，冒著閘北炮火，連夜趕到南京，參加政府大規模西進轉移的行列。

顯光兄參加抗戰行列，擔任的是配合軍事的國際宣傳工作。在這份工作中，顯光兄充份表現了他從新聞學中學得的智慧以及他從基督教薰陶中培養出來的勇氣。

提筆寫文章，張口作演講，一般人以為只須這樣做盡了宣傳的能事。顯光兄是第一個人糾正這種觀念的膚淺。他根據新聞學的原理，根據配合事實供應原始資料才能取信於人的原則決定他的宣傳新政策。這一個號召吸引了很多國際新聞界檻內人的共鳴而爭取到他們的合作。這是他在抗戰中贏得宣傳勝利智慧運用的成功。

智慧的運用雖足說服人，尚未引起一般人的敬佩。在抗戰中，顯光兄每在緊要關頭，表現他赴湯蹈火的勇氣，這才使工作同人與中外新聞同業，由衷折服，感佩愛戴。

結集以上這些考慮，使筆者深感顯光兄這本自傳有譯介公之於國人的必要。當然，正如他自序裡說的，這本自傳反映了廿世紀中國的許多重要事件與問題，更有它不朽的價值。筆者因此決心負責把這本英文本自傳譯介問世。

筆者對老友作這最後努力貢獻的決心下定之後，取得董夫人之授權，並荷新生報李社長白虹兄允自三月中旬起借該報副刊篇幅排日連載。特在發刊之前，草此前言，縷述經過以為介。

國內專家學者對本書的評介

陶希聖

我們這一代有董顯光先生以誠信為立言行事的宗旨，又身居新聞界而為其領導，處外交界而為其重鎮，在其生時受尊重，在其逝世之後被懷念，是事理所當然。但是我們單是尊重他懷念他，是不夠的。他遺留給我們的譯著及講稿，皆對中國國民革命有重大意義。新生報將他的自傳發表，對中國現代史，更是重大的貢獻。

在北伐至抗戰以及抗戰至戡亂與反攻復國的歷程中，顯光先生的記錄不止與所見與所聞。他是親身經歷，親手工作為中國國民革命旋乾轉坤的大事件與大問題而努力奮鬥者之一人。他的記錄可以勘訂當代的人所見所聞的異辭，更可以糾正所傳聞的異辭。

王世杰

董顯光先生的為人與做事，在不深知他的人眼中，或不免認他為一個庸言庸行的君子，而不是一個有奇行特績的名人。在這本自傳中，他本人似亦以此自居。

董顯光先生畢生盡瘁於宣傳事業，但從不作自我宣傳。董先生一生只為國家社會作宣傳，從不為自己作宣傳。

在過去數十年間，政治的大變亂不一而足。董先生自投身國民革命的政府以來，不論時局如何動盪，人事如何浮動，國勢如何演化，他的志節從無一日之動搖，絲毫之改變。志節如山，自然是他最應受到吾人及後人特別尊敬的操行，自不待言。

梁寒操

顯光先生英文造詣之深，人所盡知，無論個人從事新聞事業，或身負國際宣傳重任，皆能卓然有成，此實與其湛深學養有關。及其晚年，先後持節日本、美國，折衝樽俎，不辱使命，更足見其才識過人。

顯光先生生前雖多著述，但以其一生輝煌經歷，而無自傳或回憶錄流傳，誠屬憾事。曾虛白先生為顯光先生多年至交，於顯光先生逝後清理其遺物時發現題為「一個中國農夫的自述」之英文手稿，特為譯介，交由《新生報》副刊發表，不惟可補此憾，風義亦有足多。顯光先生出身寒素，其以「中國農夫」自命，清操是厲，尤堪景仰。

葉公超

董先生最令人敬仰與追念的是那絕對克己與絕對不自私的優美情操。惟其有這種完美的情操，董先生乃能以其內在的生命支配外在的生活，而締造其多采多姿且又燦爛卓絕的一生。

董先生對國家的貢獻，及對社會的努力，成就是偉大而不凡的。但是他日常的作為，是發乎自然的完美，不矯情，不做作，亦不故示清高。

董先生是位不愛露鋒芒的人，他不喜為自己宣傳，亦不喜人為他宣傳，雖然他一生效力的是宣傳工作。他常居於幕後，別人所知道的，常不及他實際所做的百分之一二。他盡忠於職守，有時幾近於「傻氣」——那種充滿忠貞與信念的憨直。

董先生不僅是傑出的新聞工作者，也是位卓越的外交家。他所認識的美國人，可能是中國人士最多的一位，再加上他應用自如的英文說寫造詣，因此在擔任駐美大使時，他能比別人佔了更多便宜，而能勝任愉快。

馬星野

董顯光先生的自傳，由曾虛白先生來譯真是最理想不過了。因董、曾兩位先生的訂交遠在抗日戰爭以前，以後工作、友誼、精神上又一直維持著密切的連繫，他們兩位稱得上是「管、鮑之交」。

顯光先生和曾先生可以說是中國新聞史上一對不朽的人物。曾先生以望八之年，又能為老友譯自傳，在《新生報》連載，以傳於後世，這種高義是我十二萬分敬佩的。

自序

一個中國農夫的自述

寫自傳的慣例都保留序文到最後才寫，我卻要倒過頭來先寫序文。因為我沒有寫自傳的願望，總覺得敘述自己一生，主觀色彩太濃，不會引起任何人的興趣。可是，我還是違背了自己的意志寫了這本書，理由只因為我妻子堅持要我寫。她知道收集笑話編成書是我一心嚮往的最高消遣，因此他要挾我，不先把我生活經過黑字寫在白紙上，我不得寫任何一本書。我們夫妻間偶有爭執，她勝利的成份多，這一次自不能例外。

我不願寫自傳的理由，說來非常簡單。因為，我的一生並不是推動時代主流的動力。我雖經常側身在偉大人物的營幕裡，可是我並不是偉人本身。因此，我在歷史上的地位是輔佐的。我我的前半生做了卅年新聞記者，最近廿年才幸得站在幕後窺察歷史發展的動態：伴隨著製造時代歷史的人物掌握到了解局勢的線索。使我有機會觀察到許多歷史人物的特殊性格，領悟到局外人摸索不到的政治意義。但，我不是時代潮流的主力推動者。

自傳應該保留給那些立有豐功偉業足為萬世師表者寫，這是我的主張，一再向我妻子表白過。

但，我的妻子不能贊同。她以為我的一生有許多不尋常的經驗，最少也應該寫下來留給下一代看著做榜樣。實際，除此之外，恐怕她還受到一種好奇心的推動。她知道我的一生充滿著困苦艱難的奮鬥，在許多場合中，她是我掙扎的伴侶，但更有許多場合，涉及政治，事關機密，我無法使她分擔我的思想與經驗，她就變成了局外人。當我追隨蔣委員長處理重要機密事件的那幾年，所見所聞一概密封在我的腦子裡不給任何人講，我的妻子也不例外。因此，我們夫婦間，彷彿保留著一部分交通阻塞的距離。那麼，在我政治生活快近結束的階段，一生伴隨在我身邊共患難同甘苦的妻子，要打開阻塞了解全貌，當然是順理成章的要求了。

因此我接受她要求的寫成了這本自傳。我相信這本書反映了廿世紀中國的許多重要事件與問題，多少應該有些價值。雖然以這時代中國為背景寫的書已經多得汗牛充棟，但西方人對中國的了解還隔著很寬的一道不了解的鴻溝。我自從一八八七年出生以來，整個一生混在時代發展的潮流裡，經驗著中國悲劇動盪與深刻的刺激，直到本書擱筆之時，還找不到一個確定的結束。我寫的是我一生的經歷，卻也對近代中國在奮鬥中的人與事有所啟發。這可以說是我接受董夫人要求的主要動機。

第一章

早年回憶

我是在一八八七年十一月九日出世的。我的家在寧波東南二十哩光景的一個小鎮，那裡的人口不到一百家住戶。這個小鎮在溪口西北也只二十哩光景，溪口卻是我晚年追隨的領袖蔣委員長的出生地。這可算是一個愉快的巧合。

我的家，即就當時當地的水準作估計，也應算做貧戶。我們在鎮外四哩光景有三畝稻田，全家藉以餬口。可是先父不甘坐守家園，從事包工建築，曾到上海承包內地會一排房屋，接著擴展業務遍及江蘇、安徽、湖北各省。

不幸先父不是一個擅長經營的人，歷經艱困，虧累不支，不得不放棄包工，恢復他種田的本行。

我家在鎮上有與眾不同的特點，那就是，我們是鎮上惟一的一家基督徒。我的雙親中年都受了洗，雖遭遇到四鄰的側目，始終不影響他們的虔誠。

我在八歲的時候，就受了這樣環境的刺激引發我第一次激烈的打鬥。一群孩子們在一起，談到「人為了吃飯才生活還是為了生活才吃飯」這個大人們也解決不了的問題，引發熱烈辯論。口頭爭論惡化而揮拳，我變成了眾矢之的；一群孩子把我推到稻田的水溝裡，說要活埋我。給我努力掙扎，總算逃出包圍回到家裡，不料母親看到我渾身泥漿，不問情由，又給我一頓毒打，逼我上牀。我因此臥床不起了好幾天，母親才慢慢知道了我受委屈的真相，她可怒不可遏了。她立刻要求我父親從上海趕回家，要他借寧波教會的協助，控訴那些欺負我的孩子，給我申冤。她這番愛護我的憤激之情，經父親好幾天的疏導解釋才慢慢平息下去。

我童年的學校生活是很不愉快的。七歲時候就讀於一位老師控制著的鎮上私塾，經過在紅氈毯上行叩頭拜師大禮之後，我就開始我「百家姓」，「千字文」的誦讀。我不是一個聰明的孩子；強記熟讀「百家姓」費了我一個月的時間，勉強學會描黃寫字竟花了我兩個月。那位老先生更是迷信皮肉吃苦可以啟發心靈的教育家，案頭上放一支木製的戒尺，那一個孩子背書背不上就該準備吃這戒尺一下。有時候，他來不及抓到戒尺，他就會舉起右手握著拳頭突出中指在受罰孩子的額角上狠狠扣幾下，或者竟抓緊他的耳朵狠狠搖幾下。我就是常受到這種責罰的一個孩子。

到底這樣威脅幫助我多少上進，我至今還說不上來。

怕懼先生，逼我走上欺詐的歧途。我竟在家裝病了。母親急著找醫生，診斷結果，竟發現我沒有任何病痛。母親恨我騙了她，再也不跟我說話。我每每在這樣的環境下，反抗失敗，仍舊回到我痛恨的私塾裡去受罪。

母親在這時期決心要我做一個農夫。

我十歲那一年她就要我開始農田工作。那時候，我們到了插秧季節，經常僱用幾個臨時工人幫助下田工作。那些工人在離我家四哩之外的田裡工作著，中飯就得在田裡吃。一肩挑著兩只竹籃的飯菜送到四哩外的田裡去，就是要我做的工作。飯菜是由我二妹準備的。有一天，她準備得遲了些，我得加緊趕完這四哩的長途，使田裡的工人們不致餓著肚子等吃飯。趕路走得急，鄉間石子路石片切碎了腳皮，血流個不停。我氣急敗壞昏倒在路旁，醒來時撕一條衫角裹了傷再繼續趕路，直到最後趕到田裡，沒有錯過工人們吃飯時間。

就是這種類似的經驗使我確認種田不是我願幹的職業。我這才覺悟還是做一個讀書人的好。因此，插秧季節過後，我重返鄉塾時，對讀書發生了濃厚的新興趣。鄉塾老先生也發現我比以前聽話多了，責罰也因此減少了。我開始對學校生活感到了享受。

實際，沒有這些經驗，我也得放棄我的農家生活，父親已經決心要把家庭生活作一個大轉變。因為，儘管我們怎樣艱苦努力，父親看清楚我們所有的三畝田地決不能維持雙親帶著我和兩個妹妹五口之家的生活。最少我們要有五畝地才能過得去，可是再要買進兩畝地，我們沒有那些錢和機會。或者可以向鄰人租進兩畝地來種，仔細打算盤還是不合算。

因此，父親決心把我們的地租給人家去種，在上海他給內地會訂下承建房屋的合同，全家搬到上海去住。到了上海，我就給送進一家教會學校——中西書院去讀書了。這學校的名稱實際不適合的，因為它只是一家帶有小學的中學，不能稱做書院。我在這裡遇到一位嚴厲的好老師曹雪根先生。他教我英文字母，進度不理想，因為一個鄉下剛出來的孩子進上海學堂真遇到嚴重的考驗，不會顯得怎樣聰明的。

我還記得在一八九九年的冬天雪下得很大。

有一天，我在雪地裡跟小朋友們拋擲雪球打鬥玩，把我母親給我做的惟一的一雙布鞋浸透了雪水。打鬥完了，我堆起柴草引著火，想把這雙濕鞋烘乾了再穿。不料一不小心，把鞋底烘穿了，使我不得不在母親給我另做新鞋前，穿著沒底鞋上學一個星期，受著斯巴達式的懲罰。

我們家境清苦，使我不得不放棄中西書院另找學費較廉的學校。我找到了長老會在南門辦的清心中學。那裡的學費連同饍費只需中西書院每年折合美金十元的一半。我在清心讀了四年。

在清心的第一學期，我就遇到了義和團的革命。這變亂雖然沒有擴展到上海，可是大家戒懼這一股排外的民變可能影響上海的治安，特別影響到教會學校。我還記得，當這變亂達到高潮時，全市漆黑無光有好幾個鐘頭，我們學生們都聚集在課堂裡，緊張得鴉雀無聲。美國教員們拿著木棍竹竿在本校和隔鄰的女校巡邏守望著。我們學生中也有拿著木棍，準備抵抗義和團的進犯。我那時已經是一個十三歲的青年，也跟著大家起鬨，幸運地，沒有遭遇到任何意外就把緊張局勢結束了。

在清心的第二年，我又闖了一場不小的禍，竟招致我短期的開除出校。那時候，學生們最流行的一種土式運動，叫做「打橄欖棒」。

這是類似棒球，只因我們太窮，買不起棒球，只好以棒代球的一種遊戲。

有一天，我們一不小心，飛棒打碎了校舍的一塊玻璃。校方不理我們願賠償損失的請求，立刻下令永遠不准再玩「打橄欖棒」。

我們一群十個大孩子，認校方處理不公，竟發動同學拒絕接受此項校令。我們一早起身，爬到樹頭，折下十多根樹枝做「橄欖棒」，準備分發給同學們作抗命的姿態。跟著就發生了這些棍棒藏在那裡才不會給先生們發現的研究討論。我自告奮勇，慷慨表示願負責把這些棍棒保留在我的床底下。不料校長突擊搜查，一下子就把這些棍棒從我床底下搜了出來。我給開除了。當我背著行李垂頭喪氣走出校門時，那些誓同生死的發難同志們，一個個站在路邊上冷眼看我一人受罰，沒有一個人敢出來，說一句不平話。這是我第一次經驗到一個人遭遇困難時真朋友不易多得的痛苦經驗。

我回到家裡給母親狠狠地打了一頓。正當我抽噎未止的時候，北京路長老會教師費吳生（George Fifch）的太太為了傳教的事到我家來。她問清了事件經過，自告奮勇願向清心校長薛斯貝萊牧師（Rev. Silsberry）說項，給我一個自新的機會。費吳生太太的說項竟生了效，我立刻趕回學校，從此乖乖讀書了。我常想，假定我沒有費吳生太太這一次的援手，我的一生會大大改觀，決不會有現在這一點成就。這是我一生的大轉變，回校之後痛改前非，變了一個嚴肅有抱負而發憤勤讀的好學生。

可是，這一場轉變仍不能使我在十八歲的時候捲入一九〇五年的學潮。我是在上海會審公堂中國審判官給一位美國法官痛打後引起的國際糾紛中，參加了罷課運動。那時候群情憤激，震撼了整個上海市，當然影響到我們的學校。同學們宣佈全體一致拒購美國貨，在學校到處牆壁上貼滿了標語，並且停止上課。體育教員，張廷榮先生撕學生貼的標語，部分學生憤而離校，我就是其中之一。

我們走出了校門，第一夜竟徬徨無處投奔，在一所破廟裡過的夜，同時饑腸轆轆，沒有錢買東西吃。在我們走投無路的當口，民立中學的校長救了我們的急。他准許我們轉學到他的學校裡去。我就這樣轉學到民立中學，讀了一年，準備畢業了。

不幸在這當口，家門不幸，我父親去世了。

全家沒有了賺錢支持大家生活的人，我不得不放棄學業找事做來幫助母親。於是我斷然接受奉化一所中學要我做英文教員的邀請，回到浙江家鄉去教了一年書。

就在奉化教書時，我遇見了將來影響我整個生活的年輕蔣委員長。他雖然跟我同年，卻是我的學生中的一位。那時候，他的態度嚴肅，人格卓越，已給教他的先生們一個不同凡響的印象。他的宿舍剛跟我的住室同在一層樓上，因此我有很多機會觀察到這位未來的中國領袖課堂以外的活動。

我記得他是一位起身很早的青年，每天梳洗之後，常見他一個人站在宿舍前的洋臺上差不多要有半小時光景。那時候，他緊緊閉著嘴唇，交叉著雙臂，充分表現出一種沉思與堅定的姿態。當然，沒有人能推斷他當時在想些什麼，可是很明顯地他是在計劃他的未來。後來在蔣委員長的日記裡透露，他在龍津中學讀書的這幾個月裡是在考慮怎樣留學日本進修軍事學，打定他為國宣勞的基礎。

另外還有一件使我至今難忘的深刻印象是他每天搶著上海送到報紙的那種熱切期待的表情。奉化這種偏遠小地方，上海報紙那時候並不能經常送到的當然大家要搶著看，再加上龍津讀書報的地方狹窄得容不了幾個人，可是，我們這位未來的領袖卻總能夠先人一著，拿到了報紙看。這表現了他那時候對時事的熱心注意已不是一個普通人可以相比的了。

在一九〇六年的夏天，我曾到溪口登堂晉謁蔣委員長，晤其弟妹並且拜見蔣太夫人。蔣母是位慈祥的佛教徒，殷勤款待我們。距蔣家二十哩的山頂上，有千丈高瀑布的勝景，名叫雪竇寺，蔣委員長幼年時經常以爬登此山為樂。我和幾位同行的教員們謁蔣氏後復由蔣府派人嚮導我們觀光這個勝景。我們從奉化到蔣府要走二十哩，從溪口蔣府到雪竇寺還要走二十哩，全程花了我們一天半的時間。

在學期終了之前，寧波舉行了一次全縣校際競賽的運動會。龍連中學運動員由我率領參加。我們的這位未來領袖得了一百碼賽跑的第三獎。他的表現學校感到驕傲。蔣委員長也在我教英文的班上聽講，他同時學日本語文。在外國語文課程上他的學業成績相當好。

在龍津過暑假的時候，我經常到東家渡家裡探視母親。這一段二十里長的路程，正當發水季節，有好幾道溪流擋路，要涉水而過。那時候我少年體壯，經常這樣跋涉不獨不感到痛苦，反而帶著一枝土製的獵槍，沿途打些山鷄野鴨，到家門時，獻給母親，使她高興得笑口闔不攏來。

一九〇七年是我一生中最值得紀念的一年，因為我在這年裡結婚。我的未來妻子趙小姐蔭薌（她英文名莎麗Sally，我經常以此稱呼她）在上海清心中學隔壁長老會辦的清心女子中學裡讀書。我在清心中學讀書時就愛上了這位聰明活潑的女孩子，在我離開上海到龍津教書之前，我們已經訂了婚。她畢業時，因我教書脫不了身，她就應了松江一家女子聖經學校之聘，去教一年書等我。

我希望她到奉化來結婚，以便我在奉化再教一年書。她堅持我應辭去奉化教職到上海另找工作。最後她的主張貫徹了，我勉強辭去了奉化的教職。

一九〇七年我們在上海舉行了婚禮，由清心中學校長薛斯貝萊牧師主持宗教儀式。我母親由我妹丈伴同到上海來參加我的婚禮，看見了新娘子的天然足大感驚異。我那時還穿著當時流行的領頂袍褂做新郎，可是新娘子的裝束，穿著旗袍，丰采煥發，艷光照人，備受親友們的讚美。婚禮後我們仍照當時習俗向母親下跪三叩首行參拜大禮，接著舉行大規模的慶宴。我結了婚就得負起養家的責任。為了節約，我們住在教會供應的單人宿舍裡好幾個月。最後經過父親的摯友介紹，我才找到商務印書館的工作。

很奇怪的，這位老闆很可能變成我的岳父。因為兩家好像有一種默契我長大了就會娶他的長女。可是我父親的去世跟著我家景的衰微使他們變了心。因此，我沒有受到中國舊禮教「父母之命，媒妁之言」的糾纏該是我的運氣。

因為我的婚姻是戀愛的結合，充滿著愉快。

商務印書館雖然後來發展成中國數一數二的一家出版公司，當時開辦未久規模還很小。它是由清心中學畢業同學創辦的，我是一個清心中學生，因此工作上有了照顧。我派定的工作是協助經理寫英文信同時兼做製銅版工作的主管，月薪折合美金約十五元左右。我就靠這一點收入擔負維持妻子跟她母親和我自己三個人的生活。我的妻舅也跟我們一起住，可是他在商務印書館也有一份工作。我們結婚後一年就生了我們的大女兒。家庭負擔的增加只取得象徵性加了折合美金每月兩元的薪金。那時候的生活真是艱苦。

我終身是一個積極活動的基督徒，從青少年時就開始。我們夫婦倆經常參加宗教崇拜和星期查經班。我就在這些宗教活動中認識了長老會孟德高莫萊（Paul Montgomery）牧師這一位影響我全部生活的人。

孟德高莫萊對我特別關愛。他看到我熱心要學好英文，竟慷慨地自薦在我商務印書館工作時間之外親自教我英文。我為了要趕得上他約定的教書時間，把工資的積餘折合美金兩元買了一輛舊腳踏車趕路。我每天在工作結束之後乘車趕到他家裡研讀英文兩三小時之後才回家吃晚飯。

我在這個時期，還背著折合美金三百多元的債務。這是我父親在我二妹出嫁時置備嫁妝背上的債。父債子還，還本付息，是我應該負的責任。因為要在正薪之外加一些收入，我和我的妻子每晚都兼了十幾個孩子家庭教師的職務。每天有這些事要做，因此我總搞得很晚才上床，可是明天還得起早把帶回家的英文課外作業做完了，在八點鐘以前趕到商務印書館去上班。我為了要英文進步快，在工作時間中，也偷空學習。記得像佛蘭格林（Benjamin Franklin）的自傳等文學作品裡摘選出來的長篇文字，先生都要求我背誦得滾瓜爛熟。幸虧我的老闆同情我的好學，不計較我工作上的疏忽。可是，我的老師還要不斷地鼓勵我多學些，教了我英文還要教我拉丁文。

有一天，教會主持者突然給我一個意外的驚喜，問我想不想到美國去讀書。這建議，我最初的反應是絕對不可能的妄想。因為我不獨沒有錢，並且還挑著沉重的生活負擔。但這建議卻給我莫大的誘惑。經我深長考慮，最後得到結論：倘然我留在商務印書館工作下去，我就註定了永遠做一個白領工作者窮苦終身的命運，就是想還清父債也沒有多大把握。反之，倘然到美國去讀書，回國後就可以增加我的收入，解決一切經濟問題了。

孟德高莫萊給我詳細解釋了到美國去讀書的途徑。他自己本就是美國長老會辦的一所績效特殊學院的畢業生。這學院名巴克學院（Park College）。座落在美國米蘇里州（State Missouri）鄰近肯塞斯城（Kansas City）。這學院裡的全體學生都是半工半讀，以自己工作所得來完成自己的學業的。工讀生中間有一種學生每學期付學費及宿費低到美金二十五元，還可以以工資抵償。我欣然同意，孟德高莫萊答應給我接洽入學。

我決定試一試，當然還有許多問題要解決。經過那時候商務印書館經理夏瑞芳先生的協助，我得順利地取得了護照和簽證。於是，我走進理髮店作決心成行最後的表示，剪掉我的髮辮。當時清朝當府，我跟那時的青年一樣還保留著髮辮，今決心赴美，有這垂辮自多不便。但，去辮犯了對清室不忠的嫌疑，因此理髮師都不敢下手，一一託辭婉謝。最後我不得不以雙倍市價的代價請一位日本理髮師下手剪掉了它。

我這種舉動得到我妻子的同情，卻遭遇到母親的堅強反對。母親聽到我把辮子剪掉子要到美國去怒不可遏，竟聲言將自殺以阻我成行。經我一再勸解才勉強息了怒。最後安排，由商務印書館每月借給我十元折合美金二元做安家費，並由我妻子找到一個教書的職位，湊合著維持我離家後的家庭生活。

一切安排妥貼，只剩我的生活費還沒有著落。我感謝商務印書館的成全，把我的年終獎金提前發給了我，再加上我另行借到了美金一百元，總算湊合著使我到美不致立刻餓肚子。服裝只有孟德高莫萊給我的一套破舊西裝和一件大衣，再加上我自己買的兩套冬季內衣。費吳生夫婦給了我一塊十元美金的金幣，妻子要求保留做紀念，我也就留給了她。

在一九〇九年元月很冷的一天，我登上「西伯利亞」郵船離開中國。

在吳淞口輸船碼頭送行的人只有孟德高莫萊和我妻子及她的家人。年輕妻子送別時泣不成聲，我真想陪著她一起哭，可是我努力忍住了眼淚，直到船離開了碼頭。這真是十分痛苦的一刻，因為我知道，此後我要過著孤獨的生活，最少四五年後才能重見我的妻子和新生的寶寶。

在三等艙的板舖上我過著鬱悶的第一夜，淚水浸濕了枕衣。我警告自己哭泣不像一個男子漢，可是抑制感情不是一件容易的事情。

早起跟陌生人一同吃早餐，真感到孤獨。

一天後，西伯利亞號靠到日本神戶的碼頭，兩天後到了橫濱。兩處我都登了岸，第一次以好奇的眼光欣賞故鄉以外的新世界。在橫濱逗留了四天之後，啟碇經十五天的海程到達檀香山。

在沒有到檀香山以前，我經驗到第一次海上風暴的顛簸。我在舷窗洞中看到海水的翻騰，驚駭上帝神祕的威力，同時深深感到自己處境的安全。不料一個浪花打進這舷窗洞，差不多把我窒息死。我立刻給強烈的暈船困住了足足兩整天。這是一個初出門者的驚險閱歷。

費吳生的女婿奈傅博士（Dr. Knaff）是我同船的伙伴，並經孟德高莫萊先生囑託沿途多多照料我這個初出門的青年。很遺憾地我在中途給他一個不大不小的焦急。船靠檀香山時，我跟著一位三等艙客登陸到碼頭上的酒吧間裡去吃午餐。

我吃了鷄、乾酪、三明治，更喝了大量的牛奶，只付了五分錢的代價，真使我對美國生活的價廉物美吃了一驚。回到船上遇到奈傳博士興高采烈地報告我這新經驗，不料奈傳博士警告我說，這種酒吧間是酒鬼和流氓常去的壞地方，我到了美國絕對不能再到那些地方去。他的這番警告使我一生視酒吧間為禁地。

最後到了舊金山，前在中國傳教的勞倫司牧師Rev.Lawrence在碼頭上接我。經過勞倫司牧師的安排把我暫時安頓在一個中國教士家裡住下來。上岸第一件事，我花了美金十元買了一隻生平從沒有帶過的錶。生活的必要無法拒絕這經濟上的鉅額支出。

兩天後我已踏上旅途的最後階段，坐上到肯塞斯城的火車。我沒有錢，沒法子到餐車上去吃飯，勞倫司牧師給我準備好了一藍食物，足夠我四天旅程的充飢。我一路節省著吃，到肯塞斯城，始終沒有怎樣餓肚子。我又換了火車，再走九哩，最後到了米蘇里州的巴克村（Parkville）。我的大學生活從此開始。

第二章
在美國的大學生活

巴克學院是一個不到四百個學生的小規模學府，可是全世界很少地方不知道它的名字。當我在那裡讀書的時候，已經有百分之六十畢業生離開巴克村從事教會或禮拜堂的工作，這是這學院最足以自傲的一件成就。整個校園充滿著長老會宗教虔誠的空氣。我因為在上海就享受著長老會教育的薰陶，在這裡立刻感到了如在家園的溫暖。教授和學生間有一種異常的情感交流結合著，使我在此後的二年半中享受不盡。

我火車到站時就有一位同學叫浦萊斯頓（Newell Preston）的在那小車站上接我。他帶我到此後就是我的家的伍華德宿舍（Woodward Dormitory）安頓好了，立刻就引見校長麥卡菲博士（Dr. Lowell M. Mcafee）。

校長問我身帶多少錢，我掏出錢袋數，老實報告剩了美金廿五元。麥卡菲博士說：「這就夠了，我派你參加第三種家庭裡去。」當時我聽了這種安排有些不得要領，可是，不久就了解，派在第三種家庭裡的學生，每天做四小時半的工作，每星期課前課後做六天。做什麼工作則由勞工部就學校所需勞作服務分別派定。假定我可以多付一些學費，當然就可以派在第二種家庭裡每天只須做工三小時了。

我在中國實際沒有做過任何勞力的工作，可是現在我卻要嚐盡一切苦工的滋味了。像其他新學生一樣，我最早承擔的工作是在學校發電廠裡用鏟子鏟煤進爐子。我第一天第一次用鏟子，做了一天工，手掌紅腫發痛，第二天更糟，滿手掌都起了浮泡。可是我忍痛堅持下去。過了幾個星期，我就給調任較輕鬆些的工作，到學校印刷廠做印刷工。此後一切工作例如整理園圃，採集蘋果，安埋地下水管以及其他學校雜務無不一一輪到。這種輪值各種方式苦工的經驗，在最初不習慣的階段過去之後，我喜歡這種經驗了。

有一次，我承擔了送牛奶給各處女生宿舍的任務。牛奶是裝在一輛用馬拖著走的運貨車上分送的。在分送的中途一定要穿過一道河床。送去時河床還是乾的，不料回來時下了一場大雨，河床裡翻滾著滔滔白浪。我咬著牙策馬前進，想勉強渡河，不料一不小心整個貨車跌翻在水裡，差一點把我淹死在急浪裡。這是我在巴克學院生活的舉例。

當然巴克生活不全是做勞工：同學們是一群有抱負追求學問的標準美國男女青年。我在這最適宜讀書的環境中進步很快。跟美國青年一同生活，工作，讀書，我的英國話，雖免不了還帶些中國腔調，卻已有了可喜的流利。我踏進了此後充滿著跟美國人溫情接觸機會構成的生活的門檻。

當第一個暑假來臨時，我努力想賺些錢來充實我日見萎縮的錢袋，決心到附近肯塞斯城去找工作。我在那裡沒有一個認識的人。在聯合車站下了火車，就無目的地坐上了公共汽車。在車上人生巧合發生了奇蹟。我遇見了一位中醫楊先生和他的太太，我跟他們接談，告訴他們我是一個暑期中要找事的學生，他們竟發生了興趣。楊先生就邀我到他家裡去過夜，並且告訴我他就是當地一家很有名的中國餐館叫瓊洲樓（King Joy Lou）的老闆。我接受了他的邀請，第二天他就派我到他的餐館去做打雜的工作。工作時間是使人疲憊的，從早上九點鐘起到下午兩點，再從下午五點鐘起一直到半夜一點鐘才好休息。報酬每月一百金，供給三餐。一晝夜廿四小時中我排不出超過五小時睡眠時間。但我不在乎，因為我在巴克學院讀書時也沒有多過這些時間的睡眠。

楊先生的一位近親值是這餐節的合夥股東是對我工作的一位嚴厲監工。我擦完地板之後，他經常要把他雪白的手帕在地板上摸，發現白手帕有一些污染，我得重擦。我不論擦其他什麼，例如燈泡、桌椅以及牆壁都要經過這樣的測核。這是一種好訓練，教我此後做事就是最不相干的也要徹底負責。可是我當時心頭痛恨這位監工，默默地忍受他的催迫和侮辱。

我在餐館工作時跟楊先生的這位親戚語言不通更是一個大障礙。他講廣東話我不懂，我講英語他也不懂。他粗聲粗氣對我大聲嚷，我知道他在罵我可不知道罵些什麼，無法反駁。同時我要保持這隻飯碗，只能忍氣吞聲認了。這一些我不願增加莎麗的焦急，都沒有告訴她。但，在這困擾中，我也有愉快的一面。楊先生的秘書伍德太太（Ms.Wood）關心我，同情我的抱負，變成了我的新朋友。此後幾個月裡，我經濟上遇到困難，她總盡量幫忙，即使我遇到其他困難，這位了解我的朋友也經常給我及時的支援。

暑期餐館做工我儲蓄了美金三百元，立即匯給上海孟德高莫萊，函請他設法安排送我的妻子到巴克村來跟我這在校讀書的學生團聚，把小女孩留給她的或我的母親代為撫養。孟德高莫萊接信後立即召集我的親友，諮詢大家對我這接眷赴美要求的意見。大家都以為這不是好辦法，因此這計劃給打銷了。於是我在暑假結束時手頭有了美金三百元的現款，因此，我可以增付學費美金七十五元，從上學期每天做工四小時半的一級，升到本學期每天只須做工三小時的一級。這學期我升到了大學級，勤讀的結果，正式成了一年級生。逐漸地我已經能在生活上適應環境了，例如剛到美國我看著燕麥餅和番茄都不能下咽，現在覺得這兩樣東西比什麼都好吃。

我也學到了很多美國飯桌子上的禮貌。我剛到美國在女生宿舍裡吃飯，剛坐在一位舍監的身邊。這位舍監，注意我這外國孩子，想找機會給我上飯桌禮貌第一課。有一天，她發現我把套在餐巾上的小環下來扭在手指上玩。她就正顏厲色地告誡我道：「董先生，吃飯時候扭玩餐巾環不是好禮貌。」我乖乖地聽話放下那只環。隔了幾天，我發現這位舍監不經意間也在玩弄她的巾環，我不肯放過這個機會，很客氣地說道：「海娜小姐，我相信禮貌是相對的，今天不是你也在扭玩餐巾環了嗎？」她忸怩的道歉，承認自己也失了禮貌。另有一次，一位英國女教師帶著我們一班同學坐公共汽車到肯塞斯城去參加音樂會。我按照在國內學到的習慣，搶著給那位女老師買車票。不料那位老師阻止我說：「在美國，先生們沒有事先徵得女士們的同意，不應該給她買車票的。」

這一下可弄得我漲紅了臉縮回付錢的手，引發了全車同學的哄然大笑。

學院中常有社交活動，男同學總要找一位女同學作伴。我遇到這種場合，總攪不清走路時還是靠著女朋友左邊還是右邊走算有禮貌。最後我發現總是走在暴露的一面表示保護她的姿態不會錯的。

到了星期天，巴克的教授們經常有邀請外國學生到他們家裡吃飯的風氣。我特別記得一位教拉丁文的教授，伍爾夫博士（Dr. Arthur L. Wolfe），努力想使我們把他的家當做自己的家。伍爾夫太太真是一位治家的能手。她能早上做完禮拜，趕回家沒有佣人幫忙，準備好我們幾個客人吃的午餐，等到我們客人光臨，她竟若無其事安安定定地陪著我們聊天。我沒有看見過任何中國主婦能夠這樣做。這是我了解美國家庭生活第一次開的眼界。

巴克生活到了果園收成時大家忙著把果子裝罐過冬的那個季節給我印象最深刻。男女同學吵吵鬧鬧的那一股忙勁，我在中國找不到類似的場面。

巴克的特點是一個拜主的學府，聖經是主要教課，由一位得靈感的教授衛爾遜（Prof. Mathew Hale Wilson）先生負責教導。我在聖經課上幸得九十四分的高成績，因此取得了參加聖經競賽的資格。

比賽辦法是背誦全部舊約箴言。參加競賽者十人，決賽時只剩了我跟浦露德小姐（Miss Vautes Pruitt）兩個人。我幸得第一名，獎金廿五元。

到了一九一〇年暑候時，我決計不再做中國餐館的工作，想到田裡去做農工。在找工作沒找到以前，我經常帶著一包米，一些肉乾和一套簡單的鍋鏟，到處遊蕩，肚子餓時就在河邊煮飯充饑，真過了一陣子流浪者的生活，很感興趣。

最後我在離巴克學院廿哩的一家農家找到了在玉蜀黍田裡除草的工作。除草工作是用幾隻騾子拖著犁耙掘土推行的。黍桿高丈許，在烈日烘炙一百三十度之下，騾子們只管嚼食黍桿懶得動。因此，工作進行十萬分艱苦。

每天結束工作拖著疲憊的身體回到農家去的時候簡直累得要死。趕緊吃完了飯就倒到牀上去，立刻一覺睡到天沒亮五點鐘又得起床磨秣草餵騾子。早上六點鐘吃早飯，那倒是雞蛋、火腿再加熱餅很豐盛的一頓。吃完早飯第二天的苦工又得開始。

這一切，我得到的報酬是一天兩塊美元再加膳宿。天天只盼望著星期天的到臨，可以有一天的休息。

田莊工作做了一個月，我決心另找別事做。很巧合地我遇見了巴克學院比我高兩年的一個日本同學也在找事做，我們共同找到了築堤防水的工作。做了沒有幾天，這位日本同學為了種族歧見跟美國工人爭辯動武，竟激發眾怒，哄然聲言要把我們兩個人活埋在田溝裡。我們來不及領工錢狼狽奔逃。這一次經驗教訓我此後活動儘量避免受別人妄動的牽累，還是獨往獨來的好。

但就這一次整個暑期活動來說，雖然吃盡種種苦，卻親身領略到美國鄉間生活和他們的風俗習慣與不易改變的偏見，還是十分有價值的收獲。

在這期間，我開始為自己的將來打算了。

中國在滿清統治下國難日深，我早抱著救國的決心。我第一個志願要做軍官，以為這是救國最好的職業，決心投考西點軍校。進西點要經政府保薦，我上書時中國的駐美公使五六次，沒有得到一個字的答覆。我還不灰心，決轉變方向逕函美國總統羅斯福。意外地，我竟接到羅斯福總統很客氣的一封回信，讚揚我救國熱忱，但表示他愛莫能助，因為按照規定我中國人要進美國軍校必經駐美公使的官式推薦。我自恨沒有任何官方的支援，悵望西點之門不得入。

我選擇終身職業的第二個目標決定做一個新聞記者。有一次我從肯塞斯城到巴克村的中途，看到一位新聞記者，用打字機很快地把他所見所聞寫成一篇新聞報導，使我異常欣羨，下決心要做新聞記者。我開始盡全力學習寫好英文，幸運地遇到一位好老師，英文教授勞倫斯先生（John H. Lawrence），不斷予我熱心指導。他欣然接受我大批習作，一一審慎批改，加重了他不少額外的工作負擔。

有一天我在報紙上讀到了米蘇里大學正在籌備著創辦美國第一所新聞學院的報導，我決心要轉學到米蘇里。

在巴克雖然只還是一個三年級生，我仍決心申請轉學新聞學院，我的申請竟蒙錄取。兩年半的巴克生活，使我把它看成了第二個家，現在要捨他而去，當然不勝繾綣之情。教授們堅決挽留我，勸我讀到一九一二年得了學位再走。但我轉學新聞已下決心，婉謝他們的好意。

米蘇里大學是在離巴克村一百五十哩的哥侖布城，那時候還只是人口不到一萬人的一個小城。一到這所大學，我立刻感到與巴克小規模學院親切感濃淡氣氛的不同。但，我在哥侖布並不寂寞，因為有巴克一同轉學過去的四位同學，我們自成一個小集團。這四位同學是卜德懷（Lloyd Boutwell），潘尼斯登（John B Peniston）和谷區（Koch）弟兄。我跟卜德懷在一位寡婦勞勃森夫人（Mrs, Roberson）家裡租到一個很簡陋的房間同住著。勞勃森夫人去世的丈夫是新聞學院院長威廉姆斯（Dean Williams）創辦一份日報時的同事。卜德懷是派克畢業生轉到米蘇里醫科來的。我們兩個人窮到睡覺只能合用一張床，可是卜德懷喜歡捉弄人，每每從他醫科的解剖室裡帶著一隻死屍頭上割下來的耳朵或鼻子來嚇唬我。可是他卻是一位熱心助人的好朋友，我初期寫英文時每遇困難，他不論自己怎樣忙，總盡力幫助我。不幸他在一九一七年第一次世界大戰中送了命，他的死亡使我精神上受到沉重的打擊。那時候大家以為創辦新聞學院是一件勇敢的教育嚐試，因此倒吸引了很多聞人參加到它的教授圈子裡來。中間最顯著的一位是羅士先生（Charles G. Ross），後來做過杜魯門總統的新聞秘書。在他參加白宮工作以前，他是聖路易郵遞報（St. Louis Post Dispatch）駐華盛頓記者，並著有採訪與新聞寫作專書問世。這本書寫明獻給他的母親，這種孺慕孝思的表現，給我這中國人的感應最為深刻。

米蘇里其他教授予我深刻印象的是威廉姆斯院長（後來升任為該大學校長），鮑威爾（J. B. Powell）先生和馬丁教授（professor Martin）三人。威廉姆斯博士是一位自力創業做到大學校長的一位奇人。他充滿著熱情，以認識每一個學生跟他建立知識關係為己任。他有了孔子與蘇格拉底那樣為人師表的素養。

我上羅士先生課時，聽到他新聞的解釋，現在雖已成了大眾傳誦的濫調，那時候的確能夠給人永誌不忘的深刻效果。他問學生，狗咬人是不是新聞。我們中間竟有人說「是的」，可是別人知道教授在玩花樣。於是他說明狗咬人不會構成新聞只有人咬狗才成新聞。這一種新聞的解釋使我們永誌不忘。

我在米蘇里讀了一年，專攻新聞，輔修國際史與法律，得學士學位，綜計我讀了大學三年就取得學士學位是值得自傲的。

我在參加新聞實際工作以前，決心要把美國新聞學應該知道的學問多得一些經驗，立刻碰上了一個難得的機會。《紐約世界》與《聖路易郵遞報》（*New York World* and *the St. Louis Post-Dispatch*）的發行人浦力塞（Joseph Pulitze）逝世後遺囑規定捐助部分遺產與哥倫比亞大學成立浦力塞新聞學院，其第一班定於一九一二年開學。我立刻申請入學，竟蒙准許，因欣然計劃著趕到紐約去報到。但在學年未開始前，我想先在新聞界學得些實際工作的經驗。最初在肯塞斯城一家報紙找到一份投稿記者的工作做了一陣子，就在九月開學前一個月到了紐約，到處奔走，想在任何一家報館找工作，除增加經驗外還可以解決生活。不料努力結果，完全使我失望。經第一位編輯斷然拒絕之後，我決定但求有事做，不要報酬。復經再次拒絕之後，我第三次求事的時候，竟建議不獨不要報館報酬，並且願自貼車費為報館跑新聞。可是這位採訪主任給我的答覆尖刻得令我汗顏。他說道：「世界上的人可分成有用和無用兩大類。你自願貼車費跑新聞是自認應納入無用的一類。再見吧！」這一個打擊犧牲了我那一晚的晚餐。那時候，我住在紐約一位胡牧師的家裡，同居有殷氏夫婦，他們同我都是付不起房租，免費受好心房東招待的。我還記得那一天我垂頭喪氣走回家，殷太太問明情由，趕緊把鮮葡萄擠了一杯葡萄汁給我喝，這份溫情恢復了我生活奮鬥的勇氣！

我琢磨，報紙方面找不到工作，不妨轉移方向到雜誌界去試試運氣。因此，第二天我一起身就向雜誌界出發。挑一份現在早已停刊的評論雜誌名《獨立》（*The Independent*）的做起步。這份雜誌的編輯何德博士（Dr. Hamilton Holt）後來升任佛勞利達州勞林斯學院（Rollins College in Florida）的校長，頗具盛名。

我改換了找事做的技巧，不再一開口就求職，只把重點放在自述過去在報館裡做事的經驗。何德博士聽了很感興趣，於是作了我生活初見曙光的建議道：「假定你給我無酬工作兩星期，寫成的稿子可以採用，我再按件給你計酬。」我立刻答應照辦。何德博士就給我一本日本作家新渡戶稻造博士（Dr. Nitobe）寫的《日本的武士道》（*The Bushido of Japan*）叫我寫一篇書評。

我連夜不睡讀這本書，花了三天三夜成一篇書評，拿去送給何德博士看，他把我的希望打得粉碎，說這不合他的標準。我要求再寫，第二次改寫，仍給拒絕了。

我於是找到兼任哥倫比亞大學歷史學教授的《獨立》雜誌文學編輯史勞森博士（Dr. E. F. Slosson），把我寫的兩篇書評送請批評並求指教。他看了說，我書評寫得很好，但忽略了一個考慮。我問什麼，他對我擠一擠眼睛說：「你忘記了何德博士去年接受日本天皇的獎章的」。這一個啟發打開了我的茅塞，再次改稿送給何德博士看，立被採用了。一個月後，他還把自己寫的有關商學與新聞學的評論送給我參考。

哥倫比亞大學開學之後，我仍繼續為《獨立》雜誌寫稿。那時候各報競載一條熱門新聞是長尾將軍（General Nagao）和他的妻子為了反對日本社會道德標準的墮落並向天皇表示忠誠起見，雙雙自殺。《獨立》雜誌發表社評讚揚此舉，這篇批評就是我寫的。何德博士更要求我寫一篇專稿報導自殺在日本被認做道德行為。我記得，我寫好此稿，曾送給我哥倫比亞大學同學《紐約時報》發行人的女兒歐吉士小姐（Miss Iphigene Ochs看）。她表示深刻的厭惡。她後來嫁給蘇芝拜葛（Ralph Sulzberger），自己做了《紐約時報》的發行人。這幾年中，我們每次見面，她總不會忘記重提我這一次少不更事的搶鏡頭表現。

何德博士又要求我以幽默的筆調描寫我剛到西方世界裡的種種經歷。我遵命寫了。想不到受到了各方面對我自己和對《獨立》雜誌紛紛的批評。一位派克學院的同學來信譴責我在這篇文章裡描寫派克同人的不當，但讚美我下筆不苟的信也有。總之，這一次的經驗，使我此後執筆不敢把我個人的感觸過份的坦白出來了。

《獨立》雜誌逐漸信任我寫所有有關遠東的書評，我也逐漸變成了一個粗具能力的書評家了。有時候，在一個時期內要我寫三四本書的書評，我不得不學習書評家的壞習氣，把每本書開始和結尾的兩章翻閱一遍後，就寫好我的評介。或者有些評介只能浮光掠影談一談，可是何德博士都認為滿意，他依賴我來評判有關遠東書籍的信心一天天加強了。

我在哥倫比亞大學浦力塞學院的攻讀，可說是我一生中最具刺激經驗的一個階段。我是被錄入一九一三年畢業的第一班。全班同學只有十五人。這中間畢業後成了出類拔萃的聞人，例如愛克門（Carl W. Ackerman）做了聞名於世的國際記者之後就受任為浦力塞學院院長好幾年。又如傅蘭叟（Leon Fraser），由國際銀行家轉任財政次長。另外一位如我前面已經提過的歐吉士小姐，現在嫁給《紐約時報》的總經理兼發行人蘇芝拜葛。

學院請到的教授也是一時之選。第一任院長威廉士（Dr. Talcott Williams）給這個新學院訂定了院風。他原來在黎巴嫩的貝魯特做傳教師，是一位高深文化修養，豐富新聞經驗與偉大感化力量的教育家。他身材矮小瘦削，一雙藍眼睛下面留著長鬍子。經常約我課餘到他家裡去吃飯，討論我學成回國事業發展的計劃，一談就談上好幾個鐘頭。他勸告我最主要的修養是寫好像狀元郎一樣的中文，這是回國成名必要的才幹。

另一位給我影響很大的教授是前紐約論壇報的編輯主任麥克阿拉納（Robert L. Mac Alarney1）他是一位寫作能手，也是一位引人入勝的好教師。教課強調採訪的重要，經常出題要我們出外找新聞來訓練我們的新聞感。

記得他出題要我們採訪之一是當時報紙競載的開庭審訊警官白克（Police Lieutenant Becker）案。麥克阿拉納要測驗我們的採訪的能力，故意不給我們身分證明書和代我們索取法庭入場證，要我們自己設法溜進那擠得水洩不通的法庭。那一個擠不進去就算不及格。

我走到法庭門口想擠進去，立刻給警察推了出來。我突然發現警官白克的妻子到場，以為這是一個好機會，想緊緊跟在她的身後溜進去。這一下我的冒險幾乎成功，不幸最後還是給門警認了出來，不顧我怎樣掙扎說明，把我二度趕出了法庭。我垂頭喪氣走回課室準備接受不及格的處分，不料麥克阿拉納教授竟讚美我的機警，給我及格的評定。又有一次，我受命去採訪一個判決的罪犯解送入獄的新聞，並經警告沿途這罪犯的伙伴有隨時隨地劫獄的可能。當然，因為監獄方面警戒森嚴，沒有發生什麼事故，可是一路提心吊膽，也嚐夠了做記者緊張生活的滋味。我很快地感到自己變成了一個有實際工作能力的採訪記者了。

麥克阿拉納教授主張訓練新聞學學生，第一課就應該讓他去採訪犯罪新聞，因此不斷給我們跑警察廳的任務。我深感這些採訪沒有什麼興趣，可是還儘量做好它。特別有一次去採訪一節自殺新聞，真要使我作嘔。我趕到某公寓的現場，一間黑暗的屋子裡地上躺著那個不幸者的屍體。屋子裡擠滿了記者，像機關槍般向那個悲傷的寡婦發出一連串窘人的問句，真使我驚異記者能這樣不近人情。我回來報告麥克阿拉納教授，懇求他此後不要讓我擔任這一類的採訪任務，他滿不理會，此後派給我的任務，比這一次還要吃不消。

那時候，服食毒品古柯鹼變成紐約最熱門的話題，各報競載專欄文字，報導這種黑幕。麥克次阿拉納教授就派定我去採訪古柯鹼的服食者，最好能連供應者也包括在內。如何找線索是我最先應該解決的問題。在四十街我發現一家髒亂的餐館，是這毒品服食者經常出沒的地方。於是我找到那店東，告訴他，我已經有兩天沒有錢買飯吃了，希望他能准許我給他洗碟子換口飯吃。我計得遂，就在洗碟子的暗角裡視察出出進進的座上客，好久好久，沒有什麼發現。直到下午十二點三十分左右，幾個類似古柯鹼的服食者和供應者才姍姍來遲地出現了。中間有一個四十多歲穿著襤褸的中年婦人，坐下來就抽抽咽咽的哭，店東那時剛在忙著別的事，我就走上去安慰她，順便問她為什麼這樣傷心。她坦白告訴我，她病了三天，無法到這裡來接受古柯鹼的供應，因此痛苦得不得了，接著她滔滔滾滾把親身經驗和盤托出全告訴了我。

我收集了一些現場資料，趕到我宿舍把這收穫寫成一篇報導。第二天，拿給麥克阿拉納教授看，他讚揚我的成功給我一個很高的評分。

別的教授，也給我採訪任務。例如身兼《紐約時報》採訪主任的馬修士教授（Professor Fanklin Mathews）要我寫專欄長篇。威廉士院長要我去採訪喜劇和藝術展覽。戲劇和藝術我都是外行，這些採訪任務很難交卷。採訪戲劇，我找到的秘訣是儘量物色對喜劇有研究有興趣肯撥出功夫跟我閒聊的看客請教。我經常能夠在這些人的嘴裡收集到很多對當晚上演戲劇的內行意見，幫助我寫成及格的劇評。採訪藝術展覽也採用同樣技巧，我發現對藝術欣賞成熟的人多半都戴著很厚玻璃片的深度眼鏡。這些人對各種展出畫幅的評價是我報導最好的資料。

劇評規定要在戲劇落幕兩小時內交卷，課堂裡有一隻紀錄鐘紀錄下我們交卷的時刻。這是配合紐約報紙工作規定的一種訓練。因此我們總是在趕回哥倫比亞大學的地下火車中趕寫我們的劇評稿。

因為要多得一些採訪經驗，我們都在本城報紙兼任記者。我有一次遇到羅斯福總統過紐約，竟給一家報館派去訪問他。

我找到了羅斯福要求他接受我的訪問。他看了我半天，擠一擠眼睛問道：「你做採訪記者很久了嗎？」我答：「不，我還在學著做。」我的答覆引起了他的興趣，他叫我準備好拍紙簿和筆，他要發表意見了。我立即從命候教，他竟慢慢講，讓我跟著寫。我記得在這篇宣言裡，他表示「美國和中國不問世局有任何變動應該永遠做朋友。」羅斯福本人原是一個偉大的新聞記者，因此他竟肯向我當時那樣一個毛頭小伙子表示關切，費去他這些寶貴時間。

可惜我的求學生活立刻就要結束了。因為在一九一三年春季，我接到家裡來電告訴我母親病重要我趕快回家。念母心切，我顧不得放棄取得碩士學位的機會，決定立刻回國去。威廉士院長和其他教授們聽說我不等畢業就要趕回家都感到驚駭。其實那時我回國的旅費也一無準備，因為我在哥倫比亞讀書勤工苦學，只能勉強渡日，那裡能有儲蓄。我是給住在八十街的一位單身漢，每天燒菜收拾房間三小時，賺些工錢過日子的。

要解決籌款回家的困難，我找上了何德博士。他答應我給他雜誌先寫五篇預交稿，給我二百元美金。我立刻照辦，趕回去日夜趕工，到了月底完稿換到錢，立刻買去日本三等船艙票，輕裝登上回國的海程。

我越太平洋的回國海程安穩無可述。三等艙裡有三十多位日本客，歡迎我參加他們的活動。最初跟日本人生活有些不習慣，可是不久就覺得他們是好伙伴。橫濱登岸時，有幾位日本朋友還邀我到他們家裡去接受他們的招待。到東京盤桓了兩天，我換了一隻日本船直駛上海。

我十分幸運，在這船上遇見了創建民國的國父孫中山先生。這時候國父剛做了一任短期的總統，讓位給袁世凱，在日本有所部署，帶著大批黨政高級要員回國去從事交通建國的理想計劃。

我在紐約曾蒙一家報館約任通訊員，遇到這樣一位重要人物，當然不肯放過這個機會，要求接見，立蒙允諾，俾我發送第一次重大報導獲得成功。然我得到的實際收穫何止僅此戔戔。這次海程的際遇使我接觸到我一生忠誠所寄的國民黨的領導者，孫總理給我的第一次會談，到了上海之後，發展而成最密切友誼，不知不覺之間，形成了我一生事業的開端，直到今日做我國駐華盛頓大使為止。

第三章 民初年代的記者生涯

我跟妻子和小孩隔離了四年，久別後團聚之樂罄竹難宣。我在美讀書，莎麗挑起了全部養家的重擔。她這幾年的日子是不好過的。

她一肩擔起了兩件工作。每天一部分時間她花在給教會幾家外國人子女教讀中文，另外一部分時間保留著給商務印書館裝釘書本。兩件工作合併起來的收入還是十分有限；她會了節省費用，幾家教讀，都是徒步往來。沒有她這樣吃苦耐勞養我的家，我不會在國外完成我的學業，可是她寫給我的信裡沒有一個字提到她吃的這些苦。

當然，她像她一生的其他時期一樣，整個生活寄託在宗教信仰上。信仰給她力量。在我離家期間，她跟鄰居的加拿大籍馬堅夫婦（Mr. and Mrs Mackey）做了好朋友。馬堅夫婦是傳教士，莎麗經常配合他們的需要，自薦做他們的譯員。她的英語當時雖還說得不很流利，可是竟能擔任這份不熟練的工作而獲得他們的十分滿意。但為了給馬堅夫婦服務，她又支配掉一部分工作時間，這樣仍能夠不影響她參加宗教活動，真不是一件容易的安排。

我一回家，立刻感到找事養家的迫切需要。最初階段是失望的，後來找到國父，蒙他介紹我去見他的英文秘書馬素。馬素那時是上海一份英文日報叫《中國共和報》（*China Republican*）的編輯。經國父的推薦，我被任為副編輯，受一位英籍混血兒總編輯叫荷博（R. I. Hope）的指導。不料我任事不到一星期，突生外科病症必需動手術。我找不到動手術的費用，不得不因陋就簡，找一位看護，在醫院附近一家客棧裡開一間房間，上了痲醉藥，馬馬虎虎開了刀。幸虧那時候我身體健碩，擔當得起，三天後又回到我《共和報》的工作崗位上了。

我開始記者生活剛碰上政治緊張時期。回到崗位不到兩星期就被派採訪中國國民黨跟袁世凱政權最後破裂的一件大事件。那時候國民黨雖經袁世凱陰謀阻撓，仍在參議院選舉中控制最大多數的席位。按照規定，那時候在政府中繼國父而處領導地位的宋教仁，應該取得國務總理的職位。一九一三年三月二十一日宋教仁從上海坐火車到北平，在上海火車站給一個吳姓兇手槍擊重傷，次日逝世。袁世凱下令逮捕所有兇嫌，嚴予偵查。不久吳姓兇手神祕地瘐死獄中，真相逐漸暴露，那時候袁世凱的心腹，總理兼內政部長趙秉鈞竟是幕後策動的人，很明顯地他受到袁世凱的指使。

《共和報》不獨以大標題詳載兇殺經過，並繼續不斷作深度報導暴露其真相。我這一個初出道的記者，一下子跳進了國內政治的漩渦，面對這種現實感到十分興奮。那時候我們大家感到這次兇殺案是袁世凱排擠國民黨打擊辛亥革命整套陰謀的開始。兇殺案發生之後，我被邀參加在國父家裡召開的一連串會議，密商怎樣發動全盤打倒袁世凱政權的運動。國父並曾接受我的訪問，詳告他創建民國的計劃，情辭懇摯，使我今日執筆猶感音容之宛在。

國父那時候親自派我到北平以代表上海所有國民黨報紙記者的身分去採訪這一場政治搏鬥。那時候為了避免袁氏爪牙的迫害，國民黨在上海公共租界和法租界經營的報紙有六家之多。我還記得，我動身前夕，在國父家裡吃完了晚飯，國父拿出一枝手槍交給我，說道：「倘然你給袁氏爪牙逼得走投無路的時候，你就拿這傢伙了結你的生命。」那時候剛踏進新聞職業門檻幹勁十足的我，聽了國父這句不成功必成仁的革命訓話，彷彿有些不自在，可是我還接受了那枝槍動身到北平去。

那還是我第一次到這首都，可沒有時間作觀光的享受。好幾位國民黨高級幹部在車站接了我安頓在前門外一家旅館裡。後來我在一位朋友名魏聽濤的家裡分到兩間房搬進去做我的宿舍，那時候魏君剛做著英國《孟卻斯德導報》和其他報紙駐北平記者端納（W. H. Donald）的助手。我為了要擴大跟參議院裡國民黨議員接觸的機會，除了新聞報導的經常工作之外，又接受了做副院長王正廷博士秘書的任務。我那時候給上海同志約定每天給《共和報》寫幾千字的英文電訊，稿到上海立即譯成中文，分送各國民黨辦的報紙登載。

袁世凱那時候的失著沒有派一個檢查員常駐在電報局檢查新聞電稿，因此我每天發出的電訊經常可以暢所欲言。有一次，我得到總統府走漏出來的消息，袁世凱準備要槍斃兩位駐在武漢國民黨支持的將領，電訊送到上海同志的手裡，驚為反常，雖經採用，並未認真警告兩位將領做事前的準備。不料，事實發展證實了我的報導，兩位將領竟遭殘殺。袁氏爪牙追索此報導之作者不得，我得倖免。

參議院一九一三年四月八日集會，國民黨佔了絕對多數席。到了四月二十九日該院否決了袁氏賴以維繫政權的兩千五百萬鎊的五國銀行團借款案，反袁鬥爭發展到白熱化的巔峯。會場上一片混亂，辯論高潮中，墨水瓶飛上了議長臺，爭論者竟揪打起來。那一天，我正在議場樓座中採訪，忽見隔數座一便衣者站起來高呼：「大家不許鬧，再鬧下去準備吃我手裡這顆炸彈！」會場果然給他鎮壓住了，當警察走過來搜檢他手裡拿的東西時，發現只是手巾包著一顆鷄蛋。議院就給這樣混亂阻礙了一個多星期開不成會。

國民黨的反袁革命跟著就風發雲湧起來，各省文武首領響應者日多，於是袁世凱震怒宣布國民黨為非法政黨，並撤銷國民黨黨員為參議院議員的資格。

在這鬥爭緊張關頭，我受聘為一英文報名《北京日報》（*Peking Daily News*）的主筆。這一個新任務把我推到了新聞的第一線。

袁世凱驅逐了國民黨之後，跟著使出一連串的緊急措施來穩定他的獨裁政權。十月七日他竟把自己選舉成一個合法總統。他明知，他無法得到參議院的多數票，竟派軍隊包圍參議院，強迫議員在第三次投票時選定了他。跟著大舉逮捕殘殺，清除政敵。

我在這反革命高潮中，漏夜把國民黨元老吳稚暉先生勸告袁世凱退位讓賢的一篇文章譯成英文趕印了十萬份準備廣加分發。不料事態緊急，不獨無法遞送，即保留這大批印刷品亦成危機。萬般無奈，我只好在後院裡掘一個地坑，把這些印刷品連同國父給我的手槍埋在裡面，以免暴露身分。

袁世凱繼續發展他的陰謀來毀滅辛亥革命的成就。參議院被清算後，空額不予遞補，癱瘓不能成議，袁氏即擬以其御製之政治諮詢機構代之。其內閣擬於十一月二十日發表一篇當時司法部長梁啟超執筆之政策聲明書以解釋此非常步驟。聲明書未定稿前暫不出示記者，以便作最後之修正。當時我跟政府印刷局局長的私交很好，竟透過他的關係搶先拿到原稿，立刻譯成英文，在第二天的英文《北京日報》上發表該文的中英文對照全文。袁氏曾親令政府印刷局保守機密，見報大怒，立下手諭撤職查辦這位局長。我得此獨得新聞使與我競爭最烈的英文《北京時報》（*Peking Gazette*）主筆伍德海（H. G. W. Woodhead）相形之下，暗淡無光，深感欣幸之餘，不知危機之暗伏。因為，袁氏立刻發現這條新聞的洩漏是我運用的手法，決心要重重懲罰我。我聞訊，找上幾個在政府中有地位的人勸阻他。他們的措辭最能夠打動袁氏的是我在外國人特別在美國人心目中的地位，恐怕懲罰了我在國外會發生不利的影響。袁氏那時候很想結美國人的好感，因此一再考慮，不得不忍氣吞聲取消了嚴懲我的念頭，只要求我道歉了事。

我那時候做記者，所以還能享受一點報導的自由，另外還有一個原因，那就是：我雖執行國民黨的政策奔走了很久，還不是一個國民黨黨員。可是，這一次搶新聞，仍舊觸怒了袁世凱，幾乎犧牲了性命，這一切我的妻子都不知道的。

在這動亂時期，我更運用新聞挽救了好友王正廷博士脫離了危險。那時候王正廷已經被袁世凱解除了參議院副院長的職務。當袁氏大規模清算國民黨的時候，很多國民黨領袖們有的到上海，有的在天津暫避迫害，只有王博士沒有及時走出北平。袁世凱是在計劃著殺害這位國民黨的重要人物。這套陰謀給我知道了，我決心要設法挽救他。

我學了些公共關係的技巧，這時候竟能學以致用了。王博士在美國公使館裡有一位好朋友，參事德奈博士（Dr.R.P.Temney）是王博士就讀北洋大學時的一位老師。我就找到了他，跟他商定了一套偷天換日的計劃。德奈方面電告美國國務院說，袁世凱準備任命王正廷博士為中國駐美公使，要求駐華美使館非正式試探美國政府的反響。我一方面，把這消息有意無意之間洩漏給路透社駐北平的記者。他立刻發電報導，在英國報紙上大標題刊出王正廷將任中國駐美公使的預測，美國報紙爭先恐後競相轉載。

美國國務院的反響到了北平美駐華使館，表示歡迎王氏使美。於是，經過運用，這消息到了北平美國青年會的幾個領導人物耳朵裡，大家一窩蜂地表示歡迎王氏的使美。我又透過平日同業的關係，讓日本人在華辦的中文報紙《順天時報》，轉載這些美國人的歡迎熱忱。這一套計劃，立刻發生了效果。袁氏感覺到，假定那時候不論他公開或陰謀殺害了王正廷，美國方面給他的打擊一定很沉重的。因此他撤走追蹤王氏的特務，取消殺王計劃。這一套幕後政治的運用，表示了危險關頭，善用新聞可以發生怎樣重要的貢獻。

我的命運好像永遠跟窮報紙結不解緣。《北京日報》不能得廣告商的支持，真窮得狼狽。在編輯部裡我只有三位助手，字碼是用老式的排字，因此，我除編輯工作外，排字、印刷等所有小印字房的雜務都得自己參加做，而我在巴克學院印刷廠裡受的訓練倒可以學以致用了。

我前面已經提過，我那時惟一英文報紙的競爭對象是《北京時報》。它的自兼編輯的創辦人伍德海是我《北京日報》的前任編輯。他主持《北京時報》不久就接受了天津《泰晤士報》（*Pekingand Tientsin Times*）的聘任，把《北京時報》賣給了陳友仁。陳友仁是出生在千里達的一個聰俊青年。我在《北京日報》工作時得病請假，推薦他代理了兩星期，才把他拉進了新聞界，也鼓勵了他自己發行一份報紙的勇氣。

在那時候，野心的政客都想有份報紙做他的喉舌，因此辦報找經濟支持並不難。陳友仁自己沒有錢，就找上了袁內閣的交通部長那時候中國銀行代理總裁周自齊做他的後臺。陳氏有了豐裕的財源，請得起好編輯，我就相形見絀了。

他編輯部的明星是舉世聞名的英國留學生文壇巨匠辜鴻銘。陳氏給他每月三百元薪金。這數目在當時是駭人聽聞的。《北京時報》登載了辜氏的文章銷數立刻飛騰起來。

陳不知怎樣忽然跟辜發生了齟齬，辜一怒來找我，竟自薦給《北京日報》寫文章，不要我任何報酬。這天外飛來的意外收獲，當然使我欣喜。可是辜氏附帶條件，要求我答應，在三個月內，他寫什麼，我一定登什麼，不能拒也不能改。這條件相當苛刻，經我慎重考慮後，還是接受了。這才激怒了陳友仁，聲言看見辜就要剪掉他的辮子。辜氏也緊張地身邊帶了一把刀子，聲言那一個敢近身威脅他，他就拔刀跟他拼。

最初一切順利，《北京日報》的銷數從每日八百份跳到一千份，我的發行人也跟我一樣熱烈歡迎辜氏的文章，不幸辜氏不久也跟我發生了衝突。有一天，他帶來一系列主張娶小老婆的文章要求發排。我是一個基督徒，不能贊助重婚；同時我也知道《北京日報》的讀者是傳教士，各國外交官，受過西方教育的先生學生們，這種主張登載出來也會激發公憤的。因此，我拒絕登載。我的拒載，立刻引發辜氏的指斥謾罵。辜氏罵我最狠毒的名稱是用印度話的「流氓」，發音為「Babu」。每天晚上，我那小小編輯室工作最忙碌的時間，他會站在那裡，指著我「Babu，Babu」，作最狠毒、最難堪的侮辱。他一天接一天給我這樣精神虐待，使我和我的同事們無法工作。於是，我只好忍痛屈服，實踐諾言，把他贊助娶小老婆的文章發排刊載。

我不加考慮亂作承諾招來橫禍，這一個嚴重教訓應永誌不忘。

災禍並不止此，還在發展著。《北京日報》一天發表一篇社評批評袁內閣財政部長陳錦濤。陳友仁第二天就在他的《北京時報》上發表迴護陳錦濤的文章，竟向我的編輯荷博作個人的攻擊。這篇文章雖沒有直接叫出荷博的名字來，卻聲言批評陳錦濤的人是一個有印度人血種的混血兒。荷博是混血兒，指的當然是他。

實際荷博並沒有寫這篇文章，讀了這篇謾罵的文章，立刻氣洶洶地奔到陳友仁辦公室提出嚴重抗議。陳本人身材矮小，自知不是粗壯荷博的敵手，可是他能招集一群打手圍攻荷博，把他痛打一頓。打後電話給我說，荷博受傷躺在《北京時報》的地板上，叫我快叫救護車去抬他走。我只得照辦，把荷博送進醫院療養了三星期。

荷博出院，要控訴陳友仁傷害，不幸困擾在法律手續中伸不了冤。英國方面，不能接受他的申請，因為荷博好幾年沒有到英國駐華公使館去登記註冊過。荷博又想直接向中國法庭去控訴，中國法庭又以陳友仁是西印度人種，沒有入中國國籍為辭不受理。於是荷博計劃要在街頭截住陳友仁把他痛打一頓。陳氏知道了，僱用兩個拉洋車的車夫，上街時前呼後擁保護著他。

兩人的糾紛繼續發展到有一天晚上在北京大光明電影院中兩人竟會了面。那一晚我們夫婦約了我的好友魏沖叔夫婦一同到大光明去看電影。我發現荷博和陳友仁竟都在場，並且還坐得很近。荷博手裡拿著一根馬鞭子，其勢洶洶。我想走過去勸走荷博，不料我沒有走幾步，他竟站起來，面對觀眾，大聲講演起來了。他指著陳友仁說，這是一個懦夫，並把陳氏怎樣自己不敢出面，買了打手圍攻自己的經過，一五一十報告出來。後經電影院老闆一再勸解才平息了他的怒氣坐了下來。第二天，大光明就撤銷了《北京日報》上的電影廣告，陳友仁在《北京時報》上報導這晚的經過，竟指控這一切都受我幕後的指使。此後，我儘量避免捲入兩人的糾紛，可是，怎樣也洗不清這誤會的了。

當我在《北京日報》做編輯的時候，國內政治發生嚴重轉變。最轟動一時的是日本乘世界大戰的空隙向我政府提出二十一條的苛刻要求。我政府倘然接受了這些要求就無異把中國降做日本的殖民地。這套要求是在一九一五年一月十八日由日本駐華公使在極機密的安排下親遞給袁世凱的。那時候日本人希望造成既成事實的局勢之後才讓新聞界知道這段新聞。

他們陰謀給警覺性靈敏的北平記者打消了。那時候的美聯社記者莫爾（Frederick Moore），從我那裡知道日本人的這套祕密行動，認為獨得之秘，立刻發電到美國總社去。美聯社社長史東（Melvin Stone），駭為不經，向日本駐美公使去求證。日駐美公使堅決否認有這事實，史東不得不電莫爾囑其確證此訊的是否真實。莫爾覆電負責保證此訊確係真實，史東再問日駐美大使，二次電莫爾再求確證，於是莫爾電請解職不幹了。

日方四月二十六日刪除原提要求中我方最不能接受的三款，其中一款要求我聘任日本顧問主持新聞檢查，向我提修正案；復經袁政府提出對案，往返交涉，卒使日方不耐，於五月七日提出最後通牒。那時候，西方國家都困擾在歐戰中，沒有任何一國有機會可以仗義執言對我作正義的支援。中國政府因此整個癱瘓了，全國人民都認做是洗滌不清的嚴重國恥！

就在這樣的時代背景中，恢復帝制運動開始萌芽擴大醞釀。前約翰霍布金斯大學（John Hopkins University）政治學教授經袁世凱聘任為憲政顧問的古德諾博士（Dr.Frank J. Goodnow）

發表論文，主張中國國情宜採帝制，跟著就有一個籌安會的組織產生，把這主張擴大而成一個運動。

美國新聞界朋友感到這發展的重要，要求我去訪問袁世凱，請他親自表示他的態度。那時候袁氏接見記者都由蔡廷幹將軍負責，我由蔡將軍的安排得到了這個訪問。

袁氏見了我斬釘截鐵否認他有做帝王的野心。他對我說：「我可以做中國的華盛頓，為什麼我要做中國的拿破崙。」接下去他又很風趣地問道：「就算我有了做中國皇帝的一切條件，可是我的太子在那裡呢？我的大兒子跛一足不是做太子的坯子。」

袁氏應對的技巧與敏捷給我很深刻的印象，可是後來發現，他的這套措辭還是蔡廷幹事前授意的結果。蔡氏在中日甲午戰役中給日本人俘虜了去，經袁世凱交涉把他放回來，因此兩人的關係非比泛泛。

袁氏這套表演只希望利用國際新聞暫時掩蔽他的陰謀，可是，不久他就醜態畢露了。他取消民主政制，透過籌安會運用以洪憲年號自立為中國皇帝。他可不料他的皇帝夢不久就遭淒慘結束。在全國大規模反抗之下，他退位下來變成一個殘廢的老人，在一九一六年六月六日結束了他的生命。

我繼續做英文《北京日報》的編輯，並在發行人的同意下，公開反日，以鋒利的筆觸揭發日本人侵華野心。不料發行人朱某無法繼續支持，竟將英文《北京日報》售與綽號「小徐」的徐樹錚。徐為段祺瑞之左右手，而段氏則佐袁為國務總理後，復為袁之繼任總統黎元洪的總理，一貫以媚日為其主要政策。英文《中國日報》之易主，與我抗日主張不相謀，自難久留。新報主勸我改變作風留報服務，我堅持士不可奪志的態度囑其另覓新編輯。於是我再度失業了。

不久我又找到了新職位。經我摯友魏沖叔的介紹，我認識了督辦全國煤油礦事務總署熊督辦希齡，他任命我做該總署的秘書。同時，我仍舊保留跟新聞界的聯繫，擔任了《密勒氏評論報》（*Millards Review*）的副編輯。

講到《密勒氏評論報》，它的發展經過值得我們的回憶。這份刊物的創辦人密勒（Thomas Millard）是我米蘇里大學同期畢業的校友。他們這份雜誌賣給米蘇里大學新聞學院的同學鮑威爾（J. B. Powell），之後，鮑氏把英文報名改成為《中國週報》（*China Weekly Review*），中文則仍保持原名。鮑氏主持筆政時間很長，並且在中國新聞界樹立了很得眾望的輿論權威。第二次世界大戰之後，鮑威爾之子，約翰鮑威爾繼承主持這份雜誌筆政，不幸他接受共產黨的收買，把這份雜誌公正的態度作了一百八十度的轉變。小鮑威爾在中共一九四九年控制中國大陸之後仍留在大陸繼續出版《中國週報》，為中共宣傳工具，直到韓戰開始時。韓戰時期小鮑威爾返回美國，經聯邦檢察官以在韓戰中阻礙美國軍事發展的罪名提起公訴。我寫這本自傳時，他還在候審中。當然，我在三十年前為《密勒氏評論報》寫稿的時候，怎樣也不會知道這份刊物會有這樣的轉變的。

我在督辦全國煤油礦事務總署裡的工作是相當有意義的。一九一四年二月裡，中國政府跟美國紐吉賽的美孚油業公司協定發掘陝西山西兩省的石油資源。雙方各投資美金一百萬元為發掘之用，約定倘發現石油而有商業價值者再組織中美合資公司。約定後，先後成立油井十五處，陝西省的希望很大。

美孚公司派它的副總經理勃米斯Bemis到中國來談判訂約。中國政府聘請了在天津做律師的肯德Kent做代表進行交涉。很不幸的，肯德是一位不能勝任的代表，他堅持要把許多超出原來協議範圍以外的條文加到合同裡邊去，逼得勃米斯不得不拂袖而去。今日追溯檢討，那次交涉的失敗不能不說是中國的一個重大損失。假定那次談判成功，美孚公司準備從陝西延安鋪設一條一千多英里的油管直達漢口。鋪設了這條油管將破壞共匪強佔延安負隅之勢，一九三七年日本侵華的野心也可能受到影響。

在煤油礦總署的工作給我一個訪問美國的機會。顧維鈞那時候是中國駐美公使，他受命的主要任務是設法阻止美國協助日本開發中國東北一百萬美金借款的完成。顧氏商請熊希齡借調我到美國，幫助他在宣傳上發動反對這項借款的攻勢。一到日本，我發現在這場鬥爭中，我遭遇了一位勁敵，一位日本最傑出的俊才，澀澤榮一子爵。澀澤子爵，眾推為日本的洛克斐勒，專程從東京到美國來爭取這筆借款。

我在華盛頓逗留了十個月同時還兼做了英文《北京日報》駐華盛頓的記者，跟美國的國會記者們建立了密切的聯繫。今天華府記者影響之大幾乎可以跟政府中的三權並駕齊驅，那時候的這群記者勢力還沒有這麼大，就是他們的社交活動也不像現在這群記者的有組織。那時候已經有了華盛頓記者俱樂部，可是比之今日的只是具體而微的一個開始。

我給美國報紙寫了很多文章，暴露日本的擴張野心，警告讀者。我自己認為最成功的一篇是登載在《評論的評論》（*Review of Reviews*）雜誌上命題〈日本頭腦美國錢開發中國東北〉的一篇。

我雖並不怎樣感到此行的興趣，可是，日本這項借款沒有成功，也可以算我此行的收獲了。

第四章 軍閥時期

我繼續在熊希齡主持的機關中服務，最初做全國煤油礦總署秘書，後來跟著熊氏轉入順直水利委員會工作。我同時繼續保持著跟新聞事業的聯繫，擔任《密勒氏評論報》的副編輯前後差不多有十年之久。袁世凱失敗之後，我仍跟華北大部分的政治領袖們保持接觸，經常把握住政治的動態。現在多數人已經忘懷的當時風雲人物，例如歷任總統黎元洪、馮國璋、徐世昌、曹錕，我都有機會深入觀察他們的政治活動，而多采多姿的軍閥代表吳佩孚我認識得最透徹。

我第一次跟吳佩孚接觸是在一九二二年。那時候，他正領導著「直系」軍閥跟以東北為地盤的「奉系」軍閥領袖張作霖打內戰。他在長辛店打敗了張部的奉軍，沿著京津鐵路乘火車向天津推進時，我在廊坊登車訪問他。同行訪問的是老友《芝加哥論壇報》記者克羅斯（Upton Close，這是豪爾Josef W.Hall的筆名。）他能說很好的中國話。

吳佩孚喜歡喝酒，一杯在手他的話盒子一開就放言高論倍感親切。我們在酒席筵前訪問他，跟著克羅斯道賀他軍事勝利客套之後，吳氏竟坦白說道：「這次勝利我並不感到任何欣慰。實際這種中國人自己打自己的仗沒有什麼光榮可言，真光榮是在帶著勝利軍走進日本首都東京的時候，那時候我才真高興哩！」我以為吳氏這種朋友面前一時興至的豪語，克羅斯不會採用，不料他竟寫進了他的新聞電。《芝加哥論壇報》第二天早報全電登照，立刻映到中國。隔了兩天北平日本公使館向吳佩孚提出責他侮辱日本政府的嚴重抗議。

吳佩孚當地找不到人：找我協助。我就到日本公使館找我的朋友小畑代辦，反覆解釋吳氏絕無反日之意。最後獲得了小畑的諒解，問題總算解決了。

那天在火車上，我竟有機會看到吳佩孚指揮軍事的實際行動。火車開出廊坊站，停到離天津不遠的一個小站的時候，我突然發現好幾千奉軍騎兵向我們這邊衝過來。我心裡著慌，可是看著吳佩孚卻還談笑自若異常鎮定。他下令讓砲兵向衝來的奉軍開出一批排砲。奉軍竟在砲聲中掉轉馬頭狂奔逃竄。我們駭怪為什麼道樣大隊人馬竟一嚇就逃，問他，他笑說，兵敗如山倒，他能把握到敗軍的心理：凡是敗兵決不願再捲入戰鬥漩渦，他們會本能地避免敵方接觸。吳氏戰術經驗之談令人折服。這時候共產黨也開始活動了。俄共派一個代表叫若瑟甫（Joseff）的向吳佩孚表示蘇俄在某種條件之下願供給他軍火與軍事顧問的協助。吳氏斷然拒絕，說他對共產黨的諾言素無信心。若瑟甫又一再解釋稱，中國是一個農業國家，不宜集體經濟制度，故共產黨對中國並無企圖。吳氏始終不為所動，若瑟甫失望而歸。他走後吳氏把一切經過都告訴了我。

吳氏最後敗在張作霖之手是給馮玉祥出賣掉的。馮氏實際是一個共產黨的祕密同路人，一九四七年死在莫斯科。那時候，表面上馮玉祥還是吳佩孚的盟友，可是誰信任他，誰就倒了楣。兩人都奉那時總統曹錕之召到了北平。吳偵知馮玉祥心懷叵測，表示馮不離平他決不離開這個首都。馮知道了，故意離平到綏遠，吳才放心到山海關前線去督師戰奉軍；不料馮竟潛回北平，劫持總統曹錕並囚清遜帝溥儀，掃掠宮中財寶，至今沒有人知道他藏到了那裡去。

我不想在這裡寫近代中國史，因此對這些重要政治轉變只能就涉及我個人生活者略加敘述。此後我的生活，受中國共產黨掀起的政潮影響最大，在這裡勢必帶轉筆頭講一些我跟共產黨徒初期的接觸。

在二十世紀的二十年度期間，俄共顧問雖在國民黨容共政策下活躍於華南政壇，在華北直奉軍閥對峙局勢中尚難插足。一九二五年二月間廣州高等顧問鮑羅廷（Michael Borodin）竟機密地溜到了北平。我是知道他行蹤的惟一新聞記者。那時候加拉罕（Leo Karakhan）是蘇俄派駐北平的大使。我逕赴蘇俄大使館，送進名片，請見鮑羅廷。隔了二十多分鐘，一位秘書出來問我要見什麼人，我告訴他鮑羅廷。他表示駭異說，從沒有聽到過這個名字，怎說大使館有這個人。

我廢然告退，走到門口，找到大使館的看門人。那時候剛是中國新年，我借過年送紅包為名，給他一疊足夠使他感到意外的鈔票，問他鮑羅廷住在那裡。他指著大使館圍牆裡以前做俄國郵局的小房子，低聲告我在那裡。

那小房子沒有看門人，我走進去，扣了好幾扇門。最後竟有人應聲來開門，門啟見是一位胖婦人，問之，竟就是鮑羅廷夫人。她說，她丈夫在隔壁辦公室裡開會，不久就會回來的。她邀我進去坐，倒了一杯俄國茶給我，竟以流利的英語跟我暢談起來。她告訴我，她本來在芝加哥一家中學裡當教師，鮑羅廷在回俄國以前也在芝加哥辦一家學校，因此兩人才認識的。我們邊談邊等，隔了兩個鐘頭，鮑羅廷還沒有回來。我因另有約會不能再等，只好暫時告別。

晚上九點半我再度走訪那座蘇俄大使館的小房子，竟空空地沒有一個人。我準備坐等，可是環顧四壁沒有一隻椅子，沒奈何只得坐在樓梯上等。一等直等到十二點鐘，鮑羅廷夫婦才姍姍歸來。一再道歉後，他們說明正到大光明去看了電影歸來。我要求鮑羅廷，接受我訪問，他立刻允諾了。

訪問直到次晨兩點才結束。鮑羅廷不像一個共產黨徒，像一位美國中西部大學裡有學養的教授，他發音沉著，出言謹慎，經常停下來斟酌適當的辭句。在我進行訪問中，鮑羅廷夫人伴坐著，藉著倒茶的空隙，經常在她丈夫涉及不易應付的話題時以目暗示應予廻避之意。

我們話題多半涉及當時中國的統一問題。那時候，國民黨正在華南集中力量準備北伐掃蕩軍閥。我故意發問稱，北洋軍人的軍事力量十倍於國民黨，重要戰略根據地也都在他們手裡，國民黨北伐成功的機會恐怕很少吧？

鮑羅廷不能同意我的見解。他說，他們收集到華北很正確的情報，確知北洋軍閥中間矛盾十分尖銳，國民黨只須運用分化離間政策，即可唾手成功。他說：「軍事統一並非難事，困難的倒是如何建立一個有效的政府。」

後來我從旁的方面探悉了鮑羅廷到北平來的理由。他那時候在南方已經處在一個非修改他對華戰略不可的環境中，而打擊他野心計劃的領導者不是別人，就是我在龍津遇到的青年蔣介石將軍。中國共產黨在一九二三年宣誓不從事地下工作之後加入了國民黨。加拉罕就派鮑羅廷做孫總理的政治顧問，這個狡詐的俄國人做出信仰三民主義的姿態取得了若干國民黨領導者的信任。孫總理死後，鮑羅廷跟他帶到廣州的一班俄國人想包圍繼任的幾個領導人發展他們運用權術的陰謀。這其中領導人之一就是蔣介石將軍，拜命為北伐軍總司令了。

俄人策動謀刺蔣總司令兩次都失敗。蔣總司令策動反擊，調大軍入廣州城宣布全城戒嚴。這一個迅雷不及掩耳的措施使共產黨奪權計劃功敗垂成。鮑羅廷廣州辦事處被封，俄國顧問多人被押。鮑羅廷就在此時溜到北平向莫斯科請示後逕返莫斯科，我就在此時在加拉罕大使館裡遇到了他。

蔣總司令是在一九二六年七月九日就職的。就職那天，他發表了歷史性的北伐文告，宣告天下，辛亥革命以來十五年中皆因內戰而國家日見荏弱，此次率師北伐，誓必掃蕩割據之軍閥，完成統一大業，並消滅支持與鼓勵軍閥之外來帝國主義勢力。這是一篇震醒全中國有份量的文件。

鮑羅廷從莫斯科再來中國，顯已受命與北伐軍合作。北伐軍揮師北上，最初階段乘勝長驅，直抵武漢，然後沿江東下趨濱海各省。在這勝利戰鬥行列中共產黨肆展其破壞陰謀。那時候跟鮑羅廷密切合作者竟就是我在北平辦報勁敵陳友仁。陳不知運用怎樣手腕給他攬到了北伐軍的外交部長。他一到武漢，立刻下令佔據漢口英租界。駐北平英國使館代辦戴克孟（Teichman）是我的朋友，暗地告訴我說，已奉倫敦命繞道浦口，坐英國軍艦駛往漢口，顯在作將以武力奪回租界的暗示。我看到事態嚴重，決趕到漢口採訪這節新聞。

我一到漢口就找到了住在一個德國人家裡的鮑羅廷。他立刻接見我並且與我暢談。他判斷北伐時機尚未成熟終將失敗，其所見不能配合事實，幼稚可笑，或有其他作用未敢遽斷。但其對英國代辦暗示將驅軍艦奪回租界的威脅，斥為無稽，頗有見地。據他判斷，長江水位此時適當低落時期，不能便利巨艦載重兵逆水而上發動攻勢。他預料，這問題經英國國會辯論一陣興奮熱潮過去後，將認為既成事實不了了之。事實發展盡符其預言，安能不說這套外交攻勢他事前參加過策劃的呢？

兩個月之後，我又在漢口遇到了鮑羅廷。他告訴我，他最近對中國外交官能力的估價降低了標準，竟舉陳友仁為例。他說陳氏因佔據英租界成功拍大了膽子，最近決心要對日本租界如法泡製。陳氏決定做，竟不告訴他。他在行動前一小時才知道這回事，來不及換衣服，穿著睡衣趕到陳氏寓所力阻之。他勸告說，日本人不像英國人，陳氏此舉將授日本人以口實，不獨會派兵佔據漢口，並且會佔據沿長江的其他口岸，使北伐軍事受嚴重打擊。陳氏遵囑，在最後幾分鐘內撤消原計劃。這件事暴露了陳友仁之愚卻也反映了鮑羅廷那時影響力的大。

我就在這一次南下時到長沙訪問了蔣總司令。那次進見我是拿著吳稚暉先生的介紹信去的。蔣總司令接見我時，雖有我的熟識朋友譚延闓也在坐，在匆促間，或者還沒有認出我就是他龍津就學時的老師，仍舊把我當作經常接見的一個新聞記者。

這時候，我已在天津，從一九二五年起拿自己歷年積蓄的幾千元國幣創辦了一份中文報，定名《庸報》。白天還在熊希齡主持的水利委員會工作，我晚上全部時間精力投進了報館。雖然上床休息的時間減得少而又少，可是有機會如願以償自己辦一份報，總覺得十分愉快。雖然那時候臨時拉了幾位同好的朋友幫了不少忙，可是忙不過來時，我一個人做了發行人、主筆、編輯、廣告經理又兼外勤記者。

我編《庸報》採取一個新改革，用美國拼版方式來編排中文報紙。我放棄當時中文報紙沿用英國報紙的格式把廣告放在第一版。我採用美國式的大標題，遇有大新聞作跨欄的長題。我把我在米蘇里和哥倫比亞新聞學院學到的辦報經驗，可能用的全部使用了出來。

我發現美國報紙的這種編排方式的確有推廣報紙銷數並增進社會對其報導注意的效果。舉例來說，我如實報導張作霖在瀋陽附近火車經過某某一條橋時，經日本人放在那裡的一顆炸彈爆炸被害的事實，用跨欄大標題坦白指證日本人是兇手，因為出事地點是在日軍控制地區內。天津的日本人見報怒不可遏，禁止那天的《庸報》在日本租界出售。我因此就變成了一個反日記者。

進謁了蔣總司令之後，加強了我對共產黨的認識。因此，長沙訪問蔣總司令後，就順道到湖南湖北鄉間作了實地的考察。那時候，共產黨也參加北伐，所以他們的活動是公開的。記得有一天我在鄉間訪問時，遇到一個十五歲的男孩子，剛在廚房裡拿了一把切菜刀殺死他的媽媽。他是一個初入黨的共產黨員。我問他，為什麼要殺死他媽媽。他說，她五十歲，老了，裝滿了一腦子封建思想；應該殺死她，節省糧食給別人吃。這孩子說這些話時，鎮定、認真，一點沒有負罪自責的姿態。共產黨能滅絕人性到這樣程度，我當時聽了真不敢相信自己的耳朵。

這是在一九二六年我第一次接觸到共產主義兇殘後果的例證，此後聽到看到共產黨同樣反倫常的事件比這次例證殘暴超過好幾倍的不知有多少，堅強了我滅此朝食，反共的決心。

北伐初步成功之後，鮑羅廷即陰謀協助中共篡奪政權，在廣州初試失敗即集中活動於武漢。他們在漢口實施恐怖統治，雷厲風行封閉銀行二十七家，使經濟失調市場癱瘓；在湖南，他們控制地區混亂更甚，擁有財產者多被捕，儘量貢獻所有以求免被共黨誣指為國諜或反革命的罪嫌。鋃鐺入獄者接踵於途，每多不經審判即予槍決。

然蔣總司令所率領的北伐軍雖有中共這種內部的搗亂，復有強鄰的外來阻撓，仍乘勝長驅向北挺進。及北伐軍進逼山東，日本竟作公開阻道的行動，蔣總司令不得不繞道行軍，藉免國際衝突，同時向外國記者對日本帝國主義者陰助軍閥的陰謀作公開檢討，歷舉例證如：資助袁世凱打擊國民黨後實施帝制；援手張勳陰謀復辟清帝室；陰助馮國璋徐世昌破　憲法；支持曹錕吳佩孚竊位總統。

蔣總司令發表此項宣言時，蘇督孫傳芳正在接洽英國借款，藉挫北伐軍之鋒芒，無形中以事實證明瞭蔣總司令的斥責。時孫氏囑其淞滬督辦丁文江進行此項談判，丁是我的摯友，曾以談判經過詳告我，故知之甚詳。

然外援無法挽救軍閥之頹勢，孫傳芳不勝北伐軍正義壓力迅速崩潰之後，作最後掙扎者僅餘負隅東北的張作霖。蔣總司令揮師北上正準備作肅清軍閥最後之掃蕩，日軍炸彈適於此時置張作霖於死命，於是，北伐軍於一九二八年七月五日開進了北平城，完成了統一中國第一階段。當然，軍閥餘孽仍遍佈廣大的中華疆土中，真正民主政體的統一尚有待革命同志的努力。

在國事作這大變遷的發展中，我也經驗著生命中一個大變動。我辦的《庸報》在天津發行，天津雖有租界，仍難逃軍閥勢力的壓迫，這對報業發展有極大阻力。現在，軍閥淫威經北伐軍的削弱，鼓勵我擴展報業之雄心。經我幾年來的努力，《庸報》收支相抵之餘已可略有盈餘，但仍無力購新機器新設備求進一步的擴展。於是，我找到了上海《申報》發行人史量才要求他把《申報》館的一架舊捲筒機運到《庸報》來作他投入《庸報》的股本。他同意這樣做，變成了我合夥的股東。

不料，這一措施就把我捲進了史量才個人的糾紛裡邊幾乎脫身不得。那時候，史氏正計劃著把上海兩大日報合併成一家，那就是把日銷二十萬份的《新聞報》併入他日銷十五萬份的《申報》。關鍵在如何收購掌握《新聞報》過半數股權大股東美國人福開森博士（Dr. C. J. Ferguson）的股票。史氏深懼收購《新聞報》股權談判如在上海進行會引發該報職工的反對，因此就委託我代表他在北平跟福開森祕密進行。福開森是我父親的朋友也是我的朋友，因為有這兩代世交的關係，談判進行相當順利。經我談妥史氏得以美金四十萬元收購福開森的全部股權。

但，史量才併吞《新聞報》的野心引發了政治上的糾紛，一時謠言鼎沸，竟說他透過葉恭綽的介紹為綽號財神的梁士詒收買《新聞報》。

同時《新聞報》的職工看到這個轉變，群起反對。《新聞報》是一份賺錢的報紙，過去大老闆福開森不管事，大部分盈餘都給辦事人員中飽了去。史量才接辦後，就委託我代他整頓一下，因此我就坐在該報總經理辦公室裡一個多星期，變成了全部職工想盡方法作難的對象。此中尤以在該報工作多年的汪伯奇兄弟予我精神上的打擊實在難堪。實際原因，汪氏兄弟本想掌握《新聞報》全部股權，正在跟福開森進行談判中。汪氏兄弟的計劃想造成一種環境，使福開森自願按照他們規定的低價把股權讓出來，現在史量才中途插手破壞了他們的計劃，因此飲恨至深。

汪氏兄弟攻勢非常狠毒，逼得我最後不得不退出總經理室把管理權讓給他們。他們第一步，透過一個律師用威脅利誘的方法要我簽字承認代表史量才為反革命份子梁士詒葉恭綽收買

《新聞報》。這個律師剪集《庸報》過去的言論新聞加以歪曲解釋，誣賴我怎樣反政府。聲言這攻勢得手，史量才到手的《新聞報》股權就得全部充公。

那時候，我住在上海南京路上的大東旅館裡，一夜竟蒙四個彪形大漢的光顧。他們拿著手槍威逼我要在一份寫好的自白書上簽字，承認我為梁士詒葉恭綽收買《新聞報》。我抗議，決不作這憑空虛構的謊言。雙方堅執，僵持歷兩小時。最後我要求予我紙筆，擬留言別妻子後請開槍射殺我。彼等不允，我仍不讓。最後，四人竊議後，云暫去，明晚再來要我切實答覆。惟警告，倘洩今晚事，將以我生命作報償。我告以，予意已決不會變，惟允不報警。四人去，我自慶打勝了第一回合。

但當晚我無法入眠，第二天發高燒。就這樣在旅館裡躺了兩個星期，一起床立刻回到天津去。在家裡還病了幾個月，最後到北戴河休養了一個時期才算恢復了健康。史量才最後還保持他《新聞報》的股權，管理權則由汪氏兄弟掌握到了。史氏酬謝我的協助，把捲筒機送給《庸報》，並把他《庸報》合夥的股權證當面撕毀。這就結束了我跟史量才的關係。

這一段十分不愉快的經驗，教訓我怎樣冒著生命的危險勇敢地面對危機，使我此後遇到更大危機時仍能支持下去。

第五章

研究列強海軍

一九二九年的夏季我的生活有了一個重大的轉變。我受聘做上海一份英文報紙名《大陸報》的總經理兼總編輯。

《大陸報》是由前中國駐美公使伍廷芳在一九一二年與美國遠東新聞記者與作家密勒（Thomas Millard）合資創辦而在中國新聞界佔重要地位的一份英文報，它跟另一份英文報，《字林西報》（*North China Daily News*）平分上海外文報紙的天下。《字林西報》由英國人投資，反映英國人對遠東問題的看法，它從拼版起一切都表現了倫敦《泰晤士報》的雛型。《大陸報》則反映了美國報紙的標準，從拼版起一看就看到了紐約報紙的氣質。

在這裡，老友史量才又顯了一手。這份報，經原主表示了願意出讓，好幾個外國投資家都想接辦，此中以日本人尤見熱心，但經幾度爭奪之後，到底給一個上海猶太商人名伊茲拉（Edwards Ezra）的搶到了手。伊茲拉實際忙著他自已的生意，沒有一點辦報的興趣，於是史量才跟他《申報》的同事張竹平乘機向伊茲拉把這份報買了下來。

他們買下了這份報，誰來經營，就找上了我。我那時辦《庸報》很得手，本不願捨之南下。可是，史張堅邀，盛情難卻，不得已把《庸報》委託蔣光堂代為經營，眷屬留津，個人先到上海接辦這份英文報。

接辦《大陸報》沒有幾個月，我妻子突然到上海來帶給我一個政府意外的邀請，老友海軍上將杜錫珪奉命週訪列強研究各國海軍現狀以為促進中國海軍近代化的張本，杜將軍不諳外國語文，希望我同行做他耳目以外，兼做觀察者、計劃者、與報告寫作者。我在海軍一無資歷可言，可是杜將軍給我以訪問團中第二人的榮職，這是配合我幻想很動人的邀請。

杜將軍在曹錕總統任內做過內閣總理，是一位有地位的人物，我的朋很多是他左右的人，因此勸我接受這邀請的人獨多。這次出國訪問，預計約需六個月，《大陸報》的部署一切已上了軌道，估計我請假期中代理主持者可以勝任愉快。因此決定應邀於十一月成行，只恨匆匆就道，沒有時間到天津跟由滬返家的莎麗道別耳！

訪問第一站是日本，我們從上海直駛長崎。我們在日本逗留了一個半月，遍訪其海軍基地。艦艇自主力艦、巡洋艦、驅逐艦、潛水艇、掃雷艇等等無不一一登船巡視，備受歡迎。使我印象最深的是我巡視他們主力艦時，在艦的中心位置上，發現一尊神座，全體官兵每天要到這裡來膜拜兩次，這一種近代設備與中世紀的迷信觀念揉合在一起的現象是那時候日本的特點，其矛盾不能配合實足驚人！

我們訪日結束時，天皇召見杜將軍與我，其他團員皆未被邀。外賓見天皇致辭必需用英語，因此杜將軍默記代為擬妥的五分鐘致辭腹稿竟費了他兩個星期的苦練。按照規定，杜將軍英語講辭由一日本將軍譯成日語，天皇以日語致答，再由日本將軍譯成英語。不幸，杜將軍背誦幾句之後，忘其續辭，我站在大廳入口處，遠距無法提示，焦急萬狀。幸杜將軍尚能憶最後一句，說完：「謹謝陛下今天接見我們。」後肅立致敬。天皇答辭轉譯英文，進行如儀，未露十分破綻。接著由我緩步至天皇前握手，再由天皇先後授勛給杜將軍和我。禮成，我們離禮廳，不得轉身應在打蠟的地板上退步走，擔心只怕滑一跤。最緊張的是不易估計何時已退到門檻上，過了門檻我得向右轉逕向前走。這是我第一次覲見日本天皇。再也想不到，好多年之後，在一九五二年我會再度覲見同一天皇，所不同者，後一次是以中華民國大使身分覲見，而橫亙在兩次覲見中間的是長長的一段中日兩國的浴血戰爭。

在日本，我們遇見最可紀念的人是一九〇四年日俄戰爭時日本海軍統帥東鄉平八郎元帥。我記得，我們訪問他時，他說的話簡短切要，他說：「歡迎你們來研究我們的海軍。請你們多注意我們的精神，其他都是次要的。」當時我聽了他的這段話，立刻聯想到東鄉元帥指揮海軍跟俄國決戰時說的一節話。他說道：「皇國興亡，在此一舉各員務必努力奮戰」。日本人就憑這一股忠勇之氣勝了俄國，決定了他們的國運。

我們訪問的第二國是美國，逗留了一個月。在紐約杜將軍遭遇到一段不愉快的小插曲，那時候的紐約市長華格（James J. Walke）不經意地問杜將軍是否坐著中國軍艦到美國的。杜將軍不得不答覆沒有坐，華格市長又不得不侷促地表示希望紐約有一天有機會歡迎中國軍艦的光臨。

在好萊塢，我們接受電影明星范朋克（Douglas Fairbanks）與瑪麗碧克馥（Mary Pickford）夫婦邀宴於其碧克莊（Pickfair）家中。很巧遇地我們又做了橫渡大西洋同舟的伴侶。在船上，一個日本理髮師向我要杜將軍和我簽名的照片。我開玩笑地答覆說同船有兩位舉世聞名的電影明星，你不去問他們要簽名照片，反來問我們要，不是有點反常嗎？不料那位理髮師板著臉正正經經解釋道：「先生你錯了。電影明星只是逗人玩笑的戲子，你們是一個國家的代表，怎能比配呢？」這位日本理髮師的確表現了東方人和西方人估計一個人社會價值標準不同的看法。

我們訪問的第三國是英國這一個盛極一時的海權國。中國的海軍知識得自英國的最多，我們早期海軍顧問中有一位是英國人，很多我們高級海軍官員是英國海軍軍官學院畢業生。英皇喬治第五是受過海軍訓練的人，因此，他很高興地召見我們。杜將軍和我跟英皇站成一個半圓圈與高采烈地討論問題達四十五分鐘之久。英皇表現他瞭解中國和中國問題異常正確，謙遜地要求杜將軍把中國實際現況解釋給他聽。杜將軍經我翻譯，詳詳細細把中國業已完成統一，混亂時期已成過去，此後從事建設，創設新海軍即為新中國建設目標之一。英皇因即表示，英國將盡一切可能協助中國達成此一任務。晉謁英皇後，我們又蒙首相麥唐納接見，也給我們同樣的承諾。

離英訪法，受歡迎如儀，然後訪德，那時德國已是一個共和國。在德國蒙其盛名震世的總統興登堡召見。興登堡那時已在高年，步履頗見蹣跚。幸有他的兒子做副官在旁扶持照料。

記得那時興登堡總統知道杜將軍是海軍上將仍穿文官禮服晉見，駭怪地問道：「你是海軍軍官嗎？」杜將軍答是後他緊迫追問道：「那你為什麼穿文官禮服呢？」杜將軍不慌不忙答覆道：「因為我晉謁的是一位文職的總統。」

義大利是我們訪問的最後一國，同時在羅馬我能得到單獨訪問義國總理墨索里尼的機會，也是我記者生活中難忘的一段經驗。當我隨同杜將軍結束我們官式訪問之後，義國外交部派員到旅館來找我，問我是否願以記者身分再訪墨索里尼。我取得杜將軍准許之後。第二天就按照約定時間趨萬宜榭宮（Palazzo Venezia）赴約。不料我竟留在候見室裡等了半小時才蒙接見，因此我一開口就請核對我的約見時間。墨索里尼不得不表示歉意兼加解釋道：

「我剛接見一位巴爾幹國家的總理，因為那裡問題相當嚴重，討論超過了規定時間，要請你原諒。」說著說著，他態度突然轉變親切低聲問道：

「你剛從美國來，能否告訴我美國人怎樣批評我？」

「有些美國人把你估計得很高，可是，我不得不說，大部分美國人預測你有一天會變成凱撒的。」我不客氣地這樣告訴他。

墨索里尼竟輕描淡寫地問我道：

「你看到我的遊艇嗎？我希望你能把我的遊艇跟義大利國王坐的遊艇比一比。你會發現，我的遊艇比國王的小一半。我要做凱撒決不會這樣做的吧？」

我跟著問他，他是否肯接受中國政府的邀請去訪問中國。他答覆，國內政情不穩，他在兩三年內不可能出國訪問。

墨索里尼是一位表演專家，他接見我也像他接見其他賓客一樣作了一套精采的表演。他的會客室是一間其大無比的大廳。他坐的辦公桌放在廳門對面廳的盡頭，因此，我進門向他站起來迎我的辦公桌走去要走長長的一段路。他站起來，做著要走過來迎我的樣子，實際他站在原地位一動也沒動過。當我走近了跟他握手的時候，他戲劇式的措辭，做足了他是怎樣舉世聞名一位偉大人物的姿態。只就我親身經驗這樣一段有聲有色的表演著想，已使我深感此行的不虛了。

意大利是我們研究列強海軍的最後一站。我離開報館已經有一個月，待理的事務太多，不得不跟杜將軍與他海軍隨員們拆了伙，一個人先經過蘇彝士運河回上海。杜將軍們則折回到法國繼續他們未結束的研究。不料這一分手，命運之神使我逃避了一次車禍，因為，杜將軍的座車在法國有一次跟一輛法國人駕駛的卡車碰上了，杜將軍折斷了幾根肋骨，同車的人也多進了醫院。假定我不回國，這次車禍準有我的份。我回國可也沒有閒下來，因為杜將軍三月之後回國來那份二十萬字的報告書是要我起草的。報告書定稿結束了我跟杜將軍這一段遇合，同時也增加了我這個新聞記者許多豐富的背景資料。

這次出國間接地把我跟蔣總司令的關係拉近了。因為，在我們出國之前，蔣總司令向杜將軍示意要接見我。當時他以為我在出國訪問團中是杜將軍的副手，一定是一個有地位的海軍將官。坐定後就要我報告簡歷。

我報告，一九〇六年我是龍津書院的一個教員。蔣總司令就很關切地問道：

「你就是那位教英文和算學的董先生嗎？」

當我承認了是的之後，他高興地說道：

「那你就是我的先生了。」

我自蔣總司令成名那天起就知道他跟我的這點關係，可是始終不願當面因此跟他拉關係。現在既經他主動問清楚了，從此我們的公誼又加上了這一層私交。

我的官式訪問結果之後，蔣總司令邀我們到他溪口老家去盤桓了十多天。我是同那時候的《申報》主筆筆名冷血的陳景韓先生一同去的。

在這十多天的盤桓中間，我有機會對蔣總司令的私人生活作一次直接接觸的瞭解。他在家裡過著鄉村紳士的生活，本地人就歡迎他這樣的平易近人。看著他那種樸實無華的儀態，誰也想不到他就是全國最敬仰的領袖人物。我常看見他站在湍急的溪邊看著逆流而上的魚群感到興趣。他最喜歡山頂溪源坐了竹筏一瀉千里地順流而下。我坐竹筏是外行，一不小心失足踏進竹縫裡，整條腿浸了水。回家蔣總司令把他的布鞋借給我穿。那是一雙他鄉下親戚做了送給他的。我穿了嫌小，裹緊了走路好痛。

另一次，我們去爬異常陡峻的山坡。蔣總司令坐在兩人抬的山轎上。我問，這樣陡峻的山坡，坐著這樣的轎子不太危險嗎？他答，從來沒有聽到有人在這種轎子裡面翻跌出來過。我跟陳君始終不敢學他的樣，我們只背向空間攀著木石往上爬，提防一失足就會跌下萬丈深谷裡邊去。

最後我們到了積雪未融的山頂上，蔣總司令租用的一間小屋裡。這間小屋有三間房，蔣總司令夫婦住一間，陳君跟我住一間，中間就做了起坐間。浴室只在蔣總司令夫婦住的那間後面隔出一小間，我們知道太不便，噤口不說要洗澡。可是蔣總司令已感到我們的要求，竟自動灌滿了一缸水，邀我們去就浴。我們的領袖能推己及人到這樣體貼入微的程度，這是一個動人的例子。

到了晚上，我們在山頂上的一塊岩石上燒了營火，享受山林夜間的寧靜。同坐的還有蔣總司令連襟孔祥熙的子女。孔氏時為實業部長。我們在溪水潺潺的伴奏中閒談直到深夜。我們的領袖就在這種忙裡偷閒休假生活中培養他的活力，準備回到南京肩負起建國的重任。很快我們到了分手的時候了。蔣孔兩家乘兵艦，我和陳君坐商船到上海。這十多天的山居使我深切體會到領袖家庭生活的簡樸和他待人接物的慈祥，永誌不忘。

使我印象最深的是領袖對太夫人孝思不匱的表現。我們那次訪謁時，太夫人早已棄養了。據說蔣總司令每次返溪口渡假最少必有一夜宿在太夫人墓邊小木屋中廬墓以盡孝思。我那次留宿溪口半個月中，目睹蔣總司令謁母墓最少有十次。

第六章
在上海辦報

我在上海辦英文《大陸報》前後五年多，剛好是日本侵略上海的戰爭醞釀與爆發時期，因此過著不斷緊張的生活。上海在三十年代是一個決定我們國家命運的都市，我在那裡佔了包廂的一角注視到這舞臺上一幕幕戲劇進展的全貌。

我主持了中國一份重要英文報紙的筆政，因此我的辦公室就變成了全部美國新聞人才來到東方的集散中心。很多後來在美國新聞界成名的記者，那時期都在《大陸報》服務過。記憶可數的例如紐約《泰晤士報》著名的遠東記者竇奠安（Tillman Durdin），寫了很多遠東問題專籍而成名的作家艾薩克（Harold Isaacs）；在美國最受聽眾歡迎的廣播評論家阿爾谷德（Carroll Alcott）；寫端納（W. H. Donald）傳的賽爾（Earl Selle）；任舊金山一張報紙發行人的謝孟散（Nevada Chemanza）；在紐約成第一流公共關係專家的巴德利克（Joseph Patrick）等。我常想，《大陸報》裡我的這間辦公室可能變成一所新聞專家的養成所。

我們那時候真過著一分一秒都不能疏忽的緊張生活，因為控制日本政治的軍閥們正在以比我們可能紀錄還要快的速度製造新聞。一九三二年一月，日本第一次進攻上海展開了我記者生活最緊張的一幕。那時候的上海分成公共租界、法租界和以閘北為重心的中國地界。這一次戰爭展開了空前未有的歧型態勢。因為日本侵略者那時候還知道避免牽動國際糾紛，儘量把戰爭局限在中國地界裡面去。因此，他們在中國地界蹂躪屠殺成千成萬中國老百姓的殘暴行為，中外人士在這兩個外國租界裡看得很清楚，那就無異透過拉近距離的放大鏡公之於全世界。他們也好像要借這機會在中國人面前使足威風，警告中國人，不聽話就得這樣活受罪！

日本人一九三二年的進攻上海實在是他們國內海軍陸軍奪權鬥爭引發的一種無理性的妄動。日本陸軍自從一九三一年在中國東北得勢之後趾高氣揚，自視不可一世。海軍看著眼紅，急著也有所表現。日本進軍東北燃旺了中國人民未經政府許可自行發動的抵制日貨運動。這給日本海軍一個行動的藉口。抵制日貨運動發展遍及全中國，雖然中國政府還保持著對日友好態度，甚至在上海取締若干反日組織，可是日軍仍然不肯罷休，決定要採取行動。鹽澤海軍上將帶著兩艘巡洋艦，一艘航空母艦，十六艘驅逐艦和三千名陸戰隊在上海附近海面示威待命。

時上海市長為國民黨元老吳鐵城先生。他為了抵制日貨問題早跟駐上海日本總領事進行談判。談判進行中，他也聽到日軍蠢蠢欲動的傳言。我在新聞記者的崗位上，當然更緊張地期待著隨時會爆發的變局。

上海日本居留民協會那時候每天印發一份英文刊物代表日本方面報告交涉經過。一九三二年一月二十八日晚上九點鐘我到《大陸報》照例檢閱明天見報的新聞資料，發現那天的這份日方刊物上登載著日軍司令部給我國當局的文件，措辭竟像一封最後通牒，要求中國軍隊在當晚十二時以前撤離閘北。倘不照辦，日軍即將進攻趕走中國軍隊。

在幾小時以前吳市長跟日本總領事正發表了一份聯合公報表示雙方談判已經圓滿結束，解決了一切誤會。因此，我看了日方刊物所載這份公文深感不符現實。我拿起電話接市長官邸。接電話的人說，市長因為兩天的交涉攪得精疲力盡，正在休息，吩咐家人任何事不要叫醒他。我堅持有要事必需找市長來聽。最後吳市長接話，聽我報告，甚為駭異。因為，幾小時前他剛跟日本總領事互慶此後中日仍將言歸於好歡然握手道別。怎會發生這種事情。但，他說，他要找日本總領事問個究竟，同時，要急令中國軍方警戒。

那時中國駐閘北的部隊主力是十九路軍，他們一個月來經常高警覺。但，那一天大家以為緊張局勢已告平息，很多軍官多給朋友們請去吃飯慰勞了。吳市長派專人分向幾家飯店找，才把那些軍官們從沒有吃完的飯桌上一個個拉回他們的崗位上去。

吳市長電話找日本總領事，總領事竟沒有聽到日本司令部發過這樣一份最後通牒，不承認這消息的正確性。我聽了，立刻動員《大陸報》的記者到虹口日本兵營去窺測動靜。他們窺探到日本兵營的內情，部隊已密集待發，並有坦克車裝載他們。我立刻把這實情報告吳市長。吳市長再電告日本總領事，總領事仍照樣否認。到了晚上十一點半，吳市長才正式接到那份最後通牒。我們報社忙得像一隻蜂窩了，最著急的是商務印書館總經理夏鵬，因為他們的印刷所坐落在閘北。商務印書館一貫反日，結怨最深，此次日軍攻閘北必以它的印刷大廈做目標。

我最擔心的發展都不幸實現了，日本兵營的大門準十二時打了開來，衝鋒的坦克車後面擁出了全副武裝的部隊，這就是他們早就悄悄登陸準備在那裡的陸戰隊。他們向閘北的初步進攻給十九路軍擋住了，跟上來竟向人煙稠密的閘北進行空中轟炸。在次日天還沒有亮的清晨四點半，閘北毫無防空準備，成千成萬的老百姓遭遇到敵機無情的屠殺，倖得生存的都向租界逃。一下子公共租界裡堆進了二十五萬以上的難民！

這一次日軍盲目的軍事行動，雖以國軍轉移陣地做了結束，實際日本除掉了獲得全世界一致譴責以外一無所得。中國部隊撤退之後，在上海各國代表聯合要求的壓迫之下，日本也只好撤走它的部隊，到了一九三二年五月三十一日全部撤盡。這次日軍進攻上海的目的本來想嚇阻我們抵制日貨的反日運動，但進攻結果，這種運動反而加強了，證明他們企圖的徹底失敗。

但日本的主要損失，還遠超越在這些估計之上。因為他們這一次在閘北的殘殺中國無辜老百姓，震驚了全世界，堅強了全人類團結抵抗日本軍閥的決心，其效果有甚於其侵略中國東北。同時中國部隊在上海抵抗武備精良敵軍的英勇戰績使每一個中國人精神上都閃耀著驕傲的火花，堅強了他自力足以禦外侮的信心。

我們《大陸報》的工作同人晝夜辛勤努力報導戰爭經過。這樣一個大規模戰爭發生在本城範圍之內，予以詳盡報導是一件不尋常的任務。竇奠安是我們的採訪部主任，艾薩克擔任了夜間部的主編，兩人的合作使《大陸報》的讀者透徹瞭解這次戰爭的整個發展。

我們的報館幸運地坐落在公共租界裡，使我們可以把戰爭新聞每天用跨欄大標題儘情報導，對日本軍閥侵略與暴行在社評中痛加斥責。假定我們報館不幸坐落在閘北，只怕我們的華籍同人早被日方扣押殺戮，美籍同人亦難免無情的迫害。然，戰事過後，同人們雖個個安全，這一陣子緊張工作也攪得大家東倒西歪一個個接近癱瘓了！

記得在這一陣子緊張工作中，我們每晚看過了大樣，差不多快天亮的四五點鐘，一群人到吉梅餐館去吃消夜。竇奠安喜歡吃智利式的煎魚，辣得燙舌頭，沒有別人敢試嚐。吃完了，這樣早找不到車，我們每晚都徒步走回家。在危機迫近中這樣苦幹，我們都認做是難得的經驗，樂趣盎然。大概年輕人都喜歡這樣有意義的實幹吧。同時，我們感到那樣像苦工般的緊張流汗，好像是值得驕傲的事情。《大陸報》在這些工作同人的努力合作之下很容易地把競爭對象《字林西報》在戰爭新聞的報導與處理方面壓了下去。我們的確自傲做了一件效率突出的新聞報導工作。

不幸這次滬戰的新聞處理也帶起了一次反團結的後果。那就是，給十九路軍的幾位司令官以超現實過高的估計。十九路軍在這次滬戰中，經中外報紙渲染成代表我們英勇抗戰的唯一一支部隊，致令它的幾位司令官採取了儼然不可一世的傲態。這種心理醞釀到一九三三年的秋季，他們竟勾結了一班野心政客在福建省發動顛覆中央政府的叛變。

叛變開始，策動者們在福建省省會福州召開群眾大會，發表反中央的叛變宣言。政府仍寬大為懷，予叛變者以一星期悔過自新的考慮期限，但加聲明，屆期如仍無表示，難逃玉石俱焚。

蔣委員長親自負責處理此項變亂事件，並第一次用空軍而見效。空軍的威力粉碎了叛變者的士氣，致令十九路軍的舊僚屬對叛變者的號召觀望不前，一個個找機會仍投向中央表示忠誠。這次變亂不久就平復了下去。

閩變發生，《大陸報》照例予以適當的報導。不幸在這次報導中犯了一次錯失，幾使我失去蔣委員長對我的信任。我們在某一期星期副刊中，竟刊載了一張福州某學校受空軍轟炸的照片。這是副刊主編艾薩克不經意發刊的，我也一時疏忽沒有注意到。三個星期後，蔣委員長來電囑注意這張照片之刊載要我入京解釋。

全部同人閱電震驚，以為我將受嚴重懲責。艾薩克力勸我應托庇租界保護，切勿冒險入京。他勸告無效，聲言我如入京被扣，他將率同報館同人把這事件擴大到國際間去。我立刻曉以大義，警告他們絕對不得輕舉妄動。我並表示到南京去向蔣委員長坦白我們操勞過度，無意中犯此錯誤的實際情形是我應盡的責任。

坐著夜車，一夜不能入睡，一清早到了南京。一下車就到軍事委員會請見委員長，快近中午既蒙召見。一見面他就問我，這張照片給中國空軍的令譽有怎樣大的打擊，《大陸報》在外國人的估計中有怎樣高的價值，我知道不知道。我答都知道。他再問，知道了，還把這張照片刊載在你這份中國人自己辦的報紙上，是否錯誤？我體會了蔣委員長的意思，立刻答覆：「的確錯了。」他跟著結束說，此後不必再提這件事了，就轉變話題，另談別的事。《大陸報》這次錯失就這樣輕輕帶過了。這使我對我們這位領袖有進一步的認識，認識他是怎樣具有清明觀察力配合著豐富同情心的一位長者。

這一次上海閘北的浴血戰爭，十九路軍代表國軍的英勇抗戰搶盡了中外新聞報導的鏡頭，實際參加這次戰役的並不止十九路一路軍，可是其他部隊和人物都沒有受到新聞界的重視。只有我們深知內幕的人瞭解這種報導的失去平衡，其中最大的疏漏，沒有人注意到蔣委員長在這此次戰役中貢獻的重大。當時我們深知真相想要及時糾正，蔣委員長不准這樣做；他不願把自己的參加掩蓋了十九路軍已得的盛譽。直等到兩年後，一九三四年，事件發展逼得他不得不准許我把當時的真相揭露開來。

因為十九路軍舊司令蔡廷鍇突然兩年後到美國發動虛偽宣傳，逼得蔣委員長不得不打破他的緘默。蔡氏實際因閩變失敗，窮途末路奔到美國去作誣蔑中央的謾罵。他竟說政府在滬戰時不獨沒有派一兵一卒支援十九路軍，竟還截留十九路軍的軍火供應，只期待這支抗日的先頭部隊消滅在敵人砲火之中。

《大陸報》這才在兩年後的一九三四年得到蔣委員長的點頭把滬戰真相公之於世。十九路軍在滬戰中絕對不是一支孤軍。實際挑起戰爭重擔的還不是它而是蔣委員長親自訓練的第八十七師與第八十八師。這兩師在血戰中損失了三分之二的精粹，這是十九路軍不能比擬的犧牲，也是十九路軍錯失所召致的犧牲。

日軍發動這次滬戰是掌握到蔣委員長不能親自指揮作戰這個空隙下手的。在滬戰未發動前蔣委員長因政治糾紛辭去國府主席職位正擬出國暫息，故戰事爆發時蔣委員長實為一不能發號施令的老百姓。

但國家面臨這種不測危機，蔣委員長斷然放棄任何考慮，決心盡其所能在幕後作抗戰的協助。好在作戰的司令不是老部下就是老朋友，他雖不在位，說的話還有份量。因此，他那時跟十九路軍和八十七師與八十八師的司令部保持著密切的聯繫。

不幸到了日軍消滅我軍抵抗力最後一擊的重要關頭，因為十九路軍不接受蔣委員長建議的錯失，造成不可挽救的挫折。當時蔣委員長警告國軍司令，敵軍將在長江邊瀏河登岸，應派重兵守渡口迎頭痛擊之。不料蔡廷鍇不聽蔣委員長的建議未作任何部署，敵軍竟如預告登岸了。十九路軍將領一誤再誤，在放任敵軍登岸之後，竟未奉政府命令也不通知友軍，率然下令全軍撤退。敵軍乘勝追擊，第五軍苦戰終宵，因十九路軍之先撤暴露了兩翼，損失慘重，兩日後援軍趕到，大勢已去無法挽救了。

以上那些事實發生時我都知道，但因蔣委員長的切囑，一點都沒有披露。為了要保持蔣委員長對我的信任，我不知受了《大陸報》美籍編採同仁們多少埋怨的委屈。最後到底能夠把這真相公之於世，總算還獲得了一吐為快的慰藉。

到了一九三五年的冬天，我因病辭去了《大陸報》的職務。在脫離《大陸報》前我也把天津的《庸報》經其經理蔣光堂的手賣給了紅卍字會。後來隔了若干時發現這個紅卍字會有日本人的背景，生米已成熟飯，挽救無方成終身憾事。

現在我追溯既往，倘然我不到上海留在天津辦報，也許在經濟方面可以得到豐盈一些的收穫。可是我整個下半生必大異其趣了。我在《大陸報》的經驗使我過著比較多采多姿的生活，接觸到中外許多影響力巨大的人物，透過他們使我不斷打開新境界擴增新知識。應知生活不光為賺錢。賺了錢用得適當更可以積聚寶貴的經驗。我在《大陸報》作的這幾年把我的生命帶進了充實更有意義的新歷程。

回憶中更想起了另外一件事。當我在《大陸報》工作時，蘇俄政府有好幾次邀請我全部旅費他們負擔到俄國去訪問史達林和重要官吏。這邀請經常由蘇俄官方通訊社塔斯社記者轉達的。我坦白承認對這邀請有興趣，並且答應準備寫一系列報導專稿經史達林核閱後發表。這是一個很公平的建議，可是始終引不起史達林的興趣。

到後來我才發現史達林並不希望我以記者身分去訪問莫斯科，只期待我轉變成一個共產黨員去訪問他。這發現也使我失掉了興趣。

第七章

我做了外電檢查員

在我養病期間，突然接到蔣委員長身邊的一位客座顧問端納先生（Mr. W. H. Donald）的來信，要我為了國家前途著想，考慮接受檢查外國新聞電訊的任命。我自從一九一三年赴北平為國民黨報紙發新聞電訊時起就跟端納訂交，保持密切聯繫。那時候，他是倫敦《泰晤士報》的駐華記者，同時兼任注重亞洲經濟新聞的《遠東報導》（*Far Eastern Review*）月刊的編轉。暴露日本二十一條的陰謀是他跟我第一次的合作。

此後端納做了張學良的顧問。到了一九二八年蔣委員長夫婦邀請他做客座顧問。那時候，他正住在上海的惠中飯店，我們經常在那裡共進早餐。他接到邀請後就跟我商討，最初考慮本擬婉卻，可是後來還是決定應邀。因為他相信，中國統一之後已踏進轉變成一個強國的邊緣，在宣傳上爭取國際間對中國的友誼或可予蔣委員長夫婦以有意義的貢獻。

這一次我接到他的信，當然去找他要求進一步說明他信上要我「為了愛國」接受做外電檢查員的理由。他解釋道，目前中國正因為檢查外電處理失當，在國際新聞界遭遇空前的挫折。他看著中日關係日轉惡劣，中國需要國際間正確的瞭解比任何時期更為迫切。

他又說，蔣委員長夫婦經常接到外國記者申訴電稿受過多檢查的抗議。有的電訊被檢扣後所餘字句無幾。當時《紐約時報》曾流傳著檢扣後只剩了圈點一字不留的諷刺故事。實使中國在國際宣傳上陷於重大不利。

我同意端納的看法，這是亟待補救的缺失。不久，我就接到蔣委員長電召到四川成都去討論調整外電檢查問題。後來我發現，那一次蔣委員長到四川去就在作對日抗戰發動後在四川設置戰時政府的部署。那一年是一九三五年，整個四川省還在軍閥們分疆劃土的控制之下，從重慶到成都一百五十哩短短空間就受到三個軍閥的割據，每一個軍閥不准許無權越界到他控制的地區裡旅行。

可是早在這個時期，蔣委員長已經看到一旦被迫與日本作戰，政府必遷駐後方，四川是最理想的選擇。因此，他斷定有儘快團結地方勢力的必要。當我一九三五年入川的時候，只覺得四川是一個遙遠的邊區，可是一九三九年它竟變成戰時中國的重鎮。

我雖然像一般新聞記者一樣不贊成這種檢查，可是現在要我改善這個制度卻符合我的興趣。我以為貢獻我的能力透過新聞給中國培養國際好感是我應盡的責任。我毅然決然接受了這個任命，就準備在上海成立一個檢查外電的機構。

在這以前，我患需動手術的外科病症，不幸在上海經俄國醫生和中國醫生先後動過四次手術都不能見效。成都進謁蔣委員長之後逕飛漢口轉乘火車赴北平，由好友哈佛畢業的著名外科大夫查爾博士（Dr. George Char）動第五次手術始告痊癒。莎麗由上海趕到北平接我回家。

一到上海，我立刻把檢查機構成立起來。那時候得力助手只有三人：一位是經驗豐富的澳洲老記者卜萊德（F. L. Pratt），一位是英文有素養的董壽彭，一位是精通俄文法文的朱書清小姐。工作人員雖少，英、俄、法文的電訊送來卻都能應付裕如。但日文新聞電卻是漏網之魚，因為日本人在公共租界內竟自己有電臺，日本記者電訊都送到自己的電臺打出去，逃避了我的檢查。

我們的檢查效率在一九三六年發生西安事變時，局勢頓見緊張，遭遇到嚴重考驗。要瞭解我們當時應付的困難，我得把事變經過作一次簡要的介紹。

中國的政治局勢發展到一九三六年已緊張到接近爆炸的邊緣。到了十二月十二日那一天爆炸事件果然發生了。蔣委員長突在陝西省會西安遭叛變者劫持，安危難決。

那時候，中國共產黨被逐困守陝西作負隅的掙扎。蔣委員長率國軍在中國中部一連串戰役的運用成功之後，乘勝作十個月的追擊，使中國共產黨只能暫踞延安喘息苟安。

一九三六年快近歲尾，蔣委員長在南京忽得張學良電告，中央軍之駐在西安附近者受中共份子的滲透挑撥、險象環生。張學良時受中央信任為中國西北部之領導者。據稱，蘇俄懼日本威脅其西比利亞，密令中共發動運動促成中日戰爭以解日本對俄作戰之危機。中共即本此示意向包圍他們的中央部隊遊說：打自己中國人，找錯了對象，日本人才是中國人共同的真敵人。張學良結論說，這套宣傳把中央部隊剿匪的決心軟化了。

在陝西，那時還三支部隊，那就是由楊虎城統率的陝西省防軍。楊本是土匪頭目，當時據說跟張學良是合作無間的。

張學良本為關外王，他的部隊給日本人趕進了關，個個人抱著打回老家去的熱望，因此，聽了中共打日本人的宣傳，自能發生正中下懷的反映。因此，張學良部隊勾結中共的謠言逐漸傳進了蔣委員長的耳朵。他就決心飛到陝西鄰省河南省的省會洛陽召見張學良。他仍堅守他已定的主張，中國在對日作戰以前必先平定共匪的作亂，以免全力抵禦外侮的時候受內奸的牽制。此後局勢的發展明確地證實了蔣委員長當時作這決定的明智。那時候的中國共產黨已經疲弱得不勝一擊，假定實踐了蔣委員長的主張，予以徹底消滅，中國此後遭遇的災禍大半都可以避免。事後我們發現，中國共產黨在一九三六年那個階段裡失望到準備解散他們的黨組織，毛匪本人準備研究為名溜到俄國去。

蔣委員長到了洛陽繼續帶了二十名侍衛六十名憲兵由張學良陪同到陝西省會西安附近十五哩的溫泉名勝臨潼親自處理變局。他的行轅設在一個山麓下的一排房屋內。隨行的有後為副總統的陳誠先生，他是當時坦白指陳張學良不可靠的一個人。

蔣委員長在十二月十一日邀請張學良與楊虎城晚宴，楊託故不到，只張一人應邀。晚九時宴罷張辭退，蔣委員長獨坐籌擬指示張楊剿匪軍事計劃。

將近黎明五時半，張學良部隊突襲蔣委員長臨潼行轅。侍從及憲兵抵抗罹難者四十人。蔣委員長為叛兵所挾持。楊虎城部隊在西安亦扣押陳誠等十六位中央高級官員。

這個嚴重消息當日下午三時半震驚了首都南京城。半小時後，軍政部部長何應欽接到張學良、楊虎城領銜的急電，提出八點要求，主要的是停止剿匪軍事與中國共產黨合作組織聯合政府。

緊跟著的發展是出於西方人士意料之外，只有中國傳統文化才醞釀得出的轉變。張學良經與蔣委員長長談疊聆訓誨並研讀他的日記之後，徹底了解了這位領袖忠貞報國的苦心孤詣，到了第三天坦白承認自己舉措的荒謬，要改頭換面重做新人。並且表示，他的無知陷領袖於這樣的險境，應由他負責來保護領袖脫離這個險境。同時，蔣委員長的客座顧問端納，本來是張學良的顧問，對張頗有影響力，也在此時趕到西安，益堅張學良改過之心。到了第四天，張先電請蔣夫人飛西安侍慰領袖。

這時候，中央任命何應欽為討逆總司令，出師討逆，中央空軍開始轟炸逆軍。張學良轉蔣委員長簽字函囑何應欽停止轟炸，函由被囚之中央將領蔣鼎文轉交。不幸此函未達中央，南京未悉西安變化，因告張學良，政府決不停止軍事行動，惟轟炸可暫停，以十二月十九日為限。於是蔣委員長之妻舅宋子文飛西安，同時中央接受蔣夫人的要求延長停止轟炸的限期。宋子文由端納伴同飛返南京，報告局勢雖伏危機仍有和平解決希望後，復偕端納與蔣鼎文隨侍蔣夫人飛往西安。一般揣度蔣委員長的安危與中國的前途將取決於四人此次西安之行的成敗。到了十二月二十四日，跡象顯示，張學良決心悔過自新已無問題，但楊虎城反映如何即張學良亦難預測。張建議蔣委員長化裝潛逃，為領袖斥拒。最後決定蔣委員長夫婦於次日耶穌誕辰日公開乘飛機返南京。

啟行順利完成無阻。張學良自動隨領袖返京，等候中央繩之以法。他此舉純係天良發現，絕非經蔣委員長的策動。領袖飛抵洛陽時已受到大批迎候群眾的歡呼，同時領袖出險的消息轉瞬之間傳遍全國，使屏息待變的億萬人民同時爆發如釋重負的歡呼，這種盛況為中國歷史中所罕見。

這消息在下午六時十五分到達上海，全市捲起了如狂歡潮。

我在整個西安事變過程中，站在檢查外電的崗位上所遭遇到的困擾真像要攪斷我整套神經，平添我滿頭白髮。因為在這樣一個國家命運重要的轉捩點上，做一個主持外電檢查的負責人，必定要用盡方法來制止不確謠言的傳佈。因此，我在上海必需利用長途電話跟南京取得密切聯繫，並且聯繫的對象必定要在這瞬息萬變的局勢中能夠掌握到分秒轉變現狀的重心人物。那時候只有蔣夫人、孔祥熙、宋子文與何應欽四位。最使我感到焦急的是，假定局勢真惡化到最不幸的關口，我必須暫時封鎖這條新聞，可是這一封鎖必會引發全世界新聞界的憤怒，使中國在宣傳上受到不易挽救的損失。

上海離南京相當遠，那時候的交通又簡陋。這半個月，我是在恐懼和戰慄中過生活。我們必需維持一天二十四小時的警戒，假定我必需偷空作假寐，我床邊的電話必定直接通到輪班接替者助手董壽彭的桌子上。若干記者，特別是紐約《泰晤士報》的記者阿朋（Hallet Abend），經常要在深夜裡叫醒我。他好幾次告訴我，得「確訊」蔣委員長遭不測了，跟著就埋怨我，沒有理由封鎖這條新聞。這就逼我拖著疲憊的身子，在不近人情的深夜裡打長途電話到南京去打擾中央要員，得到確定否認後又得找阿朋說服他。

然而，我的苦沒有白吃。那時候沒有一個外國一流駐華記者聽信謠言從上海發送不確報導，這是我這一關守得緊的功績，也是我深感自慰的收獲。但我無法阻擋美國國內流言的散佈。很多美國報紙把這次事變渲染得完全脫離了真相。它們都採用日本在中國漏網的新聞。事變過後，日本駐華公使在某一次宴會中帶著譏諷的口吻對我說道：「你是一位美國留學生，因此西安事變的時候，你經常把事情經過告訴美國記者。日本記者不幸沒有得到你這樣友好的待遇，他們竟報導蔣委員長不利消息十次以上，這使日本新聞的信譽受到不少打擊。」

我坦白解釋道，日本記者從來沒有把他們發出的電訊送給我檢閱過，可是其他國家的記者，自然包括美國記者在內，都照規定送電稿給我檢查，這才使我有機會進忠告，糾正他們不符事實的錯誤。日本公使雖接受我的解釋認為滿意，可是倖倖之情還是保留著的。

那時候日本同盟通訊社的社長松本，美國哈佛畢業生，是我的好友。假定他肯把電稿送我看，我一定儘力幫他的忙，可是他沒有送過一次。

這一次西安事變使世界週知中國在苦難中促成了空前的團結，全國人民對蔣委員長由衷愛戴的騰歡熱潮，予全世界以凜然的啟發。當然，日本人看在眼裡倍增警惕，有人估計，西安事變刺激了日本人提前發動戰爭，也許是正確的判斷。因為在事變以前日本以為中國是一盤散沙，一旦發動侵略軍事，這一個不勝一擊的弱國可不費吹灰之力屈膝投降。現在這次事變，明白表示了中國人民是怎樣堅強，怎樣團結，不甘罷手的日本軍閥自必考慮此時不下手，中國自強不息，他日更無下手的機會了。

六個月後，果然日軍藉盧溝橋事變為口實進兵佔領北平天津。中日戰爭就此開始了。一九三七年八月，日方提出國軍退出上海地區之無理要求，我就趕到南京請蔣委員長指示應變原則，政府是否仍圖避免展開全面戰爭，蔣委員長堅決說：絕對不！

不幸在這重要關頭上我又病倒了，並且必需動手術。經前北平協和醫院院長鄧洛浦博士（Dr. A. M. Dunlop）的介紹找到一位很有名的美國外科大夫。真不湊巧，就在這個時候，炸彈誤墜入上海公共租界，死傷狼藉，全市醫生都應召醫療傷殘，答應給我治療的那位大夫也抽不出空了。幸虧當時得前東吳大學校長南斯先生的兒子南斯博士（Dr. Dana Nance）的慨允給我治療，診斷發現我患的腹膜炎已發展到極嚴重的程度，診斷後兩小時立既把我推進手術室。動手術前，南斯博士判斷我可以活下去的機會只剩了十分之三，可是我能活到今天，這些多餘的歲月該算是偷來的了。

我在醫院時，電檢又遭困難。美國郵船胡佛統號泊在吳淞口突遭飛機投彈。問題未決的是投這顆炸彈的飛機是中國機還是日本機。那時候，中國正亟需美國的援助，倘然中國飛機轟炸美國商船一旦登載在美國報紙上，引起美國人的譁噪，將予我宣傳以嚴重的打擊。

我立既透過戴笠將軍找到蔣夫人在長途電話上請指示，因為那時候中國空軍是由蔣夫人負責的。夫人承認誤投炸彈的，確是中國飛機。我們商定原則與其封鎖新聞不如公開自認錯誤可收一了百了不致擴大惡影響之效。於是，一方面由我忍痛命檢電員檢放此項新聞，同時政府立刻向駐華美國大使館道歉，表示願負擔全部損失並嚴懲犯此過失者。美國記者一本其公平處事精神，見我認過之迅速坦白，字裡行間並未予我過份譴責。

我出醫院後，就在辦公室裡搭一張床，一壁養病，一壁執行我電檢工作。當這對日抗戰爆炸階段，一天不能不保持二十四小時的警戒。同時，在我病中，政府也曾考慮派張歆海博士來接替我主持檢查外電的職務，並且事後我還知道建議這樣人事更動的人竟是我的好友紐約《泰晤士報》的駐華記者阿朋。我這才發現，做了新聞檢查員不能再在吃他藍鉛筆摧殘的記者中繼續維持他完整的個人友誼了！

張歆海博士的電檢任期短促而不愉快。因為這位學者不能體會到時間在記者估價中的重要性。他檢閱電訊每喜研究其內容作好幾天的考慮，結果當然招致了外國記者的怨聲載道。

到了一九三七年九月二十二日共匪發表請中央改組紅軍併入國軍的編制聲明，這樣中國團結抗日的大新聞，給張博士一次嚴重的考驗。當外國記者摘錄中央通訊社社稿擬電訊送請檢發時，張博士認這是共匪宣傳，概加扣發。外國記者譁為反常，於是我又扶病恢復了舊職。

我雖復職，政府中若干負責長官仍對處理新聞關係觀念糢糊，未能深切瞭解西方記者的立場與觀念，致令我的處境有時深感困難。我深思熟慮爭取美國作家與新聞界對我政府與人民之好感，每不能得政府中若干領導人物的瞭解與同情，經常在無法解決之困擾中掙扎著。

我的工作復因國人傳統保持含蓄態度而益艱。不與人爭，俗稱美德，故最熱烈的爭論每在異常鎮定的寧靜空氣中進行著。因無口角對峙之風，國人之妥協幾無止境，為了和諧每易構成協議。但我賦性率直，不解紆廻，處事遂多艱阻。同僚們每把我看做是一個專為政府排難解紛的人，我永遠不能同意這樣的看法。

我生性每易同情犯錯誤的人，故不是一個理想新聞檢查員。我檢而不責，因此逐漸形成我的檢查哲理。我以為一個作家要享受寫作的自由，必先自繩寫作目標專為國家或國家安全。我就憑誠心實踐這套哲理的原則，雖操檢政仍能跟外國記者們處得很好。有人說我檢查外電之成功因為我有了外國人的心理背景，這真是不切實際的誣衊！

第八章

受命為主管宣傳的副部長

我重返電檢辦公室不到兩個星期突然受命為軍事委員會第五部的副部長。我們擱開這個長長的官銜不談，簡單說來，我的新任務是要組織一個新機構，把中國介紹給全世界。換句話說，我的責任不再光是限制外國記者們不講什麼而是要進一步說服他們採用我們要他們講的什麼。

十月中旬的一天，我到南京受命後乘汽車回上海。那時候我還是一個病人。同車朱世民夫人後來告人，怪我一路上沉默不理睬任何人，異常失態。實際那一次在日機轟炸威脅下行車的確十分危險。據沿途農夫告訴我們，京滬公路上有一段最危險，經常受敵機注意，不論行人車輛走過那裡都遭無情轟炸。但，有一個農夫建議說，過去幾天的經驗發現，每天中天十二時到下午二時兩個鐘點，敵機駕駛員們大概停機吃飯，轟炸比較沉寂，因此路面比較安穩。我們接受他的建議，扣準那時間冒險衝過那段危險地界，平安回到了上海。

我後來知道，我這次新任命除蔣委員長的知遇特拔外，蔣夫人推薦尤殷。蔣夫人是那時政府中最能瞭解中國在這危急存亡的關口上爭取美國新聞的好反映是怎樣重要。夫人從小就受美國教育，又得到大批美國政要名流的敬佩，因此觀察美國人心理瞭如指掌。她每天批閱大量美國書刊，密切注意美國朝野對中國各種問題的反映。同時，她知道我這個中國報人受過美國高級報人的訓練，可以擔負起把中國介紹給西方世界的責任。

我受命任第五部副部長，另外還有一個理由。那時候第五部部長陳公博，是汪精衛的心腹。汪與陳在抗戰中途變節投敵組織傀儡政權，這是後話，抗戰開始誰也不會預料到他們會演出這樣一幕醜劇。但即在當時，汪悻悻然因未得領導不滿現局貌合神離的態度已漸流露。那麼，這個重要宣傳機構由汪氏心腹做了主持人，總覺有些不妥，由我做副部長或可生平衡作用。因此，自我受命之日起，汪氏多方掣肘，故意留難，我都置之不理。陳公博當然也知道我的立場，公然表示淡漠態度。我一開始就瞭解我們二人沒有合作的可能，因此，儘量把我應負責的工作跟第五部其他部分的活動劃分開來。最開始幾個星期，我決定留在上海進行我負責部分，讓陳公博在南京做他的部長。

陳公博跟義大利獨裁領袖墨索里尼的女婿和女兒西約諾公爵與公爵夫人（Count and Countess Ciano）是朋友。因為西約諾做過義大利派駐上海的總領事，他們在冶遊場合中訂的交。西約諾抗戰開始時已做了義大利的外交部長。陳公博請政府准他到義大利去，透過西約諾的關係，說服墨索里尼支援中國，政府准他成行。實際中國那時跟美英已站在一條陣線上，再去拉義大利不是不倫不類的胡攪嗎？可是，這跟汪精衛拉義大利作調人來結束中日戰爭的陰謀卻是密切配合的。陳氏在啟行之前要求我把上海可能動用的巨額存款交給他。他要把西約諾留在上海的舊識，一個中國交際花，帶到羅馬去影響西約諾支援中國。我斷然拒絕他這個要求，並且說，中國雖處境危殆，仍還不致使用這種令人不齒的美人計！陳氏因此恨我切齒。

陳公博赴義之行失敗而歸，回南京時已不再是部長，因此，跟我沒有發生任何糾葛。在汪逆偽組織中，他一九四一年做過上海偽市長，汪死後，在一九四四年繼汪做偽組織的偽首領。戰爭結束，為美軍俘虜，押交中國政府判處死刑。

我負責國際宣傳，除陳公博外，另有一個頭痛問題、就是我的黨齡。黨政高級職位，黨齡的考慮很嚴。我雖然在一九一三年回國那年起就擔任黨的工作，可是一直到了一九三四年經蔣委員長提示才正式登記入的黨。因此，跟那些在黨內活動有二三十年黨齡同志們在一起，我這個三歲黨齡的新同志真是一個小孩子。

我就職不久，軍事委員會取消了第五部，宣傳業務併入中央黨部的宣傳部統一辦理。我因此轉任黨屬宣傳部的副部長，變成了一個十足黨屬機構的首長。不過，當時在黨中沒有像其他首長以中央委員或監察委員的身分來兼任，這使我執行任務時常感到困難，經常要跟不明瞭我任務內容的黨方領導者解釋經過溶化誤會。幸虧我在這國運危難階段中，逐漸爭取到多方面的認識，好像這樣一個職位只有我還能勝任愉快，阻塞雖多仍能繼續幹下去。

我受了新任命從南京回到上海的時候，上海戰爭還在繼續著。為了配合戰爭，我迫不及待，立刻籌組一個新聞發播機構。那時候日本已經花了大批金錢使全世界的傳播媒介塞滿了他們渲染歪曲的戰爭新聞。中國宣傳沒有一點準備，不得不在兵荒馬亂中，從白地建造起來。

在上海談上海，我決定第一個工作目標是在上海的外國人。這些外國人眼睛裡看出來的中日戰爭就可擴大到大洋隔岸他們的的本國人而成世界輿論。尤其重要的是影響幾個英語國家的人。

當我在這最不利的當口開始我的工作時，我發現日本人早用各種正當和不正當的方法控制了大部分的上海的外國報，只剩了兩份英文報還採取無保留地支持中國的立場。這兩份，一是高爾德（Randall Gould）主編的英文《大美晚報》與鮑爾威（J. B. Powell）主編的《密勒士評論報》。這兩份報仍對日本侵略作公正的批評，高爾德和鮑威爾都遭日人死亡的威脅，坐臥帶著手槍以備不測。有一天，一個紙包的炸彈，扔到鮑威爾身上，幸虧沒有炸。

除了這兩份英文報紙不變外，上海的外國新聞界一般說來變得對中國很不利的了。英商辦的《字林西報》，變成使人失望地謹慎，對日本侵略不加可否。因為這份報是公共租界部局的機關報，而公共租界的工部局已為日本代表所控制，故它不得不保持不染色彩的中間路線。另外一份英文報紙是上海《泰晤士報》，雖然由英人出面做編輯，實際老闆是日本人，完全為日本人說話。中國不能合作的報紙，對上海外國人的影響力卻比說公道話的其他英文報紙大。上海《泰晤士報》的編輯，就是我主持《北京日報》時做我編輯的荷博（R. I. Hope）。

針對上海外僑中這些親日或灰色份子從事鬥爭，我們的經常工作是刊印小冊子，散發信函與在私人電台上作廣播演講。同時，上海市民自動組織了一個「抗敵委員會」支持政府抗敵，跟我的機構取得密切合作。這委員會裡的委員大半是中國人，並且是一時之選的中國人。例如麥倫書院的校長夏晉麟博士，在上海知識份子間有影響力的《天下》英文雜誌的編輯溫源寧博士，滬江大學校長劉湛恩博士以及《孟卻斯德導報》記者丁不萊先生（H. J. Timperley）。這個委員會工作效率特強，備受日本人的嚴重注意，最後爆發竟使劉湛恩博士在公共汽車站候車時突遭日方僱用的兇手暗殺。抗日戰爭繼續後，這些熱烈抗日的戰鬥同志大半都公開變成了我機構裡的同事，此中尤以夏晉麟博士成了我整個北美活動的主持人。

在我工作開展的早期活動中，我開始發動了記者招待會。我第一步親自赴前線找那時候指揮作戰的四位將軍，陳誠、顧祝同、張發奎與朱紹良，請准我們的辦公室跟他們密切聯繫，編發每日戰報。第二步，我要求那時的上海市長俞鴻鈞，每天招待外國記者，根據前線戰報，做政府的發言人。我得到四位將軍的推誠合作外，更欣幸的是俞市長做發言人的勝任愉快。因為俞鴻鈞原本是記者出身，絕對遵奉保持事實真相的發言原則，是最理想的一位發言人。外國記者不勝過去中國官吏閃爍其辭發言態度的煩擾，面對俞市長直截爽快明智的應對，咸得意外的快感。從此這個記者招待會變成了溝通國際民意的一條重要通道了。

我很幸運地得到曾虛白的參加合作，做了我主要的助手。曾是我在新聞界二十年來共同工作的老伙伴。這一次他斷然放棄了他慘澹經營而在上海晚報中頭角崢嶸的《大晚報》來參加政府的抗戰工作，在抗戰期中，他徹始徹終表現他最高的智慧與才能，戰後在政府成立的新聞局內也做了我得力的副局長，現在在臺灣他正在做中華民國中央通訊社的社長。

上海戰爭日趨劣轉，使我們的宣傳活動逐漸從上海轉移到南京去。最主要的是要讓駐南京的外國記者得到進一步的新聞供應，熱門新聞和背景新聞都要顧到。那時候常駐在首都的外國記者，美、英、法、德、俄都有。我第一步工作的開展，取得中國唯一大通訊社——中央通訊社的合作。那時候，它的社長蕭同茲是一位愛國的革命鬥士。他同意在戰時把整個通訊社的活動貢獻給政府運用。那時的中央通訊社發展尚未臻如美聯、合眾、路透那些國際通訊社那樣的壯大，但在中國已經是數一數二的了。它的電訊網已經遍佈了全國。

蕭同茲和我合作的第一次貢獻是建議加強富有人情味新聞的寫作。最初，我組織裡的寫作者很少能有這種技能，可是經我努力磨練，不久就產生了陶啟湘與鄭鈞兩位作家，可以經常供應這種闢欄性的新聞報導。同時，我跟蕭同茲的合作，使我得在中央通訊社內設置一個效率很強的攝影組。這個組，創始活動只有一個人，他就是確具新聞攝影職業專長的王小亭。他攝成的若干新聞照片曾經全世界報紙普遍採用。特別他那張上海戰爭中一個孤兒坐在轟炸狼藉的火車軌道上啼哭的照片變成了中日戰爭中最受同業讚美的傑作。

我們在戰爭的驚濤駭浪中要創造出一套立刻可以實用的新聞組織，當然免不了在試驗中學習的錯失，但結果還是進步的。等到我們到重慶除舊布新正式展開我們活動的時候，中國的國際宣傳機構已經接近專業績效的標準了。

戰爭局勢的惡化予我們宣傳活動以無法計算的打擊。在抗戰的最初兩年，我們宣傳機構隨戰事的推動而轉移。上海戰爭到了一九三七年十一月十一月失敗結束，大軍離滬後退，軍事委員會向留滬同胞發表暫時告別書。從一般外國人看來，上海淪陷已決定了戰爭的勝敗。但這種失敗主義的毒素並沒有侵蝕到中國老百姓的心頭。我們看中國還是一個大國，上海的淪陷，在我們億兆同胞的眼睛裡算不了什麼。因為我們並沒有把西方影響下的上海代表整個中國。在整個戰爭的發展期中，中國人雖受到了無窮的苦難，卻都保持著中國不會被征服的堅強信念。當中國陷入最黑暗階段時，這一點信念所發生的奇效，使外國人看了，瞠目結舌難以解答。配著這種自信心，中國人當時對蔣委員長領導能力的絕對信任，也是一股不可測度的潛力。這股潛力造成一種奇蹟，在中國國運最低潮中反湧現了蔣委員長威望的最高潮。中國老百姓全都抱堅定信念，確信領袖總有一天會運用某種方法領導他們走上勝利的路，結果他們證明瞭這份信心的正確。

上海戰爭結束之後，我們組織的活動自然應該集中到南京。我們那時並不在南京有久守的奢望，但在守衛戰開始的幾個月中，政府的一切活動還是以首都為重心。因此大批外國記者和作家蜂擁而來，都希望把中國新聞供給全世界熱切期待的讀者。南京的中央飯店擠滿了這些提著打字機到處鑽營的人。這些人都帶著苛刻批評的眼光找資料，怎樣使他們把中國抗戰忠勇的真實故事寄發出去是我的責任。

不久我就發現在南京推動有效的國際宣傳比上海困難得多。因為在南京就找不到像俞市長那樣合作的人每天舉行招待者會。那時候的中央政府官員大都不瞭解公共關係的重要，也不願意再挑上發佈新聞和招待記者這副重擔。我向各方面接洽，所得的答覆差不多是一致的：當前應付作戰的重要業務這樣繁重：實無餘力來處理這些不重要的宣傳。他們不知道，在戰時，一個緊急應戰的國家，宣傳這套武器實跟飛機坦克一樣重要。我在抗戰初期，從南京到武漢，永遠在把這些宣傳要義說服同寅的困擾中掙扎著。

同時，在這部署初期，我又遭遇到處理人事的困難。我從第五部接手過來的一些同事，很少有過實際新聞工作的經驗，更很少除本國語外學過任何一國的語文。一個負責發動國際宣傳的機構在這種狀況中是無法推動任何工作的。我想作徹底改組又受到人事上的種種牽制，只怕改革未成，我自己已經易位。

最後我把這些困難向蔣委員長作坦白的陳訴。他最初還主張保持第五部惟擴大我在部內的職權。我急加解釋，我絕非作個人權位之爭，只求宣傳業務之有效執行；因建議取消第五部，另組規模較小的宣傳單位，儘量選拔曾有新聞業務與公共關係學識經驗的青年為其幹部。我想，蔣委員長考慮了我的建議，在政府作大規模改組的新部署中取消了第五部，國際宣傳業務併入中央黨部所屬的宣傳部，我以宣傳部副部長的身分督導以曾虛白為首的國際宣傳處工作。抗戰八年換了好幾位宣傳部部長，我徹始徹終在這職位上服務，沒有更動過。

於是，我這才開始有機會給我領導的組織注射新血液了。我嚴格規定新進職員一定要有新聞業務與公共關係的學歷經歷，無此修養者雖志切報國亦難考慮。政府簽敘候用名單中不少受過文理科訓練的有為青年，然我慘痛經驗發現此中能有新聞感者寥寥無幾。

政府改組與大規模播遷同時舉行。我們都知道南京不能久守，首都保衛戰只求阻敵銳進，俾得在西部大後方部署堅強防線。我們預斷，真戰場當在長江上游武昌漢口之間。因此，政府各部會多在忙著把卷宗人員一批批向武漢甚至長沙、重慶一帶輸送。我們宣傳部當然也不例外，我督同他們作大遷移的種種準備。我決定先把全部工作人員送到漢口籌備辦公，只留我與曾虛白在京，以備政府機關未全部撤走以前處理國際新聞的發播。

大部分外國記者都留在南京直到最後撤守那一天。我那時已沒有部屬人員照顧他們，因此跟他們的關係，脫離官式，純然友誼。每天經常跟他們見面，不是到中央飯店去訪問聊天就是個別約在早餐敘談。軍事倥傯中他們發新聞電時遭困難，儘量幫他們解決，好在在這階段中我們的艱苦奮鬥，已得到他們的一致同情，因此發出去的新聞電都在讚揚鼓勵。

到了十一月十九日，我《大陸報》的老同事現改任紐約《泰晤士報》駐華記者竇奠安奔到我辦公室來告訴我蘇州已經失守的壞消息。第二天，我奉蔣委員長命立刻離京到漢口去，當晚即為我與曾虛白定好了上行輪船的艙位。不料行前突奉蔣委員長召囑將擬妥備交紐約《泰晤士報》發表的電稿譯送竇奠安。因此，趕不及上船，又躭擱了一個星期才動身。蔣委員長的離京宣言慷慨激昂，感人肺腑。他大概的意思說，敵犯南京我們守南京，敵犯四川我們守四川，敵人侵略不停我們的抵抗不止……敵人不知我們中國是一個亡不了和毀不掉的國家。

這一篇宣言書是給一般預料中國既將投降的觀察家一個有力答覆，將媲美英相邱吉爾抵抗德國侵略的宣言，同垂青史！

我和曾虛白決定留京到最後階段。那時候的軍事委員會秘書長張群同意每天接見外國記者告以軍情的發展。張氏為蔣委員長留日讀書時的同學，深得器重與信任，故其發言，我側坐助其英譯，外國記者咸認為權威，爭先採用。

十一月二十五日，經我建議，蔣委員長夫婦以茶會招待留京的外國記者。剛巧在這天，蔣委員長接海外使節報告九國公約簽字列強無限延期向日本提反對其侵略中國的抗議。這份抗議，簽字國本立約精神，不應不提的，中國那時也寄予熱烈的期待。現在這些友邦竟畏首畏尾關上這扇大門，把中國單獨關出在門外去應付侵略。當時，蔣委員長雖受這打擊，在招待外國記者茶會進行中一點不露聲色。我真欽佩我們領袖能這樣堅毅不拔地單獨把他的責任擔負起來。

不料茶會沒有結束，敵機臨頭的空襲警報響起來了。那時候還沒有什麼防空壕的設備，大家只走到院子裡去等候警報的解除。我們還不知道這是一種非常冒險的行動。當然，以後跟著戰事的進展，我們也學了許多乖，不再會這樣疏忽了。

我們在南京的警戒生活因軍情緊迫不得不告一段落。第二天，十一月二十六日奉蔣委員長命登上為侍從室準備的一艘汽艇駛往漢口。同舟除曾虛白外有侍從室的陳布雷、陳方，與中央通訊社社長蕭同茲。陳布雷隨侍蔣委員長直到戰後他的逝世，為領袖最忠實的助手。陳登舟後告訴我們，蔣委員長已經在昨天謁總理陵告別了。按理推測，領袖謁陵告別後當必啟行。不料蔣委員長同夫人留京直到十二月七日才走，離他下令撤守的十二月十三日只隔五天。國軍撤守後，敵軍湧進南京城殘殺姦淫擄掠無所不為，創慘絕人寰的浩劫。幸有少數西方人，此中美籍十八人，留此城中，目睹現狀，傳之於世。最顯著者，老友竇奠安竟能留此危城中設法報導慘劫實況連載紐約《泰唔士報》。西方政府對此暴行雖未立有反應，但世界同情之傾向我國，一致譴責日本侵略不齒人類之野蠻行動，已打開了我們此後宣傳的有利形勢了。

第九章

漢口的考驗

我們到漢口的初期籠罩在灰色失望中。上海南京兩次戰役，一次失掉了國際聞名的通商口岸，一次失掉了領導政治的首都，失敗的重壓，實在使我們有些抬不起頭來，深感我們退守這個長江上游的重鎮難言有多少把握。

但，我們仍舊保持著一種潛力，這就是不搖不動的民心士氣。蔣委員長明知上海南京兩次戰役沒有勝利的希望，為什麼還要集中全力痛苦支撐，目的只求民心士氣的激發。這目的，他圓滿達成了。雖然九國公約簽字的友邦，懾於侵略淫威，背棄信義，賣友求全，蔣委員長仍能運用他的感召力堅定了追隨他西走如潮民眾的自信心。我們當時的確相信，我們雖迫於形勢不能不退，但一定能隔了相當時間後，在某地點站住了，重振軍威予敵以沉重的反擊。我們在漢口，就執持著這樣的信心支撐了十一個月。

我們剛到漢口時，大家預料，國軍守武漢最多不會超過六個星期。因此，我一到只租了兩個房間的小屋辦公。房東要我先付三個月房租，我估計沒有住滿租期就得走，不啻付了雙倍房租。我跟曾虛白各住一間房，坐臥在此，工作亦在此。但，隨行工作者三十多人也得有休息和工作的場所，於是不得不學其他政府機關的樣，徵用沒收日本人的房屋來作臨時辦公處了。

最初到漢口不安定的幾天裡，我就在不斷研究怎樣可以把全部辦公人員和器材在不影響工作的安排下，搬到重慶去，因為政府在南京時，早經最高國家安全會議議決規定重慶為我們抗戰時期政治中心的陪都。四川的地方勢力，已經蔣委員長三四年來的努力，在服從中央的號召下，一致為抵抗外侮而團結合作。軍事委員會已在成都設委員長四川行營由顧祝同為行營主任。四川將領如劉湘已率大軍五十萬人出川參加抗日戰爭。因此，國際宣傳處儘早全部搬到重慶去辦公是遵照政府規定行事，但國際宣傳處卻是配合前線作戰的一個行動機構，也應該跟著軍事的發展進退。軍事沒有把握，不得不經常作最壞的打算。

事後追思，這些顧慮實際超過了現實的危險。我們把日軍的作戰力估計得太高了。隔了好幾個星期日軍並沒有向武漢進攻的跡象。這才看出，敵軍在上海南京兩次戰役裡也消耗得相當重大，也需要有時間休息，調整他們的部隊。

更使我們重振戰鬥意志的，是國軍在南京北一百五十哩，徐州附近的台兒莊跟日軍接觸打了一次勝仗。蔣委員長在那裡佈置了一個陷阱，使自信常勝的日軍困在裡面脫不了身。戰役開始六萬兩千餘日軍，生還的只剩了兩萬人。國軍損失雖也重，但在此戰役中證明瞭國軍也有戰敗日軍的能力。這勝利消息傳到漢口全城歡呼起來。士氣民心為之大振，竟有人相信從此漢口可以永保了。

逐漸地外國記者到漢口來的很多了，我們辦公室全力協助他們瞭解事實真相。台兒莊勝利消息傳來，我們當然格外忙起來。日本方面想減輕他們失敗的惡影響，想方法讓外國新聞界相信他們還守著台兒莊。我們得到軍事委員會政治部陳誠部長的協助，專派一架飛機載滿了外國記者讓他們親自到現場去看到實際情形，日方詭計不攻自破。

日方蒙此敗績，憤怒反撲，以再攫徐州為目標。一場激戰後，我軍棄守。日方想擴大他們勝利的影響，竟宣稱李宗仁及其部隊陷入重圍不能出。實際李率其部隊已越過津浦鐵路與國軍主力會合，我們根據事實的忠實報告取信於外國記者，日方讕言又在宣傳上自造打擊。

我們在漢口跟外國記者業務上的接觸，逐漸取得政府高級官員的合作。對宣傳價值採取的懷疑態度已成過去，大家都熱切地要把中國抗戰的忠勇故事呈現到全世界讀者聽眾的面前去。我找政府高級官員做發言人再也不遭婉拒了。軍事委員會政治部部長陳誠給我的協助尤多。陳部長得外國記者的信任與愛戴，因為他沒有那時候中國政界傳統弱點，隨口說出很多誇大的數字。外國記者都知道，陳誠告訴他們的，多是經得起考驗的真資料。陳部長的這套政策，在我們國際宣傳上，建立了很多外國報紙的編輯們對中國發言人的信心。同時，那時候軍令部派到國際宣傳處來做發言人的徐培根將軍也對他的軍情報告採取負責的態度。我在過去，每為主軍政者在外國記者面前誇耀成功，掩飾失敗之笨拙措辭所窘弄得面紅耳赤。在漢口大家勝任愉快，不再發生這種自毀宣傳效果的場面了。

我們國際宣傳在這時期，形勢好轉的另一個原因是十多年來背叛政府的中國共產黨突然表面服從投順。希特勒跟史達林言歸於好簽訂合約還是一年後的事，因此中國共產黨這時期還是揚言全力支持抗日的。外國報紙之以「自由主義」為號召者，一方面宣揚中國共產黨的貢獻，一方面英美的許多親共作家自動停止了對蔣委員長的攻擊。

彷彿在這時期我們真成立了一條統一陣線！實際這條陣線充滿了裂痕。蔣委員長瞭解共黨的陰謀太清楚了，怎樣也不會相信他們有合作的誠意。他早已接到北方各方面的報告，知道共產黨已開始恢復他們滲透顛覆的叛變行動了。但在表面上看到的似乎在走向團結合作。

後來做共產黨偽總理的周恩來，在漢口時期代表共產黨參加政府工作，做了軍事委員會政治部的副部長，因此常跟我見面。周匪有一套迷人的本領，隨時運用，成了他政治活動銳利的武器。他更不同其他的中國共產黨一樣，能說一口流利的英國話。他在這時期儘量拉攏所謂「自由主義」的外國作家與外國記者，誘惑他們支持他的立場，為此後他們跟政府決裂對立時作部署。

在我們整個抗戰過程中，英美的報紙雜誌氾濫著讚揚中國共產黨和標榜他們八路軍戰績的宣傳文字，我們在漢口時期就遭遇到他們第一批浪潮的衝擊。最先我只估計這些外國作家與記者們之來華純屬投機趨時心理的促使，但他們的態度發展從一九四四年到一九四九年竟造成與蔣委員長對抗的嚴重局勢，我不得不修正最初的判斷。鑑於美國新聞界對我所取不友好的態度嚴重影響華府而在抗戰階段中不斷採取損傷我國本的政策我現在可以正確斷定從一九三八年後蜂擁來到中國的那些親共作家是受中國共產黨有計劃的嗾使的。漢口階段，他們開始誘蝕美國新聞界，後來擴展而影響全美民意，最後變本加厲造成一九四八年華盛頓袖手不問中國政策的傑作。史德朗女士（Miss Anna Louis Strong）史麥德萊女士（Miss Smedley），艾丕斯坦君（Mr.Isreal Epstein）與蘇伊絲女士（Miss Ilona Ralf Suess）是這批作家中最突出的人物。在這階段中，他們訪華頻繁，是中共誘蝕美國新聞界最出力的幾個健將。

但我們不能一筆抹煞說，那時候來華的作家記者都是親共的。我們在漢口十一個月中間，有好幾位美國新聞界的重要人物專程來訪。中日戰的展開使大家注意歷史性的世界大戰正在中國開始。西方國家新聞界的斥堠站都已感到一九三九年世界浩劫將來的震撼。因此，各國報紙與新聞團體紛紛派遣它們的採訪和攝影記者到中國來記錄下這歷史性故事的第一章。

約翰根室（John Gunther）就是那時訪華世界名作家之一。他是專程來找《亞洲內幕》（*Inside Asia*）資料的。有一天我給他安排晉謁蔣委員長暢談之後，陪他到中央銀行去訪問行政院孔祥熙院長。不料，或因接待人員的一時疏忽，同一時間又約了蔣委員長晤見孔院長。領袖步行來訪，見孔接待外賓，悄然隱退仍沿街安步而返。約翰根室隔窗見一國　領袖無侍衛單身獨步街頭，表示其對人民具絕對信心之態度，認為歷訪各國政要所僅見。

我們在漢口時，四川軍閥已作妥貼安排，政府早決以重慶為戰時陪都，故重要中央各部會都紛紛遷往重慶作長期抗戰久居的部署。外交部亦在西遷之列，外國使節在重慶設館者亦多。因此在漢口的外交業務不知不覺間由蔣夫人實際負擔了起來。我因隨侍蔣委員長夫婦左右較接近的關係，也成了非正式協助外交的人員了。

蔣夫人在這期間表現了明智果斷的才華，好幾次挽救中國渡過外交上的危機。最顯著的一次是處理史廸威上校（Colonel Joseph Stilwell）越職狂言的得體。這位史廸威就是後來狂妄到想跟蔣委員長分庭抗禮的那位美國將軍，那時候還只是美國大使館裡的一位上校參事。有一天蔣委員長得報告悉，史廸威密報華盛頓，預測中國抗日軍事將在半個月內全盤崩潰。蔣委員長怒，命我質問美國駐漢總領事。

我深感這問題的嚴重，求蔣夫人協助指示，並建議，先由夫人約見史廸威，測其意向再決行動。夫人同意，予往訪史廸威，發現其為我北平工作時之舊識。史應邀進謁夫人，予侍坐傾談。經一小時非正式的懇談，史氏表示他這才了解中國處境之堅定深感同情並對蔣委員長備感敬佩。夫人即以此經過報告蔣委員長，旋即命我中止訪美領之行。可是後來我們讀了史廸威的備忘錄，對蔣委員長作那樣狂悖的攻擊，再回憶他在漢口那時對夫人說的話深感其前後判若兩人之狡獪令人毛戴！

到了一九三八年的六月，跡象顯示日本軍閥進攻漢口的長期沉寂就要結束了。日艦已逐漸從南昌向長江上游移動。武漢一百萬居民之婦幼由當局安排離境的每天約有兩萬人左右。

不料此時英國使館代辦忽代轉日方提出的十項條件，以交換劃租界為中立區，便利國軍撤退。條件苛刻，對我作無情侮辱。最使蔣委員長震怒者，這種凌辱我國的作戰通牒竟由一友邦使節做了轉信的人。他立刻召見英國代辦，我側坐任翻譯，面斥其處理之不當。英代辦辭出後，蔣委員長囑將此經過告外國記者，公之於世。

我退念，日方所提苛刻條件，外國記者尚一無所知，在此危急時期與另一友邦發生歧見，同時公開發表，利弊之間頗費衡量，因請蔣委員長作再度考慮。後經夫人委婉陳辭，　領袖勉循所請。此為我親自經驗到我們領袖為國家利益計不惜茹苦含辛忍受無情侮辱之一例。

不久廣州陷敵手，日軍在華南得據點，武漢人心益見動搖。我們辦公室不得不作應變準備，一方面收拾文卷與器材，一方面僱用汽船以便隨時溯江而上。我同時想到此後在重慶工作，閉守群山中，必感器材供應之困難。因留意各機關棄而未携走器材之足為我用者，竟得一意外收獲。我發現漢口市廣播電臺的大部分重要器材，奉吳國楨市長命因携帶累贅放棄了。我趕緊要求送給我，輾轉運到重慶。不料這些器材變成了此後這個圍城中受敵方轟炸威脅下對外通訊重要通道之一。

但，我的迂執，在這緊急關頭白損失了許多財富。第一批是五萬枚銀元。這些銀元是日本人藏在我們徵用他的房屋裡面的。一個工友無意中發現了這個寶藏報告我。我抱著不苟取的迂執見解把這些銀元原封不動封存著。同時，我又在這房屋中發現第二批一百多箱靛青，大概屋主日人做這生意留存的。那時中國人穿衣百份之八十以上穿靛青染的布，戰時供應中斷，這一百多箱必價值連城。我要取很容易，有現成的卡車，有顧好的汽船，一次搬運就可把這幾千萬元的貨運倒重慶。但我認為這種行動無異搶劫，還是不願拿。

但，這些財富並沒有保留給敵人，因為那時候政府決定凡是政府徵用的主要敵產房屋在政府人員最後一批撤退之後，全部埋炸藥炸毀。我們辦公室也像其他政府徵用的敵產一樣，壁爐裡裝滿了炸藥，使我留在漢口的最後幾天，好像過著坐在火山口上隨時有爆炸可能的緊張生活。我當時決定由曾慮白率同國際宣傳處的全部員工帶著可以携帶的器材文卷乘粵漢路火車南下到衡山去組織我們的臨時辦公處。

大家整裝待發的前夕，許多職員中單獨一個人堅持不肯走。這個人原籍蘇格蘭，名麥高斯蘭（Mac Causland），來華改取中國名字為馬斌龢。他是一個西方人而醉心中國文化的奇人。在英就學牛津大學，可是當他在基督學院（Christ College）讀書時對中國古典文學已發生興趣。來華之後，決心要過全部中國生活，穿中國衣，講中國話，並且把生活壓低到最節約低廉的水準。我欽佩他的志向，同時欣賞他的文學天才，聘他做我們的譯員。蔣委員長抗戰時期文告宣言之最佳英文譯稿都是馬斌龢的手筆。他那時堅持敵兵壓境，他應該跟著我留守到最後一分鐘。經我一再勸說，他才同意在大家動身後第二天啟行趕到衡山去繼續工作。

留在漢口的只剩了我和科長沈劍虹。沈是美國米蘇里大學新聞系畢業生，是我的一個得力的英文寫作助手。我們留在漢口的最後三天充滿了緊張氣氛。蔣委員長給我的指示是留在漢口跟最後一批撤退的部隊一同走。這指示是有充份理由的，因為我手裡保持著中國部隊撤離漢口的最後宣言，詳細說明我們撤退的理由，一定要等全部武裝部隊退抵安全距離之外再由我招集外國記者，宣讀此項文件。這幾天的懸疑期待真夠我緊張的了！

蔣委員長跟我約定，他跟夫人離開漢口後可能打電話來指示我最後撤走的時間，但，倘然我過了十月二十五日上午十時還沒有接電話指示，那我就可以召集外國記者招待會宣讀文告後準備離漢了。那時候日軍步步進逼，分秒之間皆伏危機。二十四日深夜，周恩來時為政治部副部長來幾次電話告我他們最後一批卡車定凌晨一時出發，勸我參加同行以免為敵人俘虜。我婉卻了。二十五日凌晨四時，沈劍虹從警備司令部來電話稱該部最後一此人員要出發了。我囑他跟他們去，我不能走。他去了，只剩我單獨一個人。

覺是睡不成的了，我呆坐在辦公室裡直到早上九點鐘，還不見蔣委員長的電話來，可得準備召集外國記者招待會了。電話已到處打不通，幸有好友竇奠安協助，他坐了他的吉普車找他找得到的同業到我這裡來，大家緊張地聽我宣讀準備好的文告。文告大意說，我軍這一次的轉進是我們改守勢為攻勢的轉捩點，同時改變了這一場戰爭的形勢，切不能錯認為失敗或退卻。因為抗戰勝敗的樞紐不在武漢局部的進退而在繼續保持我抵抗的實力。

我們離關漢口時簡短的這幾句話真說盡了此後六年堅苦戰鬥的精神與目標。

我開完了外國記者招待會，遵照蔣委員長指定的行動目標，可以離開漢口了。但如何從這頃刻就要淪陷的危城中脫身出去卻不是一件容易的事情。我自己的坐車已經送到衡山去了，不得不徒步走兩哩路跟警備司令部取連絡。同時英國傳教士貝格夫婦（Mr and Mrs William Baker）是患難中的好友。貝格牧師領導我作求主保護安全脫險的禱告。我最近已深信禱告的確可以發生奇效，這一次貝格代我求全之禱竟得主同在的感應。

下午三時，警備司令部友人驅車來接我啟程同往長沙。我正準備登車忽頭痛如裂，我以為久不進食，或飢甚有此病象。急擇糕餅充飢，頭痛益劇。病狀嚴重，勢必就地求治，友人無奈，只能獨自啟行，奇蹟即在此發生。友人乘車離城三小時後即遇敵機以機關槍追擊，車毀乘客無一生還，我的生命就給這突發的頭痛保全了。

到了下午七時，警備司令部得情報敵騎兵已從東方衝進日本租界。我們現在唯一脫險的辦法只剩了步行了。我就同警備司令兼任蔣委員長侍從武官的林蔚文徒步走過横渡漢江的浮橋，過橋後即炸毀之以免被敵兵的追擊。

我們向著蔣委員長暫駐行營的長沙前進。這十天的徒步旅程疲憊又加驚恐，今日追思不啻一場惡夢。日機不斷在頭頂上盤旋，一看見活動的影子立刻轟炸掃射，因此我們走路大半在黑夜裡，到了白天反而找一個地方睡覺休息。走夜路照明的只靠一只舊式紙糊的蠟燭鐙，走的路都是亂石泥淖沒有平舖的路面，一不小心就會跌倒在溝渠裡。這是一隻田鼠過的生活。在這樣艱苦的磨鍊中，論理我應該意懶心灰打不起精神來的了。可是人性真是一個不可捉摸的怪表現，經過開始幾天感覺不習慣之後，我竟覺得這是一個很有趣的新經驗。因為，這是我一年以來第一次在十天裡沒有電話和訪客的煩擾，沒有做不完的業務像千斤重擔壓在肩頭。一天要做的事只有走，走，走。我在每一步中欣賞這旅程的滋味！

蔣委員長跟我們失掉了聯絡，向各區司令部探索我們的行蹤一無結果，在我們到達長沙以前他估計我們凶多吉少！

十一月五日我們到底走到了長沙。蔣委員長看見了我們高興得不得了，立刻邀林蔚文跟我參加聚餐。坐間主客是英國駐華大使。我們不知道這一天是蔣委員長按照農曆計算的生日。他一再勸大家乾杯，雖然他自己還是點滴不沾唇的。林將軍和我那一晚盡興暢飲，一解我們十天來生活的緊張。

此後一段短時期中，外國記者分散在各處，國際宣傳處同人還在赴重慶途中，因此我得一個休息的機會。到了一九三八年底，國際宣傳處重慶組織就緒，我們的長期抗戰又展開了困苦鬥爭的新頁。

第十章

我們站定了

當我們在一九三八年底退守重慶的時候，沒有幾個人預料我們能在那裡留住七年之久。重慶不適宜做戰時首都理由很多，最顯著的一個是交通的阻塞。整整七年中，我們客貨運輸，除了少量空運之外，大部分都靠穿過長江險峽的船隻。這形勢當然確保了受敵軍進犯的安全，可是政府因此負起的軍需供應的擔子實在沉重。

我們跟國外的交通在一九四二年以前不是靠往來香港的飛機就要靠盤旋在中緬邊界叢山中的公路。戰爭擴大而變成了全面世界大戰，連這些跟國外接觸的通道也給阻塞了。因此，那時生活在重慶頗有與世隔絕之感，但誰也不會有世外桃源的安全奢望。

重慶的氣候也使我們在濱海都市習慣陽光中生活者深感沉悶。重慶一年中最少有九個月全城都籠罩在濃霧中，令人透不過氣來。其他三個陽光普照的月份，霧是沒有了，可是熱度飛升到像在蒸籠裡！

一九三八年迄一九三九年間政府官員連同大批西遷難民像潮水般湧進了重慶。那時候四川的部分地方勢力雖經安撫仍保持著割據的局勢，未減狹隘的地域觀念，視外來人如闖入的不速之客。安定四川政局的責任由蔣委員長青年患難之交的張群負了起來。張氏是一位忠貞報國的幹才，就靠他堅韌苦幹的努力才逐漸糾正了四川軍人的歧見促成他們參加抗戰的大團結。這不是一蹴可幾的政績，在開始階段中張群遭遇到很多不愉快的挫折。

國際宣傳處的工作人員到了一九三八年底，由各路集中重慶逐漸到齊了。我則由長沙乘飛機入川，立即籌備恢復正常工作。我們找到了重慶郊區小山頂上兩路口巴縣中學的一部分房屋做辦公處所。那些房屋是泥塗竹墻的破舊建築，屋頂瓦片破碎不全，門窗都脫榫無法關閉，風雨來時岌岌有傾側之勢。重慶多老鼠，此間之繁殖尤足驚人，白晝橫行，毫不怕人。為了便利工作人員晝夜從公起見，我另在辦公室邊上造了一排房屋做他們眷屬的宿舍。我以身作則，接莎麗來把一座茅亭改造做成的家，與工作同人共渡艱苦生活。

就在此時，我們遭遇到宣傳部部長易人的轉變。原部長邵力子改任駐莫斯科大使，蔣委員長希望顧孟餘繼任其遺職。顧氏原為鐵道部長，無意再入仕途。我奉命到港促駕，顧避不見。最後周佛海被任為代理宣傳部長，實為最不洽人意之人選。因為周有鴉片惡癖，並且曾在一九二六年事變中跟共匪勾結，案發在上海被捕，被釋後無意親共，轉變賣國方向做了媚日漢奸。

周不悅我共事，到處阻撓我工作的發展。我寧犧牲職位，堅持決不苟同。周無奈，竟屈從我的主張，暴露其萎縢本質！

抵重慶不久，周竟揚言曾與日方要人接觸，益增我對他的戒心。幸虧他在宣傳部時間甚暫，因為他忙著要參加汪精衛領導一九三九年初叛國投敵陰謀小圈子的工作。周隨汪突然離重慶時竟狂妄到留下字條任我代理他所遺宣傳部長的職務。不久他到南京在日本軍閥庇議之下做了汪傀儡政權的偽財政部長。

汪精衛的投敵的確使我們在重慶剛站定腳跟的開始幾個月受到打擊。當時日本人一定以為爭取到了汪氏一定可以帶起一連串的叛變，從內部腐蝕我們。我們中國人受此打擊所表現的忠貞不貳不搖動的態度，充份暴露了日本人不瞭解中國人的愚蠢程度。

到了一九三九年的秋季，重慶又在濃霧的籠罩中，轟炸停止了，宣傳上反犯了新聞饑荒病。因為在我們轟炸緊張生活中，日軍在重慶的暴行構成全世界報紙的頭條新聞，現在突然沉寂下來，外國記者們找不到新聞會走歪路子的。新聞未嘗沒有，但發生在遼遠的前線，外國記者們不能像在上海南京時驅車走一趟司令部，要什麼有什麼。我知道新聞記者們不能讓他們閒下來，得立刻想辦法。

這時候，日軍正發動掠取華中糧倉長沙的三次攻勢的第一次。我估計前線士兵英勇抗戰的故事倘然處理得當，一定可以填飽外國記者新聞荒的饑腸。因此我決心親自伴同一批外國記者到長沙去。

記者們從重慶到長沙已感疲憊，離前線還有五十哩，決在城中稍息。時薛岳將軍為作戰總指揮，即招待外國記者作坦白直陳的戰況簡報。外國記者得到了這些咬得住吞得下的新聞，第一次真相信中國的戰士即面對敵方最優秀的部隊也能作英勇的表現。大家欽佩薛岳將軍，他們這一次所作的報導使薛岳將軍在美國新聞界定型成為我抗戰的名將。

但，外國記者們仍不願遵從薛岳將軍的勸告，堅持要到前線去親自體會到戰爭的實況。那時候沒有什麼交通工具可以撥用，要到前線去只有步行。我們就帶著簡單的行裝走。大家在崎嶇的鄉間小徑中躑躅前進，只偶然難得找到一兩架山轎讓最疲乏者坐一段路。走了三天三夜，有好幾位同行者嚷著要走回頭路了。我的年齡比同行者大半高過一倍，可是坦然接受這折磨絕對不感疲憊，心中暗感欣慰和驕傲。

記得有一夜，在叢山中走著走著遇到傾盆大雨，遠遠還聽到狼嚎的聲音。我摸索到一家農民的草房，蒙准暫宿。回頭看，同行者都不見了。引吭高呼，他們慢慢一個個循聲來集，計點人數，竟少了一個。我們大家焦急，再冒雨分頭出去找。最後總算找到了這一位在叢山中風雨迷途的外國人。我們蒙農民地主招待，儘量貢獻他們僅餘的薄粥給我們充饑，讓我們裹著濕透了的衣服躺在他們屋內泥地上睡覺，大家經驗著生平從沒有經驗過的饑寒交迫的一夜！

這場苦是白吃的，明天一天亮，大家同聲表示這樣走路再也吃不消，決定放棄目標走回頭路。但，他們發出去的報導，帶著現場實報的日期地名，彷彿親身經歷，確證了日軍的敗績。因為那次戰役，日軍進攻長沙推進五十哩，經我迎頭痛擊，退走五十哩之外，實係慘敗。外國記者這一系列的勝利報導使西方對我無信心之觀察者重新考慮其對我抗戰成敗的估計。

這一次經驗使我得到一個教訓。我學到了一點，這些即不會講中國話，又不能配合著參加中國農村中原始生活的外國記者，沒有中國人陪同絕對不能送他們到前線去。他們因為語言不通，很可能會不知不覺間走到了兩軍對峙的無人地帶，送掉了性命。我後來經常因為勸阻外國記者不能像他們採訪西方戰場一樣隨隨便便往來後方與前線之間，仍不能得到他們的諒解，備受他們的責難。他們不知道我這一番苦口婆心是從那一次實際經驗中學習得來的。

我們在重慶的頭兩年是在一遇好天氣就遭敵機轟炸的惡夢中過生活。一九四〇年夏季該算是最難忍受的一個階段。國際宣傳處所受的威脅比其他政府機關要嚴重。在第一年中，我們在辦公大樓的對面造起一座記者招待所，招待外國記者住在裡面享受到就近接觸新聞供應，電訊檢查以及發電服務等種種便利。因此，很多外國記者也分享了我們的轟炸經驗。在一九四〇年最初轟炸階段中，敵機除炸毀了我們三間廚房外，並沒有直接命中巴縣中學的任何房屋。可是後來惡運接二連三跟看來了。

一次轟炸把我們的辦公大樓連同圖書室全部炸毀。我的家是住在一所五角亭子改造的房屋裡，雖沒有全毀，卻震得基礎浮動搖搖欲墜。幼子世良在成都華西大學讀農科，那時候剛放假家居，養著一群鵝鴨，全體慘遭炸死，片羽不存。

另一次警報聲中我們乘車在嘉陵江畔找到一個防空洞。我沿江岸爬進洞，泥地潮滑，不慎失足，直向江邊滑下去，幸在最後抓住一些東西免墜江心。戰後回上海，我的長女蘿絲告訴我，她在上海就在那天做夢看見我遭此險遇，雖然她生平從來沒有看見防空洞是怎樣一種建築。我們在重慶那時候經常充滿著這種驚險的經驗。

我隨政府到重慶，把我的小家庭打得四分五裂。我們倆夫婦帶著幼兒世良來重慶。另外兩子兩女在美國我的母校派克學院就讀。長女蘿絲夫婦帶同四個兒女還住在上海。自敵軍佔領上海之後，我為她們的安全起見，斷絕給她們通訊，彼此不知安危者好幾年。我跟莎麗每為兒女星散團聚難期，愴然神傷。不意戰後仍能一一健旺歸省，還我懷抱。

日軍在六月大規模轟炸之後顯像把轟炸重慶排成了經常工作。在一個時期中，敵機差不多每天來襲，每天不多不少扔下半打左右的炸彈。因此我們要維持正常工作日見困難了。大部分時間只能在防空洞裡作息，電話線經常中斷，水的供應成了嚴重問題。然而我們的工作從來沒有中斷過。我們每天的新聞供應日刊採集印發一如往日。不久又增加發刊了《戰時中國》的英文月刊，香港未陷前在重慶編送香港印發歐美各國。在這樣艱苦的生活環境中，國際宣傳處同人能維持他們的健康努力工作得此績效實屬難能可貴！

倘然日本人以為這樣威脅一定可以摧毀我們的民心士氣，應該得到一個嚴重的教訓。人類不論男女都保持著一種忠勇的潛力，每在危急存亡的重要關頭髮掘出一股不可想像的力量泉源。我們三個轟炸夏季所忍受的種種艱危困苦只加強了我們抗戰必勝的信心。那時候大家注意討論的絕對不是我們能支持多久的考慮而是敵人攻勢衰退到什麼程度的研究。跡象顯示日軍佔領區越擴展他們的戰線拉得越長戰鬥力跟著越薄弱，開始時那一股衝勁已經沒有了。他們已經學到了所有想征服中國的野心家都會學到的教訓，那就是團結的中國是永遠征服不了的。

在一九四〇年七月間，我們收聽敵方廣播，他們竟大言不慚宣稱，已經把國際宣傳處炸成了平地。敵方的這套謊言第一次提示我們，我們已成了他們攻擊的主要目標。這提示給我們鼓勵。敵人下決心要摧毀我們，正表示我們的努力打中了敵方要害。到了八月，敵方改變轟炸方式而成所謂「月光轟炸」。我們得犧牲睡眠跑警報。這種轟炸延長了三個月，同人們雖感疲憊，但都撐得住，沒有一個人受不了折磨躺下去！

八月三日凌晨一個炸彈幾乎把紐約《泰晤士報》記者竇奠安夫婦住的房子全部炸毀。這時候著名親共記者史諾（Edgar Snow）剛住在他們家裡。史諾是寫了一本暢銷書成名的。他這本書描寫共匪從江西敗竄到延安的經過，是第一個把毛匪澤東介紹給西方的人。他抱著不折不扣為中共宣傳到底的偏見。我跟他的政見雖然南轅北轍經常發生激烈的辯論，但從我在上海主持檢政時起保持著跟他友好的關係，希望能說服他。

到了一九四一年日方的轟炸又改新方式。他們命名為「疲勞轟炸」。方法很簡單，每批出發兩三架，批與批間距離只有一兩小時。使我們警報解除不久又要跑警報，身體疲勞，神經緊張都到了極度。然而，我們的工作精神還是保持原樣，不搖不動。

五月二十八日是我們受威脅最大的一天。防空洞入口處臨近竟落了五顆炸彈，幸都掉在灌滿水的田裡，沒有炸開來。我們的厨房不幸遭到直接命中，炸死了疏忽沒有進防空洞的兩位忠貞工友。

那一天傍晚，蔣夫人聞訊親自到國際宣傳處來視察我們被炸情形並慰問受損害者與死傷家屬，切囑妥善照顧。夫人在敵機轟炸中經常注意民間傷亡，備加關切。

七月五日、六日、七日，三天，我們又遭連續轟炸，損失奇重。無線電設備，毀了重建，今遭直接命中，毀滅無遺。記者招待所隔壁的兩間辦公室及飯廳亦中彈成廢墟。某次我解除警報回家，發現我房屋的一邊牆壁已炸得沒有了。惟一辦法，只有趕緊找工人把竹籬塗泥，茅草作頂給我趕搭一間臨時草屋作宿舍。政府有要事，找我去，不得不留莎麗一個人照顧這些重建事宜。等我回家，卻見她睡著在舊屋廢墟中，疲勞使她無法再做什麼事。

第二天是禮拜天南京神學會牧師三民主義的英譯者畢範宇博士（Dr. Frank Price）來訪並伴同赴禮拜堂。禮拜後，我們約他到家裡來共進早餐的家裡沒有什麼東西好吃，囑工友向街頭去買些豆漿油條充飢。我們正圍桌坐候早餐時，突然屋頂直掉下來。妻子向屋外奔，畢範宇鑽到了桌子底下去。我無處好躲，幸有一個碗厨頂住了下陷的屋頂，沒有把我埋在下面。

經過這一場驚險，莎麗跟我急著把茅屋蓋起來，搬進去住。

我在重慶遭遇到很多次類此的磨難與危險仍能振作精神負責進行我應做的工作，是有莎麗這樣一位忠貞勇敢的妻子在身邊不斷慰藉鼓勵的功效。雖在敵機轟炸最猛烈的時候，她的精神仍能保持鎮定。最後這一年的夏季，轟炸頻繁，我們常會必需留在防空洞裡十小時到十五小時之久，最短的每次也要留一小時半。照常情判斷，這是無法再作任何工作的情況，可是我們的工作還是照規定進行著。

到了這年夏季的最後階段，我們的記者招待所竟給完全炸毀了。住在裡面的外國記者紛紛四散，有的搬到政府為接待外賓專建的嘉陵賓館裡邊去，有的自己租房子住。我們為了想繼續維持跟外國記者的密切連繫起見，再在巴縣中建造一所他們遊息工作的臨時招待所，但已不能恢復過去的盛況了。

打總計算，日軍在第三年的集中空襲中，他們自己承認，支配了一千架飛機，作了一百五十小時飛行，扔下了超過一萬顆炸彈。他們花了這樣巨大的人力物力，想屈服重慶，重慶仍舊昂首挺立。我們的頭雖流著血可是始終沒有低下去。

這是敵方對我攻勢的最末一個夏季。敵人知道這不是他們取勝之道，轉向他去。下一個夏季，珍珠港事件爆發，日本轉其攻勢向美英，不再繼續他們勞民傷財的重慶空襲了。此後戰爭，重慶不再受嚴重的威逼。

第十一章 風雲際會的重慶

重慶雖然偈處在華西的叢山裡，滇緬公路封閉之後真像與世隔絕了，可是全世界的眼睛都在注視我們。世局的發展逐漸把我們的抗日戰爭轉移到世界舞臺的中心來了。

一九三七年的歷史轉變特別快。直到一九三九年九月三日歐洲展開第二次世界大戰的序幕。歐洲戰局影響亞洲迅速尖銳化。蘇俄本是納粹與法西斯聯盟的主要敵人，突作轉變，化敵為友。一九三九年八月二十三日簽訂希特勒史達林盟約，蘇俄竟背棄民主國家變成了德國的盟邦。自從一九三八年起不斷在中國東北與蒙古邊境發生衝突的蘇俄與日本竟於一九三九年九月十五日在莫斯科簽訂停戰協定並組織委員會負責實踐。這些轉變影響中國的對蘇關係異常嚴重。

蘇俄過去因為誠懼日本的侵略一向保持親華助華的政策。有史以來，面積廣大的西伯利亞永遠受日本的垂涎，日本永遠是俄國的敵人。因此，一九三七年到一九三九年間莫斯科的對日政策是在中國製造事件牽制日本，使它無染指西伯利亞的餘力。

因此，中國抗日初期，蘇俄在軍事經濟方面幫過我們的忙。同時，表面上它也暫時緩和了中國共產黨的叛亂行為。在蘇俄的策動下，中國共產黨暫時同意使紅軍名義上受蔣委員長的節制。當蘇俄站在反日陣線的這一階段中，中共在蔣委員長劃定給他們負責的戰區裡曾經打過表面的抗日戰，其實不過是一些保存實力與擴充地盤的行動。

到了一九三九年八月二十三日德俄訂定不侵犯條約，這一切都變了。德義跟日本早是盟友，蘇俄與德國結盟，自可透過德國制止日本的反俄。因此，蘇俄不再需要中國來牽制日本了。中國共產黨得到莫斯科的授意，從此轉變他們抗日的目標而為在華北違背政府命令，展開突襲國軍的游擊戰，力圖擴張他們的叛變基礎。

不久，日俄在一九四一年簽訂了同盟，我們的形勢更見惡化。因為，在此以前，日本必需保留一部分精銳的關東軍在中國東北以防蘇俄的南侵，現在跟蘇俄訂了同盟約，自可放膽把十萬名左右的生力軍南調以加強他們的侵華實力。同時，中共在華北的叛變行動日見囂張，政府又不得不分一部分抗日的兵力來制止其活動。

英國的畏葸妥協更逼我們走入無法轉圜的險境。時英受德國兵臨城下的威脅，力求賣我媚日以免腹背受敵，突在一九四〇年七月封鎖了我對外交通唯一出路的滇緬公路。這條路，是我們以震驚世界的超人努力造成的。是我們失去了海岸交通後，吸收海外供應的一個咽喉。此路被英方封鎖後，我們的對外交通只剩了靠幾架飛機維持的空運了。

一九三九年到一九四一年兩年中的中國，受這種國際局勢大轉變的影響，真像一髮千鈞，只靠我們堅定的意志來維持我們的存在。

使我最擔心的是來華的外國記者們不能久安於重慶的戰時生活，逐漸地一個個為上海和香港的安適生活吸引而去，在那裡報導中國新聞了。上海的新聞為日方所供應，香港新聞來自採取中立態度的英國方面，實亦為日方所控制。

我再四研究，惟一挽救辦法只有親自到香港上海去布置利我新聞的傳播通道。在一九三九年的春季我化裝成一個鄉下農夫在香港坐一艘英國商船潛入上海。我發現大部分在公共租界和法租界的中國人都堅決擁護中央政府，很多地方公開懸掛著黨國旗。在上海，早在一九三八年我已組織一個地下活動的辦公處，由派克學院同學美人潘尼斯登（John B. Penitson）和朱世清女士合作工作。朱女士曾經白渡橋大厦的日本特務機關傳訊，扣押五天，經她巧辯釋疑，竟得釋放。

為了構成整個聯繫系統起見，我在香港另組一個宣傳辦事處，由最可信託的董壽朋、卜萊德與魏景蒙幾位同人主持活動。透過這個香港辦事處我們可以把我們要發的消息和要說的話轉達到全世界的新聞機構裡面去。一直等到珍珠港事變香港淪陷以前，我們的香港辦事處永遠是記者雲集的新聞活動中心。

在上海時我潛訪英國駐華大使阿基鮑.克爾爵士（Sir Archibald Clark Kerr），勸他把大使館搬到重慶去。他那時遲疑不敢決，可是不久日軍把上海變成一個作戰基地，他不搬也得搬了！

在上海，我遭遇到幾個驚險場面。有一天我打電話給紐約《泰晤士報》的記者阿朋（Hallet Abend）。他接電話聲音有些遲疑，叫我隔一小時後再到他那裡去。我如約前往，他告訴我，我打電話時候，日本在上海指揮作戰的海軍司令剛坐在他身旁。我辭出時，突見米蘇里日籍同學現任同盟社副主筆的堀口迎面走過來。我知道堀口賦性冷酷，發現了我必置我於死地。幸我化裝農夫掩護得好，躲過了他的注意。他竟擦身而過沒有向我看一眼。這真是一髮千鈞的緊張關口。

這還不是我那次到上海惟一的一個驚險場面，離滬上船正暗喜脫離險境，不料還會遭遇到一次緊張。船到吳淞口，日軍巡邏艇突喝令停駛，巡邏人員蜂擁登船，到處搜索之後復在船長室內盤問船員達一小時之久。這一段時間，使我懸疑恐懼，好像一切緊張都是為了我。

香港那時候受英國中立政策的控制，瀰漫著妥協空氣。倫敦具有影響力的若干人士，竟於此時尚在懷疑中國抗日戰爭一旦勝利是否英國之福。因此在宣傳上對中日二國不作左右袒，其檢查新聞以嚴守中立為原則。僑民所辦中文報紙絕對不能採用「敵」，「傀儡」等字樣。即其本國人所辦的路透社電訊，在英國各報得刊登原文，在香港的中文報上仍須經檢查之過濾。

採用中立政策，若能雙方受同等限制，尚足服人。港府公然背此原則。當時香港報紙有五家受日本人或其傀儡的控制。這些報紙明目張膽為日本宣傳，中傷中國信譽，簧鼓中國必敗必亡之預測以促中國民心士氣的崩潰。香港檢查員竟視若無睹不加禁止。

加強香港辦事處是面對局勢當務之急，因此我約聘溫源寧博士來主持這艱鉅的鬥爭。溫博士是那時很受人重視的英文雜誌名《天下》的主編，也是過去上海「抗敵委員會」活躍的老會友。他跟英國人打交道有特殊技能。因此，他主持了我們香港辦事處後不久即加強了我們跟香港政府的關係。一直到一九四一年十二月因香港陷敵不得不撤消為止，香港辦事處經常負擔了國際宣傳處宣傳資料向國際間吐納總關口的重要任務。

當然，在珍珠港事件的重要轉變關頭，我們宣傳的主要對象是美國。日本在美國早已布置下廣大而費了大本錢的宣傳活動。這些活動之犖犖大者，例如：重價收買美國輿論重心的雜誌，廣大印發精美的小冊子，迎合美國人心理不斷宣傳日本人的反共立場以及各方面無孔不入的賄賂收買。中國沒有準備推動這樣大規模宣傳的經費，可是，它卻能動員一批自告奮勇的友人作這逆水行舟的苦鬥。這些友人掌握到許多動人資料責難美國人背棄正義的不當。因此，那時候我們對美宣傳雖然規模不大，卻比日本人的笨拙運用能打進美國人的心坎！

我們在紐約設一個辦事處統籌在美活動，最先由前合眾社記者黎甫（Earl Leaf）主持其事，後由夏晉麟繼任為正式主任。自上海「抗敵委員會」時期起，澳人丁丕萊經常是我瞭解英美民意與在兩國組織宣傳的得力顧問。他從來沒有使我失望過。同時，我們在倫敦也成立一個辦事處，聯繫同情中國之友人及其團體，照顧到英國的宣傳。

在重慶由我以宣傳部副部長指導下的國際宣傳處經曾虛白為處長綜合指導普遍全世界的宣傳活動。一九三八年我聘任了一位澳洲籍的記者范默（W.A.Farmer）做英文編輯。在他的指導下，我們出版了一份英文月刊名《戰時中國》（*China at War*），是充滿著附有插圖的人情味故事的中國戰史，寄由我英美辦事處廣為推銷。范默應上海《大陸報》之聘辭職後，由曾任上海聖約翰大學新聞系系主任的武道教授（Professor Maurice Votaw）繼任其遺職。另有兩位英俊的美國青年這時候也應聘做了我的助手，一位是白修德（Teodore H. White），一位是賈柯貝（Melville Jacoby）。白修德後來做了《時代雜誌》的記者，因寫歷任總統背景而成一位美國暢銷書的的名作家。賈柯貝不幸在澳洲作戰陣亡。

珍珠港事變發生時我們海內外宣傳組織已經有了上述的規模，可是我可能得到的國庫預算每月只有美金五千元。據可靠情報，日本那時的宣傳費用，只就花在美國一國估計已超過了美金三百萬元。

我不準備在這裡詳述我們從一九三七年到一九四一年從事宣傳戰的情形，因為我另外寫了一本專書作這記載。（董著*China and The World press*未有譯本。譯者註。）但在這幾年中，我全部精力與時間都花費在這一項艱鉅工作上，絕無餘緒可以旁騖。我只感到自己捲在一陣巨颶中走上歷史賦予的國運歷程。我敢說，捲在這風暴中的人，沒有一個人真能看清楚究竟我們會給吹到那裡去。假定，我們那時候要思前想後作周全的考慮，只怕我們都會喪失前進的那股勇氣。因為我們每天只知該做的盡力做，沒有工夫去考慮個人的利害得失，才能在不知不覺間，衝過了重重難關。今天回頭看，我深深感到一生中沒有一個時期過得像那一階段同樣的緊張生活可也是最饒興趣的生活。

跟著我們向全世界擴展宣傳活動之後，逐漸地世界各國大眾傳播界的巨頭們先後來到中國搜集中國部分的戰爭資料了。招待他們，協助他們，是我義不容辭的責任。

這一系列來華名人的第一位是久任國際通訊社駐東京的名記者楊吉姆（James R Young）。楊氏是一位報導戰爭最能出人頭地的記者，曾蒙日本司令部特別邀請去訪問日軍佔領中的中國大陸。他竟拒日邀來訪自由中國。他在一九三九年秋季到重慶，那時剛是我們痛遭敵方無情轟炸之後。楊氏寫了親身看到自由中國的現場報導二十篇，被全世界英文報紙普遍轉載。他的坦白報告，睜開了很多誤認中國無望的英美人的眼睛，重振中國人在國際間的威望。

不幸楊氏的坦白報導使他本人遭遇了意外。他回返東京任所後不久，日本警察竟把他扣押起來，說，根據軍法，楊氏寫這三十八篇詆譭日本在中國軍隊名譽的報導，並在帝國飯店中散佈同樣性質的謠言，應拘捕治罪。楊氏被押六十一天，此中卅天囚在不見天日的警署黑牢中。後經法西斯式的審判，判決六個月徒刑，緩刑監視三年。經美方嚴重抗議，楊氏卒得釋放歸國。返美後，楊氏的寫作與演講備受美國群眾的歡迎，日人對他的摧殘助長了他反日的力量。

一九四〇年秋季，美國史格里不斯——霍荷德報系（Scripps-Howad Newspaper Chain）與合眾通訊社主持人霍荷德（Roy Howard）來訪重慶。霍荷德是領導著十位美國記者作遍訪東方各國的集體採訪。日本人知道霍荷德在美國新聞界地位的重要，特別專撥一架飛機給他乘坐，以示招待的隆重。我向我外交部長王寵惠博士建議，霍荷德一貫是我友人，倘電邀訪華，他必歡然接受。霍荷德果應邀來華，在同行記者群中得一枝獨秀的報導績效。

蔣委員長那時剛作不予任何記者以單獨接見便利的決定。我正暗喜這決定解除了我許多記者不斷要求請見領袖的煩擾。現在，霍荷德來，不應使他得享受特權的表現，又陷我於處理週全的困境。不意蔣委員長在不經意的談笑間解決了我的困難。當天，他歡迎霍荷德，邀其共進早餐，侍坐者為孔祥熙院長與我。席間坦白交換意見達一小時之久。霍荷德求發表當日談話內容，蔣委員長告以最近決定未便破例婉拒之。霍荷德遵囑在華不發訪問稿，惟返美之後，根據此次所得資料寫成一系列專稿，澄清遠東局勢，不著痕跡助我宣傳之功效實足感人。霍荷德與日本外相松岡洋右本為好友，此次雖經懇邀，竟因訪我而放棄隨團赴日之行。其態度之擇善固執尤足令人欽佩。

繼霍荷德後美國新聞界巨頭之訪華者為北美報紙聯盟North American Newspaper Alliance主持人甘尼森Royal Arch Gunnison。這次蔣委員長取消不見記者的決定，單獨接見了他。甘尼森的訪問報導遍載美國四十七家重要報紙，宣傳影響甚大。

來華訪問的國際要人，自不限於新聞界，尤以印度的尼赫魯Jawaharlal Nehru的來訪，值得我們回憶追敘。尼赫魯那時候是印度國會黨的重要領袖，在一九三九年八月二十三日乘機抵重慶。太平洋關係協會的秘書長卡德Carter是促成他訪華的介紹人。尼赫魯宣布他訪華目的要促進印度、緬甸與中國的關係。英國當然側目而視，注意他訪華的別有企圖。我奉蔣委員長命負責接待這位印度要人。因此，英方向我透露，他們希望我們跟尼赫魯交換意見不要牽涉到大英帝國的問題，倘然跟他討論到共同對付日本侵略印度緬甸有所決定的時候，希望我們通知英方並取得他們的同意。

尼赫魯在八月二十八日由我陪同，晉謁蔣委員長夫婦於長江對岸黃山別墅。在不斷的空襲警報中，他們整個上午交換著有關亞洲各種問題的意見。尼赫魯一到，蔣委員長就招待他洗一個澡，不料就在此時得情報，敵機五十七架正向重慶進襲。我促尼赫魯出浴進早餐，準備進防空洞長期坐候解警。早餐未竟，警報已鳴。夫人招待尼赫魯先入防空洞，我隨侍蔣委員長隨後參加。在防空洞中兩人談話直到中午十二時，歷三小時，由我側坐翻譯。

蔣委員長最先表示印度農民有否組織是革命成功的關鍵。尼赫魯詳述印度軍隊中革命暗潮的醞釀稱，印度二十萬正規軍，雖由英國高級軍官指揮，但其下級軍官皆為印度人。其反英情緒可舉年前一事變作例證：

「年前某團英籍團長鎮壓民變下令士兵向群眾開槍無一應者。這一次士兵集體抗命的成功，蔚然成風，各部隊單位相繼效尤。英方急開軍事法庭，嚴懲若干領導者，雖把風潮暫時壓平了下去，印度士兵在英國軍官控制下蠢蠢欲動態勢卻已表現無遺。我們正在透過士兵的家屬、親戚與朋友說服他們參加革命。這些士兵休假回鄉時更是向他們灌輸愛國思想的好機會。

「我們推動獨立運動，注重在各大學中予學生以軍事訓練。學校外面，在社會的各階層、各職業團體中，也分別進行義勇隊的組織訓練。甘地和我個人的努力偏重農民，已得到他們大多數擁護我們國會黨的承諾。有了這些農民做我們後盾，我們可以有把握排除印度共產黨的任何宣傳攻勢。」

我們在防空洞口等候警報的解除，夜色已深，山風颯然寒氣逼人。蔣委員長與夫人都加外套，尼赫魯亦穿上他印度的呢袍。蔣委員長囑侍從覓衣為我禦寒。我感領袖之關切，婉言卻謝之。

我們在黃山留宿，第二天早上，早餐後，蔣委員長跟尼赫魯又懇談了半小時。談頃發現，尼赫魯穿的是冬季厚衣。重慶八年，秋陽仍多蒸熱。因問，帶有秋裝否？答，來時悉重慶天寒故只帶冬裝。夫人找出蔣委員長的一件夾袍送給尼赫魯，囑他立刻換上。在他動身前，夫人又親自選定材料定做了兩件布袍三件綢袍送給尼赫魯。

一月二十九日，尼赫魯專函給我表示他希望有機會到中國共產黨的政治中心陝西省延安去看看實際情形。他說，印度的醫療隊正在延安工作，他到那裡去一方面搜集他們的工作成效向國內報告，另方面想借這機會瞭解所謂中國共產黨的真相和立場。他在信裡說：「這是瞭解中國最先應該瞭解的一個重要問題。英美作家寫這問題的已經很多，最少所謂八路軍已成了大家熟習的名辭。一般瞭解，中國共產黨實際並不真是共產黨而是接近歐洲人所謂的自由主義者或急進的民主主義者。我除了這些模糊的報導外對中共實在一無所知，因此急欲求一個清晰的認識。我以為最近國際局勢的發展，倘然不再轉變，將使共產黨與第三國際的活動在俄國之外失去一切力量。這是一個有重大影響的轉變。因此，我到延安去接觸那裡的人，瞭解那裡的真相，或者可以對中國有所貢獻。」

我知道，尼赫魯對中共發生興趣早在他來華以前，可惜，他雖有作延安之行的願望，時間不許可，結果並未成行。他在重慶短暫逗留，常來我家，吃莎麗手煮的便飯。當時我們以為他將是中國的患難朋友，怎樣也想不到他會出賣我們的。

一九四〇年春英國的工黨領袖史德福.克利泊斯爵士（Sir Stafford Cripps）來訪。他是後來先後參加邱吉爾（Churchill）內閣和阿德利（Atlee）內閣的英國政界要員。增進英國關係是我們那時候的迫切外交目標，因此端納顧問奉命專程到仰光去伴他到重慶來。史德福爵士是一位異常嚴肅的政治家，很認真地要瞭解中國在艱難環境中奮鬥的實情，表示願盡力予我以友誼的協助。我因乘機提出英國新聞界對我抗戰態度淡漠問題請加考慮。史德福爵士最初責我在英宣傳之不力，我婉告以英國報紙除路透社外沒有一家派有代表駐華，他才愕然駭為不當。史德福爵士返英後，英報逐漸擴展我抗戰新聞篇幅，倫敦《泰晤士報》也第一次派記者到重慶來，我不知道這是受了史德福爵士影響的效果還是英國政策自然轉變的巧合。

一九四一年世界新聞界嶄露頭角的夫妻團隊到了重慶。這就是《時代》、《生活》、《幸福》三雜誌的享有盛名發行人亨利．魯斯（Henry R. Luce）跟他一樣享有盛名的夫人克拉.鮑絲．魯斯（Clare Boothc Luce）搭成的一對夫妻檔。魯斯出生在中國，是住在山東省的一位美國傳教士的兒子。他隨時準備給中國人服務，在整個中國抗日戰爭過程中他辦的幾份雜誌永遠是幫助中國宣傳的一股力量。那一次來華以前，他們夫婦倆正在美國發動援華運動。

魯斯夫婦一到重慶就急著要到前線去親自體會到我們作戰的實際情形。飛機可以到達的最近戰區重點是陝西省會西安。實際那時，既無客機可乘，要在他們留華的短時期內到達西安只有坐軍用小飛機。魯斯夫婦願冒這個險，蔣委員長不放心，叫我陪伴他們去。

這次飛行的確冒著險。小飛機由重慶向西北飛要超過一排很高的山峯，不料中途雷雨大作，駕駛員想努力升高爬過那些山峯，機小力弱，屢試屢退，無奈只好回頭降落在四川省會成都。在成都稍息，俟天晴再起飛。小飛機在惡劣氣候中翻騰艱險異常，然魯斯夫婦規定留華期限只有五天，願冒這個險。西安降落時幸免撞毀失事，驚魂未定突來敵機臨頭的警報。我帶著魯斯夫婦向機場旁麥田裡邊奔，嚷著叫他們趕緊躺下去。我們就這樣喘息著躺在麥田裡直到三架敵機掃射過後飛遠了才爬起來。

魯斯夫婦一到西安就要到前線。我伴他們到離黃河十哩的師部，再由師部撥馬匹讓我們騎著直到黃河岸。這裡真是前線，距離敵人火線只有幾百碼，到處都是頹垣殘壁。我們站的地方幾天前還是敵方砲火最集中射擊的焦點。我們拿著望遠鏡望得敵方活動，可是我們沒有遭遇到射擊。魯斯夫婦就在戰壕裡跟士兵們談話。士氣的高昂使他們由衷感佩。

這一次冒險訪前線給魯斯豐富的資料寫成他動人的報導。他報導說：「黃河岸正展開大規模的戰鬥……蔣委員長統率的軍隊是中國之寶，在最艱苦的環境中表現最高昂的士氣。」

世界名人訪華的數量日增，日方深感惶懼，可是，一九四一年十月美國麥格魯德准將Brig. Gen. John Magruder率領的軍事代表團訪華更使他們坐立不安了。這是羅斯福總統執政以來第一次公開對中國友善的表示。

我為要表示對這個訪問團特別重視起見，除親自專程到香港去迎接他們之外，還安排了一個可得最大宣傳效果的場面歡迎他們。麥格魯德將軍就在這場合中毫無保留地表示他將協助中國政府的認真態度。

我招待這個美國軍事訪問團乘機赴重慶起飛時，出了一點有驚無險的小問題。因為我們的飛機升空不久，突然發現汽缸大量漏油，顯有內奸潛伏破壞，幸駕駛員沉著應付，安全降落修補再飛。美軍事代表團此來實為及時之救急，因我軍需供應已屆竭澤而漁的最後涓滴，日方則秣馬厲兵準備再犯長沙。能否確保此城，還要看各種支援條件的配合。麥格魯德將軍來華作美援即至的保證實生鎮定危機的作用。

外國記者來華者日多，大家包圍著我要訪問蔣委員長。到了一九四一年十一月七月，我們決定改變政策，蔣委員長要面對世界說我們要說的話了。因此，我除專為五位特選的外國記者安排單獨訪問之外，另在這天組織一個蔣委員長接見廿三位外國記者的集體訪問。這是蔣委員長從抗戰開始以來第一次接見這樣多的外國記者。蔣夫人親自出場擔任翻譯。訪問結果，外國記者當晚以及第二天發出去的電訊總數超過一萬字，所得的宣傳效果實屬空前。

此後，我設宴招待這些記者們，席間以友好態度提出對他們中間若干的不滿。我指出有些記者有意無意間使中國在抗戰中受到無妄之災。他們誇張中共和政府間的磨擦，好像我們不久就要發生內戰，這是不符事實的。我這套話，實際指著幾個左傾記者發的，這中間最顯著的一個是希恩（Vincent Sheean）。他後來果然在紐約《前鋒論壇報》寫了很多文章，攻擊我們政府是反民主的獨裁，在美國新聞界開創偏袒共匪的先例。

珍珠港事變以前我在另一際遇中直接接觸到共產黨問題。

一九四一年二月初蔣委員長命我到香港去迎接羅斯福總統的白宮行政助理居里（Lauchlin Currie）他是帶著一位哈佛畢業生戴思布（Emile Despres）一同來。

居里到了重慶，說明他此行任務是來中國現場瞭解我經濟狀況的。據說，羅斯福總統同意他的來華。可是，他面謁蔣委員長時卻說他帶有美國總統給中國領袖的口信。據說，下面這一套是他紀錄下來羅斯福一字不漏的口信：

「在萬里外，我們瞭解中國共產黨就是我們所稱的社會黨。我們喜歡他們對農夫，對婦女，對日本所取的態度。我覺得這些所謂共產黨和國民政府類同的地方多於矛盾的地方。我希望它們可以消除矛盾，為了抗日戰爭的共同目標求更密切的合作。兩黨矛盾中間的距離倘然是二十與八十那樣遠，當然談不上合作，倘然只是四十與六十那樣近，應該容易拉在一起的。」

蔣委員長的答覆由我作翻譯。他堅決反對居里對中共的看法，同時警告他說共產黨是最精明狠毒的說謊的人，把中國真相順著他們的要求向全世界歪曲到無微不至。他嚴重警告，千萬不能信他們說的話。中國共產黨絕對受國際共產黨的控制，這一點外國評論都疏忽沒有注意到。

居里要求要見周恩來跟蘇俄駐華大使，蔣委員長都答應他，但坦白警告他，中共既聽命於國際共產黨，必將竭力阻止中國與美英的合作。同時，他強調，要中共跟國民政府合作，必先使中國政府政策不背國際共產黨規定的原則。假定，中國政府的政策跟國際共產黨的原則背道而馳，中共必全力顛覆中國政府。

居里此後跟蔣委員長談話，每一次都提中共問題，其欲貫徹其主張態度的堅決，引起我們對他別有用意的懷疑。他返美後，一九四二年美國參戰再度來華，跟蔣委員長密談時，又重提中國政府跟中共合作的建議。我感到，倘然居里的確是代表羅斯福總統在說話，那麼，這位美國總統對中國問題的瞭解實在被左右蒙蔽得太厲害了。我當時就開始懷疑美國總統已受到共產黨的包圍，歪曲他亞洲的決策。我們知道，居里做主角的太平洋關係協會從一九四一起已滿佈著共產份子了。

經過居里的安排，另一位突出的人物顯現到中國政治的畫面上來。他就是太平洋關係協會的職員拉摩爾（Owen Lattimore）。蔣委員長在一九四一年二月二十二日跟居里閒談時，曾經表示希望羅斯福總統能夠指定一位他最能信任的人來做中國政府的政治顧問。在拉鐵摩爾來華以前，蔣委員長原建議羅斯福考慮歷任美國駐蘇俄和法國大使的蒲立德（William C. Bullitt）來華擔任政治顧問。可是當時居里力表反對，並向蔣委員長列舉三大理由說明蒲立德不適宜擔當這個任務。

不久，我們知道，羅斯福接受居里的推薦任命拉鐵摩爾做蔣委員長的顧問。他來時，我還奉命飛到香港去迎接他。後來蔣委員長知道，當拉鐵摩爾的名字推薦到羅斯福前面的時候，羅斯福根本不認識這個人。

當時美國國務院遠東司司長杭貝格（Stanley K. Hornbeck）一九五二年七月二日向參議院司法小組委員會作證時詳細說明瞭拉鐵摩爾得這任命的反常經過。杭貝格的報告說：①杭貝格是此項人事決定應先洽商的人，可是居里告訴他總統接受居里的建議已發表這任命了。杭貝格說，應再加考想：居里說，任命已發，既成事實不可改變。②居里承認此項人事決定他連國務卿也沒有洽商過。③拉鐵摩爾一九四一年七月飛到重慶，帶著冀朝鼎同來，並推薦冀為中美英幣值穩定基金的秘書長。紀錄確證拉鐵摩爾候那時候已經知道冀朝鼎是共產黨徒了。冀今日在中國共產偽政權中佔重要位置。

中共陰謀導致美國對華政策嚴重錯誤陷中國於空前大劫之中，在珍珠港事變以前，實已積極醞釀到處埋下將來作難的根。居里本人就是戰時挑撥中美關係的一個陰謀份子。戰後，各方要找他出來作證，他遠遠躲到南美哥倫比亞不讓人找到他。在美國參議院國內安全小組委員會的報告中居里是被稱為「蘇俄陰謀坦白明言的一架工具」（A conscious articulate instrument of the soviet conspiracy.）前在華盛頓活動的蘇俄間諜圈子負責人彭德蘭女士（Elizabeth Bentley）指認居里是在戰時幫助她供應資料給蘇俄軍方情報機構的美國官員之一。

經常有人問，居里、拉鐵摩爾、阿達勒（Solomon Adler）等美國人在戰時中國幫助共匪為非作歹，中國政府中人怎麼會任其愚弄一無反映。我要提這問題的人注意，這些人都是羅斯福總統選派到中國來的。美國總統選派過來的人我們不信任，將置美國總統於何地。我們怎樣也不會相信這些來往中美兩國間的一時風雲人物，任用之初竟沒有經過華盛頓的審慎審核。這一套險惡的太平洋關係協會全部陰謀是一直等到大戰結束，中國大陸陷匪之後才公之於世。到那時候還有什麼方法可以挽救他們闖下的禍呢！

第十二章 戰時出國任務

一九四一年十二月七日是中國國運的轉捩點。雖然珍珠港事變帶給我們更艱苦的日子，可也保證了我們最後的勝利。我們現在在事實上也在情感上變成了美英的盟邦。過去獨擔抗日巨任的中國，現在變成了因美國參加而益加擴大的世界大戰的戰場。中國的命運已跟最大民主列強的命運溶合不能分。就中國的立場看，從此騎牆觀望者應該絕跡了。

令人不敢遽信的珍珠港事變新聞在重慶是由我廣播科科長彭樂善第一個人收聽廣播聽到的。因為舊金山跟重慶有十六小時的時差，彭樂善是在十二月八日上午一時聽到這節新聞。彭聽了趕緊報告我。我因為這新聞太重要了，直接用電話報告蔣委員長。中國就在十二月八日當天正式向軸心德義日三國宣戰。十二月九日蔣委員長致電美國羅斯福總統與英國邱吉爾首相表示「中國願貢獻一切參加此共同戰爭以求太平洋與全世界肅清暴力與淫威的侵擾」。

這聲明發表不久，重慶變成了一個研究遠東戰略的中心。英國駐印度軍司令阿區保．威佛爾爵士（Sir Arcihbald Wavell）與美國陸軍空戰司令勃蘭特少將（Major General George A Brett）都飛到重慶來就教於蔣委員長。開會時美國的贊格魯德准將和英國的戴尼斯上將（General L. E. Denys）都參加。討論進行大部分由我翻譯。

這些重要會議進行的時候，國際宣傳處散佈在東南亞的幾個辦事處都遭到襲擊。日軍攻擊了珍珠港之後立即大舉南下，香港首當其衝。耶誕日，日軍佔香港。我駐港兩個辦事處，一由溫源寧主持，一由董壽彭主持，兩人都不知下落，使我們焦急萬分。他們雖都幸逃虎口，然皆困在長途跋涉中，跟我們失掉了連絡。我們在兩個月後才有了溫源寧的消息，等到五個月後才知道董壽彭出了險。

接上來使我們焦急的是新加坡辦事處正捲入日軍進攻馬來亞的戰爭漩渦中。一九四二年元月十九日我接新加坡辦事處主任葉公超從外交部轉來的一個急電，要求我准許他隨同英國宣傳部遠東代表史高德（Robert Scott）到巴泰維亞去。我立電照辦，他在敵軍入新加坡前三天離開了新加坡。

在這一個戰爭階段中，為了增進盟國的關係，我奉命出國了好幾次。我不想在這裡作編年體的敘述，只想就記憶所及犖犖大者追敘一個概略。

第一次出國的任務是到印度去。我是隨同蔣委員長夫婦到印度去訪問甘地和其他國會黨領袖們，勸告他們運用他們領導印度群眾的影響力，全心全力支持英國的作戰。

這是蔣委員長高瞻遠矚獨自作的決定，那時候還並不受到英國方面怎樣的歡迎。在一九四二年初，印度正面對著日軍進攻的危機。印度內部的國家主義者，以高斯Ghose為首，正在歡迎日本人，而國會黨因歷年為獨立而奮鬥正陷入政治低潮中。蔣委員長看到日本人以「亞洲是亞洲人的亞洲」為號召很可能煽惑印度群眾，深懼甘地和他的信徒們也會受日本宣傳的影響。蔣委員長自信以亞洲人的立場去開誠佈公跟甘地等人談一定比英國人或美國人具有較大的說服力量。

蔣委員長跟印度人接觸時，隨時說明自己的立場是個人的行動並不代表官方。他嚴囑各方，此行不向新聞界透露消息，隨行人員皆不辦簽發護照手續俾絕對保密。蔣委員長夫婦留印五天之後，外間才開始知道他們不在重慶，但仍不知何往。我們是先坐飛機到加爾各答，然後坐火車到新德里。

提到新德里我會立刻連想到甘地的親信尼赫魯。尼赫魯因為三年前訪華，受到我們的親切招待，特別邀請隨從蔣委員長訪印人員全體到他家裡山坡草坪上吃野餐。一陣寒暄過後，尼赫魯或者故示不拘禮貌的親昵，突然脫去上衣，在他的草地上作打滾表演。後來我知道，這是尼赫魯遇到國際要員表示親昵的一手得意傑作。可是，當時在場，我卻注意到他身旁的女兒看到爸爸的失態，露出坐立不安的窘狀。中國貴賓中的張道藩想解除這不愉快的僵局，表示中國人也願作同樣不拘禮貌的表演，也脫去上衣跟著尼赫魯在草地上打起滾來。

當天晚上，我們答謝尼赫魯的盛意，請他們父女兩人吃晚飯。尼赫魯應邀到了，可是沒有他的女兒同來。等了半天，我不能耐，打電話促小姐的駕。不料這位小姐答覆得非常乾脆。她說：「很抱歉，我不能應邀參加。因為我怕我爸爸又要打滾。」我聽了只好啞口無言了。

在加爾各答我們會見了甘地。我照常擔當翻譯的任務，不料繙了一小時甘地突然向蔣委員長建議說：「當你跟友邦元首、國王或皇帝講話的時候，你當然應該有一位官員做翻譯。但，我是一個老百姓，希望請你夫人做翻譯。使我在聆取你賜教時還有欣賞夫人甜蜜發音的機會。

他就這樣暫時解除了我翻譯的任務，給我一個休息的機會。

蔣委員長這一次冒險訪印，實予全印人民一個異常深刻的印象。領袖夫婦接到印度上自王公貴族，中層各政黨各民間團體，下至普通老百姓的信件多至幾千封，都分別向他們表示謝忱並陳述印度人對一般問題的觀點。

蔣委員長瞭解印度政局見仁見智歧見紛陳，故不願作公開的講演。直等到最後離印的前夕他才在印度廣播電臺向印度人民致道別辭，表示他對印度人民爭自由奮鬥由衷的同情。他並且建議英國應該儘早予印度人民以獨立自治的政權，印度人民也應該全心全力來支持英國的抵抗侵略。

很不幸的，英國不減其固執的高壓政策，在我們訪印之後不久竟囚禁甘地與尼赫魯。

蔣委員長很坦白地向亞洲人民公開表示他同情被壓迫者反殖民地政策的態度。他消滅了日本人勾結印度國會黨的陰謀。在整個戰爭過程中，甘地雖然繼續他反英的奮鬥，可是不像他不爭氣的門徒高斯那樣，他始終沒有受日本「亞洲共榮圈」那套甜言蜜語的欺騙。

從印度返國中途，蔣委員長得情報悉，緬甸戰局日見嚴重。他決囑夫人暫留昆明，自己逕飛緬甸的臘戍跟英國的威佛爾與美國的勃蘭德、史廸威兩國司令們晤商對策。在晤商席上蔣委員長即問英方，是否需中國調兵助戰，威佛爾答無此必要。不久仰光失守，威佛爾再請我派兵，兵雖派，為時已晚矣。

我們抵臘戍，適放敵機進襲的警報。顯係日方得蔣委員長來此的情報。

在這一次警報中，我犯了一次不應恕宥的錯失。我們抵達臘戍剛是吃午餐的時候。吃過午餐蔣委員長有作半小時午睡的習慣。他回房休息時，我告同行者，擬乘間赴鄰近店鋪購若干手帕備用。不料，我購物出店見同行者亦躑躅街頭。深恐領袖睡醒無人應值，急步返旅舍。蔣委員長果為一電話鈴所驚醒。旅舍只留一不諳英語之侍從武官，持電話筒不知對方何言、但從語氣中知有急事。蔣委員長見我入室，怒責道：「你知道我和他（指留侍的武官）都不能聽英語，此時此地離我他往，何不知警惕至此！」此時，出外同事們都陸續歸來，蔣委員長命其中一人立返重慶以示薄懲。商震為隨從中惟一軍人，領袖之申斥尤厲。我們那時候都慚懼交併，如遭鞭策。不料更使我們不安的，電話鈴再響，我接聽，竟證實剛才那個電話是警告我們敵機快要臨頭的通知。我們趕緊登車馳赴城外安全地區時間上幾有間不容髮的迫急！

蔣委員長此後絕不再提那一不愉快的經過，商震並且在一九四四年受命為日本投降後中國派赴日本軍事代表團的團長。領袖的寬容益增我們反躬自責的愧汗！

蔣委員長返昆明，幾個星期之後再訪緬甸，這一次偕夫人同行。我因需隨侍翻譯，故亦同行。我們先飛臘戍，繼循公路赴緬甸夏都眉苗。抵眉苗後兩天，未經警報突有敵機二十架臨頭。此間警報系統既不完備，且無防空設備。蔣委員長夫婦只能站在花園中看著敵機把一顆一顆炸彈扔下來。有一顆竟掉在離他們站的地方只有五十碼的距離，幸虧沒有炸。

第二天我們坐車回臘戍。一到，英方就促蔣委員長立刻離此，因為日方在臘戍有組織靈活的間諜網，我們留在此城必引來大批敵機轟炸。蔣委員長召集事前布置好的軍事會議後立即起飛。

我們留在臘戍的時間也許還是太久了。起飛不到十分鐘，我們就接到無線電警告說，有敵機十八架分成三隊在搜索蔣委員長的座機。跟著真是一段非常緊張的時間。全機二十人，只有四套降落傘。死亡好像就在眼前。但一小時後，我們遇到昆明飛來接我們的戰鬥機，我們才安全得保，解除了緊張。

我們結束緬甸之行剛遇到中國爭取到一九一一年革命告捷以來就開始奮鬥的勝利。這就是跟美英訂下取消不平等條約的協定。西方國家在中國領土內以外國租界的方式行使政治統治權實予中國人民以不可忍受的侮辱。這是滿清政府遺留下來的國恥。蔣委員長在抗日戰爭發動以前已向列強開始取消這國恥的交涉，當時各國皆托辭延宕，故意留難，尤以英國為甚。現在中國作了世界大戰的盟邦，美國的若干開明領導者首先創議，應即取消這些不平等條約以表示對蔣委員長在這世界戰爭中偉大貢獻的敬意。美國領了先，英國不得不隨聲響應。這真是中國足以自豪的日子。在重慶廣場中集有三萬多人歡慶這光榮的成就。

這時候蔣夫人在處理戰時工作的百忙中突患病。對外交通十分困難的重慶，那時候醫療設備簡陋到無法治好這種病。蔣委員長雖不願在這重要時期夫人遠離左右，可是這病卻非出國求治不可。於是最後決定派我伴同夫人赴美。赴美同機有任期屆滿的拉鐵摩爾。

我們離開重慶時保持絕對機密，一到紐約夫人就進長老會醫療中心就醫。一切醫療準備都由華府羅斯福總統顧問賀不金斯（Harry L. Hopkins）負責安排，至主治醫師則為美國兩位著名專家勞勃博士（Dr. Robert F. Loeb）與阿區倫博士（Dr. Aschlen）。從一九四二年十一月迄一九四三年二月夫人靜靜地留在醫院裡治療休養恢復她的健康。

夫人到美國的消息慢慢地在美國流傳開來，我們就給許多美國人包圍著要消息。因為，在一九四二年這一年蔣委員長夫婦盛名震盪著美國人民的幻想，他們感奮中國英勇地孤軍獨戰他們的共同敵人好幾年，都想要瞻仰一下我們這位第一夫人的儀容。美國人民給夫人的來信高峯時每天超過一千封。我不得不找一位臨時秘書來協助夫人應付這些來信與電話。華盛頓大使館和紐約總領事館和我們的辦事處都擁滿了這些求見夫人的美國人。

美國人對中國發生了這樣濃厚的興趣是我們國際宣傳工作者抓緊時機運用特殊方法發動對美宣傳的好機會。夫人的宣傳敏感在未出醫院時已經先我們有了計劃。她看到每天如潮湧到的美國各地各團體請她演講的邀請書，立刻感到倘然她選定這中間比較重要的幾處，安排一個環遊全美的巡廻演講，此時此地能對中國抗戰作一次有意義的重大貢獻。她作了這個決定之後，我們在她沒有離開長老會醫療中心以前就著手作她全美巡廻演講的安排。

夫人出院經羅斯福總統夫婦邀赴白宮住了一星期，夫人的聲譽在美國人心目中格外飛揚起來。夫人在華府又跟羅斯福總統舉行了一次聯合記者招待會，風靡了美國首都整個新聞界。她又先後接受美國參眾兩院之邀，前往演講。夫人在兩次講演中都以典雅的措辭，動人的論點充份表達了中國抗戰的立場，贏得兩院聽眾由衷的感佩。

美國人之同情中國者這時候也活躍起來。他們中間的若干社會知名之士，在全美重要都市，分別組織了委員會，自告奮勇給夫人籌備巡廻演講事宜。我們最後把他們所擬的程序單濃縮成下面七個都市：除了夫人十幾歲時讀書的母校所在地威爾斯麥（Wellesley）這小城外，其餘都是大都市，如紐約、波士頓、芝加哥、舊金山、洛杉磯，最後再加上一個加拿大的渥太華。先後六個星期，夫人每天不斷跟美國群眾接觸，並且每到一個都市必舉行一次記者招待會。一路還有記者團跟著她走。她的演講辭都經美國無線電廣播網聯播全國。一位初出醫院體康剛剛恢復的人擔負起這樣沉重的任務真不尋常，可是夫人勇敢地勝任愉快，圓滿達成了她計劃要完成的任務。她此行使美國人對中國的欽佩與好感達到空前未有的高峯。這是夫人足以自豪的成就。巡廻演講四月結束時，夫人已十份疲憊了。她到熊山（Bear Mountain）去休息時，我抽空在紐約和華盛頓處理一些宣傳部在美的業務。最後到了一九四三年七月二日我們從邁阿密乘機返重慶。

夫人在美的這些活動，我多在幕後接洽，不暴露身分。因此，蔣委員長以為我無久留美國的必要，囑夫人促我返國。夫人不告我，逕復蔣委員長稱，倘能另派一人其職位與能力與我相等者，夫人當遵囑遣我返國。蔣委員長知此為不願遣我返國之暗示，故允我留美隨夫人同返，致令我留美時期延長至七個月。

當夫人在美國兩院作了震撼全美的演講之後，中國駐美大使魏道明在他的官舍裡舉行酒會。酒會來賓中有魯斯夫人。在會場中，她拉我到一個僻靜的畸角裡低聲對我說道：「顯光，蔣夫人這幾次演講，把她的聲望提高到登峯造極的程度。她在美國人的心目中變成了一位最偉大的女英豪。她簡直俘獲了全部美國人的心。我想最好她在這最高收穫的關頭結束她訪美之行，在一星期或十天之內載譽返國。這是保留美國人對她崇高印象的最好方法，希望你能選擇時機，代為轉告。」

魯斯夫人這節忠告，我深思熟慮了好幾天，最後決心直言報告夫人。不料夫人的反映非常爽脆，她立刻說：「魯斯夫人的考慮正就是我的想法，非常正確。但我們答應的演講不能不去講，我們不能失信。講完了排定的節目立刻走，不應久留。」

她繼續她的演講旅程，除掉了威爾斯基那一次我因病不能去外，其他各都市我都追隨服務，但除安排若干接見訪問外，我幫不了多少忙。

在舊金山，那裡的記者俱樂部要奉獻一件禮物給夫人，我奉命前往代表接受。這個記者俱樂部有一個怪傳統：首席上外賓坐的位子前放一隻黑貓，這位外賓發言時，倘然永遠把手撫摸這隻黑貓，他就可以得到保證他當時說的話沒有一個字會給當場的記者採用洩漏出去。我非常欣賞這個怪傳統。

從記者俱樂部出來時，劉鍇公使跟國際宣傳處舊金山辦事處主任余銘伴同我去到那裡的夜總會看熱鬧。我當然不願在那裡暴露身分的。不料，在記者俱樂部聽我演講的一位記者也來了，他竟偷偷地告訴夜總會的節目主持人我是什麼人。

這個節目主持人照例每晚要介紹當晚在場的貴賓，我再也想不到他竟提到了我們的名字，並介紹是蔣夫人訪美的隨員。我回旅舍怕別人打小報告，第二天早晨就向夫人坦白直陳昨夜的經過。夫人聽了表示很有趣，談笑間輕輕帶過，事後有人以此告夫人，夫人答，已由我親自報告過了。

我們返國回程中，遭遇到兩次有驚險的挫折。第一次，當我們從喀喇蚩起飛的時候竟跟地上自己的信號失去聯絡，另有一個奇怪的信號，誘導我們飛向日本人佔領的緬甸境內去。幸虧我們的駕駛員發現得早，立刻糾正飛行路線，才免飛進敵人的陷阱。第二次是在重慶降落時，夫人坐機是七月四日降落在嘉陵江畔的珊瑚壩，不知是電訊聯絡犯了錯誤還是什麼，蔣委員長也定在這天從珊瑚壩起飛到成都去迎接夫人。兩機一起一落險些在空中互撞。

回到中國，喘息未定，我又奉命要隨同蔣委員長夫婦出國了。這一次是到埃及的開羅去，伴隨蔣委員長跟美國總統羅斯福與英國首相邱吉爾進行歷史性的重要談判。

開羅會議是第二次世界大戰中三次重要高階層會議之一，也是我們的領袖被邀參加的惟一的戰時高階層會議。其他兩次會議，一次德黑蘭，一次雅爾達，都經實際尚未參加對日作戰的史達林反對而沒有邀請我們領袖參加。事實上，後來中國遭遇的種種問題都在開羅會議中下了種子，可是我們在開會時無法發現。當蔣委員長離開開羅時，與會者都對他信誓旦旦，戰後必尊重中國的領土完整，可是後來他們遇到了史達林，把這些誓言忘記得一乾二淨。但在開羅包圍我們的只是一團親善空氣。

蔣委員長在我們動身前一個月就應邀參加這個會議，可是保守機密不讓任何人知道。就在我們登機起飛時，我們只知道飛到印度去。到了印度，我們才知道埃及開羅是我們的終站。

我坐的是前站機，先蔣委員長的座機兩天前飛到印度北部的亞格拉候續飛命令，尚不知究竟何往。直等到蔣委員長夫婦座機兩天後飛到，我們才會合向開羅出發，同行十六人。到了這埃及首都，我們分派在三所房屋內居住，所與所間有相當距離，我住的一所離開蔣委員長住的一所，坐車去也要開二十分鐘。

我到宿處時，因長途飛行不勝疲累，正擬解衣洗澡，突得電話囑立刻馳往蔣委員長宿處。驅車往，發現英國前駐華大使季連爵士（Lord Killearn）晉謁，蔣委員長對此不速之客，無譯人佐談，面對甚窘。客去，囑我遷來同住，以便免此窘迫。從此，我在開羅不敢擅離片刻。

蔣委員長即在夜間十時後也常來我房查核我之未出。我深深體會到領袖需要譯人追隨左右之迫切。

邱吉爾第一次會晤蔣委員長夫婦的交談很值得紀錄。他向蔣夫人很率直地說道：「夫人，我想你一定以為我是一個流氓，一個無賴，一個帝國主義者，只想奪取更多的殖民地，不願放棄已到手的一切。」夫人不加可否，輕描淡寫反問道：「為什麼你這樣肯定地以為我一定這樣估計你呢？」

羅斯福總統幾個月前招待夫人住過白宮，可是還是第一次會見蔣委員長。因此，他們間的晤談，都是由夫人做了中間介紹人。

我們在開羅只逗留了四天。我每天招待美英記者供給背景資料。記者們只在準備他們的電訊並不立即發稿，因為我們間有一個君子協定，三強的共同聲明不在開羅發表，將在各自返國後華盛頓、倫敦與重慶三地同時發表。

使我感到不快的是我返重慶發現倫敦竟違約先把這共同聲明發表了。記者招待所內的外籍記者們群起責難，說我使他們吃了虧。事後又發生謠傳，誣我部下從中作祟。北美報協發表一節倫敦訊的新聞稱，這節漏網新聞是隨從中國代表團的一位中國記者偷送給駐葡萄牙里斯本的路透社記者的。這很明顯指的是路透社駐華十年的記者趙敏恒。我看了這節顯圖嫁罪的新聞非常震怒。結果，我卒取得英美兩國政府負責新聞長官的保證，信任中國新聞行政效力的健全。

第十三章

戰時國際宣傳績效的檢討

我們戰時的一貫宣傳政策是要打開西方人士漠視中國的門。世界大戰展開以後，大家的注意轉移到別的戰線上去，對中國艱苦抗戰的新聞興趣減少了。因此，國際宣傳處在可憐戔戔的預算限制內，不斷奮鬪使中國的努力仍活躍在同盟國人士的印象中。這工作有時正像希臘神話中西悉福斯（Sisyphus）從山腳滾石上山頂一樣的困難。

這工作以重慶為中心由曾虛白以處長身分主持之。夏晉麟主持北美，設辦事處於紐約；溫源寧主持歐洲，設辦事處於倫敦。我則以宣傳部副長的身分督導全盤工作。

溫源寧是英國牛津大學畢業生，有敏銳的研判能力，經常把充滿歐洲的那些誤解中國的情況給我作詳盡分所的報告。他告訴我他參觀般明漢小學上地理堂裡的一只小故事，至今記憶猶新。他說，他問那裡地理課堂裡一個大約七八歲的英國學生，中國的首都在那裡。那孩子想了半天說，「日本」。源寧兄聽了英國孩子不瞭解中國到這樣程度的答覆，想起自己在重慶讀書的兒子，同樣年齡，同一問題，可是答覆有天淵之別。源寧兄曾問兒子英國的首都，他不獨答是倫敦併且還說在泰晤士河邊等其他有關地理資料。源寧兄後來跟英國某大學的副校長談起宣傳問題，那位教育家感歎中國之不瞭解英國，源寧兄就拿這一段中英兩國孩子彼此瞭解的對比故事講給他聽，使他啞口無言不能再作任何責難了。

（查倫敦辦事處初由夏晉麟主持，夏調美後由葉公超繼任主持。文中言溫源寧主持歐洲實為顯光兄記憶未週之錯誤。惟溫氏曾以其他任務赴英，則般明漢小學生的問答，當係在此次旅行所作。顯光兄原文未便擅改特附註以明真相，譯者曾虛白註。）

就是在美國，我們駐美同人面對美國人不瞭解中國的情況也經常出乎意料之外。據他們報告說，最著名主持《請教消息》（*Information Please*）廣播節目主持人季任（John Kieran）有一次連中國的國家元首是什麼人都說不出來。那時候我們的國民政府主席是林森。

外國人不瞭解中國，是中國人自己的錯誤。因為，我們中國人傳統習慣鄙視自我宣傳。因此，在今日全世界充滿了有組織、有力量宣傳活動的時代中，中國還保持著不讚揚自己的謙遜觀念。雖然西方傳教士到中國來活動了好幾代，中國人還沒有學會到西方做傳教士一樣的工作。其他國家，例如日本，向全世界推動的宣傳機構是花了大批金錢的龐大組織，給我們中國一個不可想望的對比。我們把全副精神放在建設一個完善的民主政體上，沒有工夫考慮到培養國際瞭解的同樣重要。

戰爭最後使我們睜開眼睛認識了這個需要，但我們辦宣傳只能還在小規模範圍裡繞圈子。當我發動這套國際活動的工作時，先辦香港和其他幾個重要據點，但是當時因為政府財政困難，我們所能用於這方面的經費簡直微不足道。試以同時日本的宣傳費用作比較，那時候日本只花在美國一國的宣傳費每年就達四百萬到六百萬美金之間。在整個抗戰期中，我們的宣傳永遠是落後的。一九四五年春，美國司法部發表各國在美宣傳費用的比較報告，由我支持的「中國新聞社」（Chinese News Service）（即我們的紐約辦事處）排在英、比、荷、波蘭、捷克等國後的第九位。

美國新聞署是跟我們對稱的一個政府機構，它在重慶成立新聞處時組織的龐大更使我們相形見絀。到戰爭快要結束的時候，重慶美國新聞處的中美人員總數達一百五十人，比之我們在重慶所成立的宣傳中樞人數連同工友在內不到一百人，超過了三分之一。可是我們在重慶的人數比紐約辦事處的人數已多了六倍。我在一九四二——四三年間訪美的時候，發現英國宣傳部的駐美辦事處在紐約RCA大廈中佔了好幾層，職員超過三百人。可是，我們在同一大廈裡的辦事處只佔八間小房，辦事人員只有十二人。

經費不足外，我們推動海內外工作另一經常感到的困難是人才的匱乏。那時候中國人受過外文新聞與公共關係訓練的人，不足我兩手的指數。至有實際外文新聞工作經驗者，除掉跟我在《大陸報》工作和在《字林西報》與英文《大美晚報》工作的幾個人外簡直沒有了。外國人之受新聞與公共關係訓練而熟習中國情形者也一樣鳳毛麟角那樣的少。可是我選擇幹部主要只限於這兩類人。供應這樣少，需要又那樣廣，我不得不擴大徵聘範圍，讓選定的人自己在工作環境中磨練而決定他們的升沉。使我感到欣慰與自豪的，他們大部分在戰爭結束以前都成了卓越的專家。

創立我們香港辦事處的溫源寧，在戰前是一份專供知識份子閱識的英文雜誌的編者。駱傳華初主我仰光辦事處，緬甸陷敵後，繼主加爾各答辦事處。他是一位為青年會服務的幹員。由外交部部長今轉任中國駐美大使的葉公超，本為大學教授，經我專聘主持新加坡辦事處後轉任倫敦辦事處主任。夏晉麟是組織與領導我們海外最大的一個宣傳網的人。這一個宣傳網以紐約為中心，分佈在南北美有五個分辦事處。夏晉麟原為上海麥倫書院校長，是一位國際公法專家。

我邀聘的這些主持海外辦事處的同事們，沒有一位從事過報紙、廣播或公共關係工作過。請他們擔任宣傳工作，他們只能在工作中作自我訓練，可是他們的績效備受國際識者的讚譽。

抗戰初期我們的海外工作倚重於兩位受過新聞訓練的外國人。那就是丁丕萊與黎甫。丁丕萊是澳洲人，曾為《孟卻斯德導報》的駐華記者，是抗戰發動時參加我們在上海組織的抗敵委員會的惟一外國人。這當然是不計報酬自告奮勇的工作。

丁丕萊根據他長期從事新聞事業的經驗以及深切瞭解美英新聞事業內情的知識，對我抗戰宣傳所作的建議都確切而有採用價值，因此我決心請他參加我們組織做一個正式工作人員。我深信他是我們推動國際宣傳最好的一位顧問。他欣然接受了我的聘請。他先到美國再到英國開始我們海外工作的組織。在美國，他在紐約設置了一個小規模的辦事處，推薦前合眾社駐華記者黎甫主持之。在倫敦他推薦當時在外交部辦事的夏晉麟創設一個宣傳據點。丁丕萊自己往來各據點間協助推動各種宣傳工作。

一九四一年春，丁丕萊和夏晉麟同時回國述職。夏晉麟是隨同升任外交部長的郭泰祺一同回來的。他那時候已經轉赴紐約，一方面協助黎甫工作，另方面給一家中國半官方宣傳機構名「泛太平洋新聞社」（Trans Pacific Service）做顧問。我跟丁丕萊商，我們需要一個新聞社，為政府在美宣傳中樞，由中國人來主持它。「泛太平洋新聞社」是現成的機構，夏晉麟是最適當的人。議定後，我轉商夏氏，他欣然接受這個聘任，並且此後他保持「真誠是最好宣傳」的原則創造輝煌的績效。

丁丕萊的合作，中途發生了不愉快的變化。大概我們過去對他的倚重使他過份高估了自己的重要。在一九四一年上半年他探悉蔣委員長的客座顧問端納告老退休，他竟逕函蔣夫人要求繼任端納的遺缺：並且大言不慚說他的目的是協助中國減輕其抗戰負擔，因此要求政府撥出一輛汽車，一艘遊艇供他使用。蔣夫人婉謝了他的自薦，並且說，根據他過去的經驗，他對中國最大的貢獻還是協助國際宣傳推動抗戰宣傳。

經過這一次插曲，丁丕萊變了一個人。他對中國問題完全失掉了興趣，我們間的關係日趨疏遠，逐漸地他不再出現在我們的宣傳工作者的陣線裡了。可是，最後我還要對丁丕萊說句公道話，他的引退還使我們保留著好印象，不像另一位西方記者的合作，使我深感狼狽。這個人名叫李耶（Bronson Lea）是端納的同事，遠東評論的發行人。在一九一六年我請他一同到日本發動阻止美國供給日本開發中國東北借款運動。他那時候真給中國賣力，可是後來突然成了一個鼓吹日本軍國主義的宣傳家。我遇見他責問他，他答覆說：「我做宣傳正像律師辦案，誰給錢僱用我，我就給誰說話，現在我的僱主是日本，我當然要面對世界幫它說話。」

讓我們再掉轉話頭說夏晉麟。他一九四一年九月回到紐約之後兩個星期就把泛太平洋新聞社改組而成「中國新聞社」，向美國國務院登記為中國政府的新聞發佈機構。又在同一個月內，他組織成立「中國新聞社」芝加哥分社，由為在美中國救濟團體服務的一位宣傳家伊溫斯Henry Evans主持之。不久他又在舊金山成立分社，由前在上海《大陸報》工作的記者羅斯孝（Malcolm Rosshclt）主持之。

當日軍襲擊珍珠港的時候，夏晉麟正在西岸忙著這些部署。假定沒有他作這樣內行而努力的奔走，我們將無法應付大戰展開了大規模擴大宣傳配合的需要。

不久，伊溫斯和羅斯孝都要應召從軍，我們也需要進一步改由中國人來擔任在美宣傳工作。除原有三辦事處外，我們更計劃在美國的華盛頓，加拿大的蒙特婁與墨西哥的墨西哥城增設三處辦事處。

我們選任的新人都是一時之選。最令我滿意的是高克毅，他是新聞系畢業後就在《大陸報》工作的一位記者。他和一位美籍女新聞記者蘭恩（Jean Lyon）兩人的配合，把紐約辦事處的新聞工作全部擔負了起來。後來我們出版《戰時中國》他就兼任了編者。他的功績是顯著的。

林霖是一位經濟學專家，雖然他參加紐約辦事處沒有什麼新聞經驗可以貢獻，可是他的經濟學識也是我們宣傳工作不可缺少的一個重要部門。更可喜的，他的記憶力特別強，任何數字統計，一問他如數家珍。後來我們就派他到墨西哥城主持那邊的分社。

林侔勝是專攻政治學的一位哲學博士，現在已成了聯合國的一位官員了。那時候在我們紐約辦事處他負責編一份表現中國觀點的評論性半月刊，命名《現代中國》（*Contemporary China*）。林氏是「泛太平洋新聞社」轉任下來的工作者，因此，這份雜誌發刊在一九四一年，一貫由他主編直到戰爭結束。《現代中國》所載作品，經常為西方學者、編者愛好的讀物，常給各國報紙與廣播評論家引用反映中國的輿論。

夏晉麟主持的紐約辦事處除一高二林三位中國人外，另外還有三位美國人也一樣在指定的崗位上熱情工作。除前面已說過的蘭恩外，負責專管圖書檔案的有姬德Marion Shed，參加編輯工作的有巴德力克（Kay Kohan Patrick）。《紐約客》（*New Yorker*）曾作報導，描寫我們紐約辦事處一位工作小姐服務熱誠的一節新聞可以反映全體同人的辦事精神。據該報報導說，美國駐華作戰的空軍，舉世聞名的第十四航空隊，都穿有一件背心，用中國字標明他所屬的隊名，以便一旦被迫降落到中國遼遠的鄉間甚至敵人火線的後方，中國老百姓都會認清美國朋友，護送他安全脫險。據說，我們紐約辦事處，有一位工作小姐想努力幫助美國報紙得到這個角度的新聞，計劃在紐約街頭找到一位穿這樣背心的美國空軍，攝下一套新聞照片，遍送各報採用。

她下了這樣決心，到處找。有一天，中午出辦公大樓準備到附近午餐，猛抬頭竟發現她幾天來追求的攝影對象竟在十幾步的前面。她緊張地趕上前去，拉住了那位美國空軍，懇求他讓她照幾張相。那位美國空軍給她攪得目瞪口呆了！她這才感到自己的魯莽失態，趕緊自我介紹她是為中國政府作宣傳工作的人，並且解釋，他身上穿的這件背心對中美並肩作戰有怎樣偉大的宣傳價值。這位小姐的誠懇姿態想必感動了那位美國空軍，他立刻把身上那件背心脫下來交給她道：「小姐，我自己不便給你照相，可是我可以把這件背心借給你。你用完了送到華道夫·阿斯島利亞旅館裡還我好了。」她高興地接過那件背心，儘量照了許多照片後親自送還給了他。《紐約客》的這節報導，充份表現這些美國同事的工作熱情，真令我們十分感奮。

黎甫的女秘書也兼做夏晉麟秘書的魯珊兒（Yalerie Russell）小姐，離職轉赴好萊塢自組機構專任以中國資料供給美國各電影公司。夏晉麟也成立了一個廣播電臺先由美國人主持後也換了中國人。黎甫後來接受了上海《大美晚報》的聘請，改任該報駐美記者，就跟我們脫離了關係。在他未離去前，我《大陸報》的舊同事弗倫（Hubert Freyn）跟他合作過。弗倫是澳洲人，當國際宣傳處在武漢時他擔任編輯宣傳小冊以及《戰時中國》在中國出版時的編輯事宜，頗著功效。後因他要得美國籍，故調赴紐約協助黎甫工作。

夏晉麟繼聘請前東吳大學校長楊永清組織中國問題講演處，負責邀約並接受有關中國問題演講的種種服務。余銘是一位有修養而英俊的夏威夷華僑青年，給聘請先主舊金山辦事處，繼轉任蒙特婁辦事處主任。前《申報》主筆陳景韓之子陳亦被聘為華盛頓辦事處主任。

沈劍虹在重慶時是英文編撰科科長，一九四三年調任舊金山辦事經主任直到戰事結束。他是美國米蘇里大學新聞學院畢業生，英文寫作成熟，工作態度認真。紐約副領事鄭寶南，經商得外交部同意，調充我們芝加哥辦事處主任。

戰時的對美電訊交通我們在美國加州的范都拉（Ventura）設立了一個接收站，由一位牙醫師而兼業餘無線電業務的史底華博士（Dr. Charles Stuart）主持之。因為戰時電訊交通常受日方干擾，這一個非常設備是極需要的。它跟國際宣傳處自設的電臺密切合作使重慶在極嚴重的包圍困境中，對外宣傳資料的通道始終暢通無阻。在其他電訊路線擁塞時期，我們解救外國記者們不能與親友通音訊的焦急，免費囑范都拉電臺代為取得聯繫互通消息。

珍珠港事變後，中日戰爭擴大而為世界大戰，我們在亞洲的幾個辦事處首當日軍席捲南下之衝，不得不先後撤退，辦事人員循陸路冒險跋涉來重慶。香港辦事處的董壽彭與其妻子兒女經五個月始能跟我們見面。最令我們提心吊膽的是我們的新加坡主任葉公超和仰光主任駱傳驊。

葉公超離新加坡後三天新加坡就失守了。公超三月十九日由加爾各答乘飛機抵重慶，他口述在新加坡應變經過很有紀錄價值。他說，在新加坡失守前，他組織了一個新加坡華人反侵略動員委員會，一方面幫助中國政府代表，以及可能為日本利用的中國工商界人士與老病婦孺避難到安全地帶去，一方面組織了五個華人游擊隊命名（Dal Force），準備作最後抵抗。他又組織並指揮中國工人協助新加坡政府建築防禦工事。馬來亞戰事延長七十三天，公超天天有日記，紀錄經過。

公超進行這些活動都是跟新加坡政府的經濟部與英國政府的宣傳部密切合作的。他在推進工作中，掌握到很多資料，深切瞭解日本人滲透馬來亞的方法，日本人的作戰技術與英國人在馬來亞工作的態度與技能。有了這一套經驗的葉公超，我深感是應付英國人最成熟的幹才，因此就聘他做我們倫敦辦事處主任。歐戰局部勝利後，他督導成立我們的巴黎辦事處，由林咸讓擔任主任。

葉公超逃出日人火網後不久，我們駐緬甸仰光辦事處主任駱傳驊跟著遭遇同樣的危險。他是在仰光失守前十天乘船離開仰光到印度。我就任命駱傳驊在印度加爾各答組織我們的新辦事處。此後三年，我們重慶國際宣傳處進口或出口的一切宣傳品與宣傳所需供應以及與海外各單位的聯繫都要利用這個印度辦事處做吐納轉遞站。駱傳驊負責供應我們所需的一切，有「不可一日無此君」的重要性。

當一九四二年中國東海岸全部陷敵的時候，我曾派沈劍虹到印度去作一度視察，研究我們在宣傳上如何可以跟印度合作。沈劍虹的報告有值得記錄的價值。

沈劍虹的報告說英國政府派赴印度負責安撫印度人的史德福・克利泊斯爵士之行是失敗的。他離印返英益增印度人的痛恨與失望，加強他們非暴力不合作政策貫徹到底的決心。劍虹發現印度老百姓對日本侵略的迫近漠然不感威脅實伏危機。同時印度人不瞭解中國抗戰的意義與立場更使劍虹深切感到我們有與印度新聞界密切聯繫，供應有關中國一切資料的必要。因此他建議我們應儘快設立一個印度辦事處並鼓勵印度新聞界訪問中國。現在，我接受劍虹的建議一一實施了。

駱傳驊安抵印度之後，我以為我們的不安情緒應該可以安定下來，誰知道事與願違又遭遇到一場意外。

一九四二年四月我派國際宣傳處英文編撰科的周翻萍到緬甸去做中國入緬作戰部隊的公共關係負責人。翻萍戰前跟著我在《大陸報》工作，一九三七年到漢口來加入國際宣傳處。他英文寫得好，也是一個跟外國記者容易攬得很熟的中國好記者。我當時感到在緬甸戰場上我們應該派一個幹員去跟史廸威密切合作。因此，就派翻萍去，得到史廸威的歡迎。

周翻萍的確是中國部隊裡第一位公共關係官，一方面幫助史廸威發表戰報，一方面跟新聞檢查處密切配合。跟上來卻遇到史廸威的全軍大撤退，翻山越嶺在原始森林中長途跋涉到印度去。我們雖然知道翻萍跟著大軍後退，可是聽不到他的消息有好幾個星期之久。一直等到六月二日才得訊知道他安抵加爾各答。我立刻囑他飛返重慶。他把隨軍撤退經過寫了幾篇報導，中外報紙競相轉載，因為他是惟一隨軍的中國記者。

一年以後我派翻萍到昆明去創設辦事處，因為昆明逐漸變成了美軍活動的中心，很多外國記者趕到昆明採訪到了新聞都希望就在昆明發出，不必再轉重慶。我接受了他們的要求就派翻萍到昆明去，一方面就地檢發外國記者的新聞電，一方面繼續他過去的經驗做當地的公共關係工作。他克盡職守，直到一九四四年撤銷昆明辦事處我才把他調到紐約參加夏晉麟處的工作。

當然，抗戰八年在重慶國際宣傳處中憑著不貳忠貞與堅強毅力確守崗位圓滿達成任務的全部工作同人是最值得讚佩的一班苦行僧。他們的生活是艱苦的，再加上他們的工作，一肩雙挑檢查外電與對外宣傳，備受外國記者與國內不諒者雙方的批評夾擊，精神上的負擔實在沉重。日本投降時我們都已攪得疲憊不堪，使我事後追思，真感到我們的神經沒有給那時尖銳的責難磨成粉該算是奇蹟！

在整個戰時中，分擔我這副沉重擔子最主要的人，當然就是處長曾虛白。他沒有擔任這份工作以前，就跟我在先後幾個崗位上共事了二十多年。他是一位飽受中國文化薰陶的學者。他又是一位能深思熟慮的設計者。我生性熱烈易衝動，處理事務時極需要這樣一位同事來平衡我的決策。我又是一個在西方受教育的人，每遇東西觀念矛盾不能取決時，虛白經常以很冷靜的幾句話或引中國經史中的一句格言點醒我應循的方向。我在重慶工作的七年中，虛白的辦公桌子永遠面對著我的。凡是我做的事，他都參加並且貢獻意見。

跟我工作另外兩位年紀較輕的重要同事一是倪源卿，一是魏景蒙。源卿後來調任繼夏晉麟的紐約辦事處主任並兼中國駐美大使館參事銜。魏景蒙現在是中國廣播公司的總經理了。他們兩人都在我上海辦事處中工作過，上海淪陷暫潛伏從事地下工作。後來隨同播遷由漢口而至重慶。源卿擔任我的英文秘書，主稿重要報告以及我給海外各辦事處的機密週報。他分析事理有一套審慎明智的頭腦。因此，當我突然要實施某種激進計劃時，他跟虛白兩人總婉勸多加考慮。他們雖不能使我言聽計從，可是能詳細知道我們業務的內容，把握到該做不該做的分寸，他們實是我的好幫手。但同人們卻送給源卿一個綽號，叫他「蛤蠣」，因為他緊閉嘴唇向不跟人講話的。

景蒙的性格剛是源卿的反面。說他是國際宣傳處內在外國記者中與在同人中兩方面同時都是人緣最好的人，絕不是過譽。這不是任何人做得到的。因為很多人跟外國人攪得很熟，跟中國人攪不好，反之亦然，景蒙能中外朋友都結好感自有他的異稟。他遇人開誠佈公地坦白，毫無保留地嘩笑，是一個快活人。他的主要職務是新聞檢查。應付外國記者漏夜工作是他的苦差使，可是他不能決時，還得找我決定，這苦我也得陪著他吃。

國際宣傳處是分科辦事的，此外還值得一提的是專治日文的對敵科由崔萬秋主持之，專任聯絡外國記者的外事科由季澤晉主持之。另設專員專任俄文宣傳與對蘇公共關係工作由朱新民任之。廣播工作則由國際宣傳處派彭樂善為中國廣播公司國際臺廣播科長負責全部外語廣播。攝影科則由李華倫為科長主持之。彭樂善的「樂善」兩字與英語「壞蛋」（lousy）發音相同。因之外國朋友就「lousy、lousy」的叫他，變成了眾口一辭他的別號了。樂善惡之，心生一計，因他天天捧著「麥克風」在講話，就公告外國朋友們他已改名為「麥克」。好像天真未鑿的外國記者竟「從善如流」多改口叫他「麥克彭」。從此「麥克風」變成了彭樂善的商標，中外聞名，以致抗戰結束，聯合國請他去主持聯合國廣播部的中語節目。

英文編撰科的主要工作之一是編輯《戰時中國》月刊在香港出版。一九四一年十二月八日珍珠港事變之後，我立刻囑紐約辦事處接辦這份雜誌的編輯出版事宜。《戰時中國》的一九四一年十二月份版，在香港編印完成趕在香港淪陷以前全部運美，沒有一本損失。

沈劍虹是英文編撰科的第一任科長。他調到美國去之後由鄭鈞繼任。鄭鈞不幸在任內棄世，由萬君和升任科長繼任之。此外英文編撰科另有專員陶啟湘能把握美國記者心理跟他們打成最親昵的友情，因此他在外國記者招待所的時間最多。

另一重要英文寫作專員是朱撫松，他有豐富的新聞感和專欄寫作技巧。國際宣傳處每年編一本中國年鑑，撫松負責寫的那幾章，我可以絕對信任他所取資料必經他一再查核，全章文字必經他完善組織，可不煩再核的了。撫松的學問不限於新聞，他對近代文藝中戲劇小說尤有偏愛。他的妻子徐鍾珮也是國際宣傳處中一位有價值的工作者。

國際宣傳處有了這樣一群忠貞服務的同人，才在抗戰期中艱苦奮鬥創造了值得我們懷念的成就。在一般人看得到的事件後面的個人故事才是真故事。國際宣傳處的真故事是一群抱著偉大志願的男女同志們在人背後埋頭苦幹的紀錄。

第十四章
外國記者問題

重慶時期我的任務是給陷在重圍中的中國跟外邊世界建立一座友好的橋樑。這座橋樑的主要支柱只靠在重慶的一小撮外國記者，他們負擔了把戰鬥中國介紹給全世界的責任。

在重慶的初期，國際宣傳處跟外國記者們攪得像一家人那樣的親熱。大部分外國記者跟著我們從上海起在困苦艱難中打滾過日子，一直由漢口到重慶，也同樣受到一九三九年至一九四〇年間敵機轟炸的威脅。因此，我們間培養成一種為共同目標奮鬥難兄難弟同甘共苦的情感。

受了這種情感結合的鼓動，我竟超越宣傳負責人應負職責範圍之外，儘量給這些外國朋友們在物質供應萬分匱乏的圍城中，求他們最大工作的便利與最高生活的享受。國際宣傳處工作同人們也都知道為這些外國朋友採訪發送新聞作一天廿四小時不顧疲憊的服務。就是我自己，外國記者不論何時找我，必欣然伸出服務的手。

最使我深感足以自豪的成就是在巴縣中學國際宣傳處辦公地區內創建了一所外國記者招待所。記者們說，重慶的外國記者招待所已在國際新聞史上成了一個傳奇性的流傳故事。實際確實如此。沒有一個外國記者，不論男女，只要在這招待所裡住一夜就永遠保持它的印象，再也忘不了。因為，中國那時候正在創造時代史，而美英等世界各國的新聞界大人物，星星閃閃，都在這所招待所的大門中出出進進。

外國記者招待所是應到重慶來人數逐漸增加的外國男女記者們的需要而造的。它逐漸變成了戰時我們跟他們朝夕相處培養友誼的溫床，同時也是外國記者彼此交換戰時中國經驗的交易所。

我們一到重慶就發現這個邊省的都市毫無適應西方記者生活需要的一切準備。當時我就盤算著怎樣給他們建築一所招待所的計劃。最主要的是錢，我可以動用的經費中這筆錢是一文無著。在某一次那時的財政部長孔祥熙邀宴外國記者，我提出了這個問題。孔氏當時不加思索地問我，造這樣一所招待所需要多少錢。我不敢多說，只建議一萬元。孔氏答應幫我找這筆錢。錢有了著落，我立刻找包工，協定在這筆經費範圍內造十三間房間的小招待所。我自己打樣監工。可是造好房子，內部裝修以及添置家具的錢尚無著落。再請孔部長協助，又蒙撥給一萬元。到了一九三九年七月中旬這所招待所竟得開幕使用了。

外國記者們驚喜我努力的成功，大家搶著把這所招待所當新聞寫，竟開玩笑把我的英文昵名「豪妻」（Holly）給這招待所定了名，稱它做「豪妻旅館」（Holly's Hotel）。前上海英文《大美晚報》主筆那時為《基督教科學箴言報》的記者高爾德就是其中之一。他在一九四〇年六月一日發的電稿中一節寫道：「自由中國的新首都，遠在邊省四川，創世界紀錄，差不多送給自由新聞記者們一件不要代價的禮物。凡是登記過的正式記者住進最近落成的記者招待所每月只需付出一元美金多一點的飯錢，房錢每月不到三元美金。」

高爾德並沒有誇張。因為那時候的美元匯率是一塊美元換國幣十七元。我們招待所每天供應西式早餐一頓，中式午晚餐，每月膳費定價國幣二十元，房租定價每月國幣四十元。

外國記者招待所建立了好榜樣，主持新生活運動會的黃仁霖跟我再請孔部長協助撥款在嘉陵江邊上建築一座比較大一些的旅館，定名嘉陵賓館，招待非記者的外賓。這所賓館落成後可以住四十個客人，餐廳可容一百五十到兩百人，我被聘為董事長。

一九四〇年至一九四一年的敵機轟炸，好像外國記者招待所是他們主要目標之一，迭經命中毀損。但我們隨毀隨修，始終沒有受到太大的影響，更使我感到慶幸的，沒有一個住在裡面的外國記者受過傷。

不幸在抗戰中途，這個我所撫愛的成就變了質。在初期，外國記者們是我們的家人，我們的密友，築屋同居，使他們跟我們生活在一起，工作在一起是非常愉快的事情。可是，逐漸地搬弄是非的一些反政府壞記者滲透到了招待所裡來，這個招待所就變成了集中外記者便利他們挑撥離間的場所了。因此，本來對我們很友善的幾位外國記者也慢慢對我們政府採取批評態度了。

外國記者們跟我採取對立態度，在一九四三年五月，乘我隨蔣夫人逗留美國時公開表現了出來。住在外國記者招待所裡的外國記者組織了一個外國記者俱樂部。它的主持職員五人中三人是批評我政府最苛刻的記者，那就是：①會長艾金森（Brooks Atkinson，紐約《泰晤士報》），②副會長，葉夏明（Mike Yaksh-amin，塔斯社），③另一副會長，白修德（Teddy White，《時代雜誌》）。這個外國記者俱樂部竟自居為代表所有駐華外國記者向中國政府交涉的權威。而且他們向中國政府交涉，首先就以我為對象。從此過去國際宣傳處跟他們的親善關係經他們這樣的態度表示掃除得蕩然無存了！

那時候外國記者集中在重慶的數量，可以從這個外國記者俱樂部的會員名簿中覘見其龐大。其名冊如下：美聯社、合眾社、聯合工人社、路透社、塔斯社、國際新聞社、紐約《泰晤士報》、紐約《前鋒論壇報》、倫敦《泰晤士報》、《讀者文摘》、《時事》、《生活》與《幸福》三雜誌、洛杉磯《泰晤士報》、《多倫多星報》、《基督教科學箴言報》、倫敦《每日電訊報》、倫敦《新聞編年報》、倫敦《每日快報》、雪梨《早晨前驅報》、北美報業同盟、ACME、國際新聞攝影社。

我們跟外國記者們的關係發展到史廸威事件的爆發，惡化達到巔峯。那時候蔣委員長已經被推為國際聯軍中國戰區的最高司令，不幸史廸威竟受命為他的參謀長。史廸威的桀傲不馴，自一九四一年迄一九四四年使蔣委員長忍無可忍不得不電請美國總統召回這個不能合作的參謀長。多數外國記者，聽了跟著史廸威說話的若干美國軍官一面之辭，都以為我們領袖這樣措施是失當的。甚至史廸威公開主張從美國租借法案中撥一部分援助給中共，外國記者們也看不清這種錯誤觀念關係的重大。於是，在抗戰接近結束的幾年中，外國記者們把史廸威製造成一個傳奇性的人物，而蔣委員長反成外國記者們攻擊的眾矢之的。我和國際宣傳處同人竭盡全力想挽回美國新聞界這一股不公平的逆流，但我們的努力還是不夠的。

自由世界對我政府態度的這樣轉變，實際是跟著國際共產黨的陰謀得逞一同來的。蘇俄共產黨，經史達林格萊德事變之後，在華盛頓變成了最受歡迎的朋友。這轉變由大部分美國新聞媒介所取新態度反映出來。對中國方面，配合共產黨要求以轉變美國輿論的重任，則由控制著有巨大影響力的太平洋關係協會的拉鐵摩爾與卡德（Edward C. Carter）兩人任之。此外美國有力的民間組織如外交政策協會（Foreign Policy Association）等，雖想公正地討論中國問題，但多受先入為主的影響，沒有一個能站出來說句公道話。俄諜希斯（Alger Hiss）正在美國國務院中積極活動，自對我發生不利影響。這是我們國際宣傳處當時面對逆流的概況。

共匪在這轉變中當然也施展他們欺世陰謀的全力。國際共產黨歷經試用而見效的那套借「自由」、「民主」偽裝來掩護其猙獰本相的伎倆立給中國共產黨採用而變本加厲，擴大其欺騙效用。他們動員一大批作家，有的是真正共產黨徒，有的是給他們牽著走的傀儡，自從一九四二年起，不斷在自由世界中製造塑型，偽裝中國共產黨變成一個不含毒性的政黨。照常識判斷，不符事實的歪曲報導不可能把白的說成黑的，可是在中國竟發生了奇效。這些作家有的給報紙寫通訊，有的投稿給雜誌，有的刊印專書，共同的目標是把共匪渲染成農業改良主義者，是中國民主政治的先驅，此中最顯著的幾個人是，史默特萊女士（Agnes Smedley），史德朗女士（Anna Lovis Strong），史諾（Edgar Snow），衛爾司（Ｎym Wales），拉鐵摩爾，福曼（Harrison Forman），蘇依士女士（Ilona Sues），史戴恩（Gunther Stein），蓋因（Mark Gayn），羅新吉（Lawrence K.Rosinger），佩弗（Nathaniel Peffer），艾浦斯登（Isracl Epstein），白修德，費正清（John K.Fairbank）。

他們把毛匪澤東描寫成一個完全不受史達林控制的共產黨，一致倡言倘然他掌握了中國的政權，一定可以信賴他。擺足了民主姿態的周匪恩來，在抗戰期中始終在重慶施展狐媚手腕，拉攏勾結往來重慶的那些國際左傾或中間偏左的作家與記者。他披上了自由主義者的偽裝之後，華府要人准許匪幫參加中國聯合政府的建議就像順理成章不覺得是不合情理的要求了。

蔣委員長當然不受這些巧言令色所蒙蔽，我當然也跟著提高警覺。但自德黑蘭會議之後，整個美國充滿著樂觀氣氛，以為美蘇兩國戰後將成携手合作的好伙伴，因此來自美國的容共建議，我們有未便斷然峻拒的困難。然在這共產陰謀得逞的高潮中蔣委員長仍堅守最後防線，對這一班公然叛國的匪幫，既絕對不允許其分潤美國租借法案的援助，也拒絕立即召開協商會議，不使共匪在戰後制憲中得實現其掌握否決權的陰謀。

那時候我們在宣傳戰中面對的共匪攻勢是慫恿外國記者要求我准許他們訪問共匪巢穴，陝西延安，以歪曲他們的抗戰報導。我堅決拒絕這潛藏陰謀的要求，直到一九四三年十月，因中央不勝國際的壓力，我奉命解禁，不得不退而派遣幹員組織外國記者作第一次訪問延安之行。左傾記者爭先參加，第一批加入的是艾丕斯坦，福曼與史戴茵，他們後來都寫刊專書為共匪宣傳。第二批，白修德與艾金森准予續往，所作報導，顯染色彩。第三批申請續往者不再獲准，然因不准其成行結成怨毒的後果之不利政府有甚於准其前往。

從此時起，新聞檢查變成我們與外國記者們爭辯的戰鬥中心。中國那時是一個自由陣線中亟需團結的戰鬥盟邦，因此，共匪雖跋扈囂張目無中央，我們檢查外電時還要避免這些叛亂新聞的外洩，以免影響我在盟邦中的地位。到了一九四四年四月外國記者們竟由外國記者俱樂部全體會員聯名呈請蔣委員長放寬新聞電報檢查尺度。在當時美國不斷要求我政府准許共匪參加聯合政府的氣氛中，這些為共匪做宣傳的新聞報導流傳世間毒害之深不會得外國記者們的理解，因此檢扣這些新聞無法避免他們的抗爭。解除他們不滿的責任最後還得落在我的肩膀上，我夾在中層受盡無法辯白的苦痛，幾年來培養成的外國記者對我們國際宣傳處的友情好感也從此喪失無餘了！

同年八月外國記者們跟我的鬥爭又起高潮。他們又由紐約《泰晤士報》記者艾金森領銜聯名向宣傳部提出抗議，列舉事件，證明我們檢扣電訊的不當。我當時就把我們檢查新聞規則譯成英文送給他們看，確證我每條新聞檢扣的確有根據。並且聲明，在戰爭中，新聞受檢查是國際通例，何獨責中國！

外國記者跟我這一連串不愉快的事件，只能算正劇登場的預演。正劇登場是一九四四年十一月史廸威之召返華盛頓，才把我們的鬥爭帶到了巔峯。鬥爭發展到最後高潮才暴露紐約《泰晤士報》的艾金森實在是史廸威的同謀者。他寫了一系列的報導詆譭蔣委員長，為史廸威辯護。我們當然不能讓他這樣報導電傳出去。於是他立刻動身飛回紐約，把他這一列系報導排日刊登在紐約《泰晤士報》上，混淆黑白，予我政府以最不利的打擊。紐約《泰晤士報》過去本來態度公正，仗義執言，支持我政府立場，艾金森又為報導文藝的記者，無政治色彩，故其袒左言論利用紐約《泰晤士報》過去的立場，予我政府的傷害實倍於任何其他記者。於是，其他美國記者跟著起鬨，對史廸威事件的歪曲報導竟成美國輿論界的一時風尚，其影響美國對我政策實在既深且鉅。

我捲在這不愉快的爭辯浪潮中，逐漸決定了我應該做的一個教育新計劃。我是一個受美國教育的新聞記者，深感中國建國亟需大批受過近代新聞教育的青年，可是中國在戰前的新聞教育還沒有脫離草創階段。我因此決心要在中國的戰時陪都重慶創立一所專門訓練英語新聞記者的學府。在一九四二年我隨蔣夫人赴美以前，曾把這個意見面陳蔣委員長。當經垂示，倘然在美聘得適任的教師，當可准如所請。我在紐約，徵得哥倫比亞大學新聞學院院長愛克門的同意，跟我共同合作創辦這個教育機構。經過他的協助，我聘定哥倫比亞大學教授克勞斯博士（Dr.Haold Cross）為我準備創立的新聞學院的新聞學院的院長，並聘吉勃德（Rodney Gilbert）、貝克（Richard Baker）、德賴萊（Anthony Dralle）、勞傑士（Floyd Rogers）為教授。我回國後立給他們在外國記者招待所內安排食宿，並經呈准國民黨中央把這新聞教育機構規定為中央政治學校與美國哥倫比亞大學合辦的新聞學校，核定預算，成立編制。這學院辦了兩年，青年們爭先恐後以得考入這學院為一盛事。我跟他們相處如家人，真有幾位遇私人問題也找我求啟發。兩班一共畢業了六十位男女同學。我覺得這一個學院，多多少少給中國的新聞事業做了一點貢獻。這事的有此成就，我還得感謝哥倫比亞大學的艾克門院長，她不獨幫助我取得若干經濟上的支援，並且還隨時鼓勵我，贊助我，使我得有始有終達成這個願望。

彷彿遙遠得不會到來的勝利居然到來了，予困苦中奮鬥了八年的中國人民以應得的榮譽與報酬。在亞洲，戰爭的最後幾年都是美國的表現。美軍的越島進攻一步步逼近日本心臟，接著向日本城市大規模的轟炸，最後廣島與長崎上空原子彈的爆炸澆滅了日本帝國主義者野心的火焰。那時候日本陸軍仍遍佈在中國大陸上，很可能作最後困獸之鬥。但日本天皇投降廣播發表之後，在華日軍繳械待命未作任何掙扎。

不幸中國勝利的陽光不久又籠罩在層雲密霧中，因為，不請中國參加的雅爾達列強會議，竟為中國製造一個更狠毒的侵略者，俄國共產黨。這一個侵略者在不到四年中又使戰後復興的中國受到嚴重的挫折。

就我本人說，一九四五年八月十日對日抗戰的勝利應算我的任務告一段落。我應該讓自己從放棄個人考慮冒著危險為國民貢獻一切的抗戰生活中抽身出來，另建我太平時期的新生活。戰時從政經常在責任的重壓下喘不過氣來，我迫切希望回復我戰前生活。我曾做過很多計劃，誰知道這些計劃都不能實施，因為在中國想過太平日子還早得很哩。因此，隔不多久，我又應召為政府服務。所不同者，這一次鬥爭的對象是侵略世界的共產黨，不再是日本帝國主義了。

第十五章

擺脫政治歸隱的嚐試

我的生活發展入一般人不易瞭解的新階段。我想在五十八歲另創我的新生活。我的戰時生活是精神消耗的自我殺伐。抗戰八年中永遠給危險包圍著，所負責任的繁重可能磨斷我的神經，因此從戰爭中鑽出來的我，身心俱憊，失掉了生命價值的意義。重慶需要我，我的任務未完成，我可忍受一切失望繼續幹下去。現在戰爭得到了勝利，我一心只想跳出政治漩渦，還我初服。

我決心要學一種用自己的手自食其力的職業，當時認為這才可以過擺脫政治的自由生活。

我現在知道這是一開始就註定失敗的幻想，可是當時深感這是合理的嚐試。我選擇的職業是汽車技匠。因為我看到美國汽車工業蒸蒸日上，需要受訓練者的供應必日增迫切，倘然我在這種行業中成了一個專家，不愁沒有飯吃。我記得在一九〇九年到一九一三年我在美國讀書的時候，馬和馬車還到處是主要交通的動力與工具。汽車那時還是新東西，很多人不喜歡它。因此，我是目睹美國的汽車工業從萌芽階段發展起來的人，因此，我希望在它的發展過程中佔一個位置，即使是卑微不足道的位置，也感快意的。

那時候，蔣委員長給了我一個在華盛頓籌備成立的遠東研究委員會委員的任命，因此，我有機會單身出國到華盛頓。我既下了學做汽車技匠的決心，偷偷地從華盛頓溜出來，到洛杉磯的一家專教汽車與電冰箱機器的學校報了名。報名時我把我的五十八歲減成四十歲，他們竟相信。我離華盛頓時沒有人知道我到那裡去，怕洛杉磯領事館發現我，我改了姓名。在學校附近找了一家小客棧住，摹仿著一個普通學生的生活過日子。極少數幾個中國朋友知道我的地址，他們都很合作給我保守祕密。

一九四五年耶誕前幾天，蔣委員長在駐美大使魏道明寄回的報告中突然發現幾次遠東研究委員會的開會名單中沒有了我的名字。電詢我如不在華府，囑速覓告，偕同魏大使即返國述職。魏大使當然很容易發現了我，我自無選擇遵命成行。

跟魏大使返國坐的飛機是軍用機，說不上舒適。到重慶，雖只離開了四個月，一切都面目全非了。莎麗帶了兩個兒子一個兒媳已經回到了上海我們的家裡去了。她們動身時竟遭遇到世態炎涼的無情刺激。她們動身想坐飛機，想到某航空公司的經理高某是我推薦的，托他定飛機座位，應該沒有問題。誰知道找他，竟遭他拒絕，理由是：「很多要人和家屬要走，輪不到你們董家。」

幸虧我還有朋友，海軍部長陳紹寬，聽到了莎麗遇到「行不得」的困擾，立刻破例准許我全家附乘軍艦東下。陳部長是我在杜錫珪將軍出國考察團中認識的海軍將領。勝利還都後繼續他海軍部長的職位直到一九四八年蔣委員長辭去總統職位下野時同時辭職返福建故鄉。

我歸隱的計劃不得不中斷了。蔣委員長命令我隨侍蔣夫人到東北去訪問在那裡的蘇俄軍隊的司令官。這時候，蘇俄正在日本投降前五天對日宣戰揮師進攻早給中美聯軍打敗的日本軍，而以勝利軍的身分自居，不發一彈進佔了我們的東北。蘇俄政府既拒絕國軍大連登陸於前，卻又否認其有支持共匪的企圖，並表示一二月後將撤退其在華部隊。態度模糊，居心叵測。蔣夫人此行表面上向蘇俄司令官作友誼的訪問，實際目的是要現場偵察其陰謀的真相。

我隨蔣夫人一九四六年一月二十日從重慶起飛，蔣委員長親臨送別。飛行六小時後，我們降落在北平郊外南苑機場。駐平軍事長官李宗仁率同大批文武官員在機場迎候。當晚蔣夫人約晤今任美國國務院遠東事務理國務卿，當時美國駐華大使館公使勞勃森（Walter S.Robertson）。他是中國的一位忠實良友，對中共問題貢獻他所知資料，長談直到午夜。

一月二十二日乘「美齡」號飛機離北平。抵長春時，中俄官員數百人在機場迎候，獨缺蘇俄司令官馬林諾夫斯基上將（Marshal Malinovsky）。據代表司令官到場歡迎的參謀長說，他因有重要會議必須回國參加，已返莫斯科，囑向夫人深致歉意。很明顯地他是故意避面的，這是中俄兩國此後國交破裂的第一次公開態度的表示。

俄軍在長春擺足了佔領軍的姿態。他們撥一輛卡德力克汽車給蔣夫人坐，可是開車的是俄國兵又加上兩名俄國侍衛。他們說，蔣夫人這樣貴賓，來到長春，在俄軍佔領期中，她的安全俄國司令部要完全負責。這表示，一方面自居佔領軍的地位，一方面顯有監視蔣夫人行動的意思。

在歡迎蔣夫人的宴會席上，代表馬林諾夫斯基致歡迎辭的參謀長的演說大意說，紅軍在史達林的領導下實踐蘇俄人民的願望不獨在西方打敗了德國的侵略，也跟聯盟國合作打敗了我們的共同敵人——日本帝國主義者。我們把日本侵略者從中國的東北趕了出去，解放了這地區的中國人民使他們重回祖國。

聽著俄國人的這套狂言，再回想到他們宣戰五天就俛拾勝利果實偷天換日的欺世伎倆，我們對蘇俄野心的真相已瞭如指掌了。

一月廿四日蘇俄總部又張宴給蔣夫人送行。馬林諾夫斯基說準備趕回參加，結果仍未見到場。十個俄國軍官此起彼落相繼發言，致詞內容卻一致讚美中俄合作的後果必然輝煌，願盡全力加強之。蔣夫人最後起立，從容地以講笑話的方式給他們一個充滿著辛辣味的答謝。她說道：

「今天晚上，我聽到了很多中俄合作的建議，我願貢獻我個人的淺見，這樣的合作中國人並不歡迎。我這裡有一個故事可以說明我的意見。

「有一個快要結婚的青年要知道婚後生活究竟快活不快活，去就教於一位已經結過婚的人。那個結過婚的人，爽脆答覆當然快活。青年追問真相，假定小兩口意見不合怎樣可以避免爭執，取得合作呢。那個結過婚的人答，『這是十分簡單，譬仿幾天以前，我們要蓋一所房屋，妻子主張這所房屋蓋在山腳下，我主張蓋在山頂上，最後我們取得協調，解除爭執，決定了應取的步驟。』那青年急著問；『怎樣協調的呢？』結過婚的人答：『當然把那所房屋蓋在山頂上。』」

「這是過去日本強迫我們接受的協調合作，我們不能歡迎。因此，我希望此後中俄合作不是建立在這個基礎上。」

我知道蔣夫人這個故事尖銳地刺進了在場每一個俄國人的心，全場緊張得肅靜無聲。

我在長春又聽到一節新聞，暗示了俄共的野心勃勃。據說有一團跟著紅軍到長春來的蘇俄女兵，任務完畢準備回國去的時候，中國軍隊設宴歡送她們。代表主人的一個中國軍官起立說了普通惜別的話之後，那位女兵團長的答辭竟說道：「請諸位不要為我們離去而不愉快，兩三年之後，我們一定回來，跟你們永遠住在一起！」我們訪問東北，離長春後又到瀋陽和其他幾個都市慰問軍民。蔣夫人到處受到盛大的歡迎，但展望前途不穩的顧慮卻是普遍的。

返重慶中途蔣夫人決再在北平停留數小時微服一嚐北平異味烤鴨子。她說一個謎，誰能猜中這謎，她請客。猜不中，猜的人請客。結果，我輸了，卻得了做主人的榮幸。走到飯店，蔣夫人堅持她此行不能讓任何人知道。我不同意，以夫人這樣一位要人，有敏感新聞鼻的人必會追蹤到。果然，我們吃飯時，侍者遞進一張中央通訊社記者的名片，要見我，我出，囑記者守秘，這一個不下賭注的謎卻給我猜中了！

我回到重慶，另一次出國的使命在等著我。蔣委員長告訴我老友端納在檀香山的海軍醫院，患不治的癌症，問我是否願代表領袖前往致慰問之意。端納退休後，戰爭爆發，在菲律賓為日軍捕囚集中營。整個囚禁期中，日方竟沒有發現他是怎樣一位重要的人。直到戰爭結束他被釋之後，日方特務才知道一手破壞他們好幾次對華陰謀的這位抗日死對頭竟給他們囚禁了好幾年，生氣勃勃地回復了自由。端納被釋後，遊大溪地，就在那裡得了肋膜炎。

美國當局把他從大溪地的醫院送到檀香山海軍醫院，因為後者醫療設備的水準高些。到了檀香山才發現他患了嚴重的癌症。他想要回上海去，醫生認為太冒險。我因此留在檀香山三個月希望等他康復些陪他回上海。後來奉蔣委員長命我專程到華盛頓去商借一架美國醫院飛機送他回上海老家。

端納在檀香山醫院的時候，一位我在《大陸報》的老同事名賽爾（Earl Selle）的，徵求他的同意給他寫傳記。我勸端納不要讓他寫，因為賽爾雖然是我的老同事，我確實知道他的能力不配寫在中國歷史上有重大影響像端納那樣人的傳。況且賽爾那時眼睛差不多瞎了，看報也得靠妻子唸給他聽。

我以為只有跟端納共同生活最少三十年以上的人才有資格為這位重要而行動一貫保守機

密的人寫傳記。就我知道的人說，有這資格的只有三個人，一個是跟我在中國新聞界共同工作二十多年的澳洲記者卜萊德，一個是寫了好幾本有關中國專書的紐約《前鋒論壇報》記者吉勃德，第三個人就是我自己。

但賽爾窮得緊，急著等錢用，而端納又迫切要有人給他寫傳記，因此他就取得了端納的同意給他寫傳記，天天在病榻前錄他的口述。我不讚成這件事，因此雖留在檀香山，故意迴避兩人這樣的晤談，沒有一次參加。

最後端納的病情有了些進步，可以忍受五千哩去上海的飛行。檀香山的醫院費用由孔祥熙匯來五千元美金清結。我就伴著他作這一趟悲慘的回鄉。到了上海新生活運動會主持人黃仁霖奉命安排他的醫療。我在上海時還經常到醫院裡去看他，後因事赴美，十一月九日得端納因肺癌不治的訃告。

到了一九四七年賽爾的端納傳記《中國端納》由一家紐約出版公司刊印問世，我的焦慮還是不幸證實了。這本書裡不斷中傷中國當時涉及的有關人物。我相信，假定端納還活著看到這篇書稿，一定要改了又改。可是，賽爾雖然事前曾把校樣送給我看，我建議許多不符事實的修改，他一概拒絕，沒有換一個字。

我跟這一位與我一生活動有密切聯繫達三十年之久的大人物最後盤桓的這一段生活將永遠留在我的記憶中。他是一位勇敢鬬士，可是當他最後對我說「再見」的時候，淚珠在面頰上滾下來了。我走時，醫生還向我保證我回來一定還看得到他，可是這一別竟成了永訣！

我要趕到美國去，因為莎麗突患膽結石病，上海醫生因為她還有糖尿病的併發症，堅主送她到美國開刀。我可能洽得的交通便利是美國的軍用運輸艦，從上海到舊金山要走四十八天海程。按照軍艦規定，男女不能同室，因此我們夫妻倆還得分住兩間房。船上生活，一切軍隊化。早上吹號起身，點名進餐。規律的生活，習慣了倒也有趣。長日無聊，我們在客廳裡玩紙牌，當然沒有賭注的紙牌遊戲。時當盛夏，海面風平浪靜，可是，一路行程沒有停，連普通應該靠岸的長崎、檀香山也不停，生活不免過份單調了。

登岸從舊金山坐火車到紐約，我立刻設法把莎麗送到過去醫療過蔣夫人的那家醫療中心，也由過去主治蔣夫人的那位勞卜醫師（Dr. Loeb）負責醫治。這位醫師的技能與服務精神令人欽佩。莎麗經開刀除去膽結石後，健康恢復一如常人。

我還不忘我學習汽車技工的意願，因此決定在莎麗住院醫療期間，繼續我的學程。一九四六年十一月二十五日，我在紐約青年會的機械學校中以（S. K. Tong）的名字註冊入學。我的教師是比斯先生（Mr. Pease），戴麥先生（Mr. Delmer）與馬亭先生（Mr. Martin）三位。他們講的我都詳詳細細紀錄下來。現在我再翻閱這些舊紀錄，發現有一位老師講的下面一節話，值得紀錄。他說道：「知道怎麼做的人永遠可以找到工作，可是他永遠給知道為什麼做的人服役。」

在這時期我按照規定的日程作息，經過了五個月。早上八點到學校報到，中午吃三明治當午餐，下午四時回到住的客棧。第一星期學電學原理，第二星期學機械學原理，然後最後兩個月專學汽車修理。學業終了我得到一張結業證書。我捧著這份證書，覺得它比幾年前我得到的米蘇里大學的畢業證書還要珍貴。在這中間蘊藏著我努力追求而得成就的滿足。後來我離紐約回國，還以四百元美金買了全套修汽車工具，真準備回到上海開一家修車廠。可是，事與願違，我的生活又得展開另外一張新頁。

第十六章

奉召回國主持新聞局

莎麗完全康復之後，我伴她乘車到佛羅里達的基維斯小島上去休養，並曾飛到古巴作短時的遊覽。就在此時奉召要我返國服務了。那時候張群剛在紐約作健康檢查，奉命為行政院院長，囑組新閣，來電洽商，擬邀我任新閣中新成立的新聞局局長。我接電往紐約晤張面洽，據告，國內共匪日見囂張，政府擬加強國際宣傳以應匪方之宣傳攻勢。重返政治崗位，我雖興趣不濃，但鑑於國事蜩螗，又深感責無旁貸。

政府今已遷返南京。我跟莎麗經馬尼剌飛回中國，五月二日我就行政院新聞局局長職。這個新機構實際只是國際宣傳處舊機構的改組，因此我很容易地把舊同事的業務分配妥貼開始工作。除由曾虛白擔任副局長外，又加了一位鄧友德做副局長，大部分對內的行政工作由他們兩人分擔了去，分掉了我不少負擔。底下分處分科都由舊同事主持推進他們熟練的業務。

我返國不久，老友同事又喪失了一個。我到南京時，卜萊德已經纏綿病榻好久了，可是，我到後一個星期竟趕上給他作最後的道別。他享壽七十歲，卜葬於南京的禮拜堂公墓地上。卜萊德是我二十多年密切合作的老朋友。我辦《大陸報》，他是我的得力副編輯。一九三六年我主持外電檢查，他也參加工作。在國際宣傳處中他是以顧問身分負責處理蔣夫人的對外函牘。一九四二年他伴同我隨侍蔣夫人訪美。他有一位日本籍太太，第二次大戰前就棄世了。夫婦倆感情非常好，不幸他的工作使他不能離上海，她在東京又不能脫身到上海來。她經常有信給我，表示對她丈夫的熱愛與欽敬。

西方人中事業發展在中國，以為中國服務作終身職業的忠貞友人本不多，今又弱了一個。今日中國共產黨的匪勢囂張，這種朋友已經逐漸地銷聲匿跡了。現在可以在中國逗留下來的，只剩了那些在共產黨控制下像木偶般被牽著活動的不要臉的西方男女了！像端納、卜萊德與吉勃德這些人是無法在共產黨的政權下呼吸的。

我就職後，一九四七年六月廿四日蔣委員長以國府主席身分第一次接見外國記者。我派新聞局編撰科長萬君和擔任翻譯。接見的外國記者中有紐約《前鋒論壇報》發行人李德夫人（Mr. Helen Reid），史格里不斯，豪華德報系發行人豪華德（Roy Howard），與《時報》及《生活雜誌》記者莫爾Mr. Moore。

豪華德當時就提出中國東北現狀請蔣主席發表意見。蔣主席那時的答覆表現他洞燭事機的銳敏研判力量。他說：

「國際共產主義者已向我東北發動大規模的攻勢。他們的目的顯著要奪取我國這地區的政權與治權。國際共產侵略者奪去了我東北的政權與治權，將成全世界的嚴重威脅。但我可以向諸位保證，中國政府必盡全力維護東北主權。並願與友邦充份合作以保持世界和平。假定國際條約不受人重視，聯合國憲章不受人遵守，沒有一個國家有單獨自衛的能力。我們東北的局勢的確十分嚴重。」

一九四七年美國新聞界對華的態度日轉惡化。最壞的一家是《華盛頓郵報》。它的主筆是艾力斯頓（Herbert Elliston），一九二五年到一九二七年曾在中國政府服務過，但對中國仍取不友好態度。他最不友好的社評是十二月二十六日的那一篇。我因為《華盛頓郵報》是多數美國政府官吏喜歡看的報紙，具有相當大的影響力量，它對我們的這種批評不能置之不理。因此，我在我的記者招待會中發表如下的聲明：

「我看到十二月二十六日《華盛頓郵報》的那篇社評。它在批評周以德眾議員（Representative Walter H. Judd）的時候，竟帶出了如下的一節指責：『沒有人有機會反駁他，特別是駐華的外國記者。他們都給檢查者控制著。這種檢查，控制了消息的來源，是世界上最嚴緊的檢查，勝過了蘇俄。』

這種指責顯欠公平，我願作如下的聲明：這篇社評的作者顯對中國現狀完全隔膜。中國現在沒有檢查，除掉在瀋陽，因戰事爆發暫時有此必要。我們政府已經公告世界新聞界說明瀋陽作新聞限制的理由。除掉了這單獨軍事地區以外，在中國採訪與發佈新聞沒有任何『控制』。外國記者在中國，享受採訪新聞的一切便利，他們發送的新聞稿也絕對不受限制。《華盛頓郵報》社評的指責顯欠公平，是拳擊者向對手的腰帶下揮拳！」

艾力斯頓在中國時，我認識他，因此，就個人私交的立場，我把這節聲明電傳給他。一九四八年一月二日得他答覆說，他指的檢查是消息來源的封鎖，不是消息遞送的扣押，並在最後說：「我至今還像過去在中國結識了很多好朋友的時候一樣，是一個中國的忠實朋友。」

我提艾力斯頓事件只表示美國當時怎樣違背常理的一般言論盲目掩蓋了大部分美國傳播界，卒導致美國政府犯了對華決策歷史性的嚴重錯誤。在離大陸淪陷差不多一年光景的這一個階段中，多數美國報紙不談中國問題則已，要談中國問題，不是說我政府怎樣貪污無能，就是說，美國的援華政策是怎樣白費金錢難望收穫。它們作了這些對我指責性的報導之後，同時還採用了共匪與共匪同路人撒下的漫天大謊，說中國共產黨怎樣民主，是中國得救的惟一希望。我能運用的一切機構與關係，實無力應付這股龐大逆流的衝擊，以致一九四七至一九四八年間，這些歪曲中國國情嚴重局勢的報導，欺騙了美國民眾，造成中美兩國共同的大不幸。我敢斷言，在這階段中美國新聞界湧現的這一股反我政府的逆流，是促成美國政府在一九四八年我政府與共匪最後攤牌時，作停止美援以威脅我向共匪低頭的決策。

美國民間的親共者，這時候又有所謂「民主東方政策委員會」（Committee for a Democratic Eastern Policy）的組織，動員了大批能講能寫的美國人，為共匪宣傳，煽惑美國老百姓。這個組織的背後支持者是一個百萬富翁名叫費爾德（Frederick Vanderbilt Field）。他這個組織，在美國的重要決策關頭，控制美國人心理造成大錯，應負很大責任。費爾德也是太平洋關係協會的一個出力健將。後來因為他瀆犯了國會調查委員會的尊嚴，被捕入獄。

但，在這宣傳逆浪中，我們也有朋友。好友中最活躍的是紐約的柯貝克（Alfred Kohlberg）。他是一位富商而愛好中國者。從一九四七年起，他把他大部分時間精力花在駁斥共匪邪說，同時把中國的事實真相供給美國的新聞界與民意代表們。他發起「美國對華政策協會」（The American China Policy Association），最初由魯斯夫人做會長。他最值得紀念的工作是在一九四七年年終時，以協會名義致美國參議院撥款委員會召集人勃利基斯（Chairman Styles Bridges）的一封公開信，建議：一、給予中國合理的援助；二、立將剩餘軍械彈藥支援中國；三、繼續予中國以其需要的軍械彈藥與訓練，與四、肅清國務院中親共份子。

我們倘然沒有像柯貝克那樣仗義執言的美國朋友們幫著奮鬥，美國輿論的轉變也許還要惡劣些哩。

新聞局那時候還給一件令人頭痛的事件困擾著，那就是在南京、上海與北平的幾處美國新聞處竟採取對我政府不友好的態度。他們除發送美國各報報導的摘要之外，又有向全中國人民放送的廣播。在這些廣播中經常採用誣衊我政府的讕言。好像專挑美國報章雜誌反中國政府的資料來寫廣播稿是他們的工作方針。

我向那時美國國務院遠東事務主持者勃德惠斯（W.Walton Butterworth）抗議，沒有結果。

幾年之後，一位有地位的外交官，讓我讀他在一九四七年七月裡他從中國送給他政府的一份報告。報告中的一節涉及他跟一位我很熟悉的駐華外國記者的談話。這節談話反映出大陸淪陷以前我們負責宣傳工作者的處境是怎樣困難。其部分內容如下：

「他告訴我，他跟美國駐華軍事團取得密切聯繫。處於領導地位的美國軍官在上星期左右告訴他，大多數美國上級軍官，特別在南京部分的，都對中國政府作坦白而直率的批評，真使他感到駭異。這些軍官們以為靠軍事力量來解決中國問題不會有結果的。」

這份祕密報告，暴露在一九四七年到一九四八年間，在華的美國人是怎樣充滿了失敗主義的心理。實際當時美國倘然能夠做一些震撼沉迷的表現，例如兩年後它在韓國表現的那樣，中國的士氣民心必受其影響而重振，整個局勢也必因而改觀。不幸幾個月很快過去了，華盛頓一無動靜。共產黨滲透的美國所謂自由主義報紙對共匪的幫忙實在奏了效。

一種腐蝕性的失敗主義造成的空氣，是我們從事宣傳工作者最難應付的問題。我盡我可能運用的人力財力跟這錯誤觀念掀起的浪潮作殊死鬥爭，但眼看這鬥爭逐漸在敗退下來。

美國很多左傾作家以為「中共不受莫斯科的控制」，我斥其為欺世謊言，曾向外國記者發表聲明說：「中共中央委員會七月十二日曾譴責南斯拉夫狄托的行動並且不加考慮承認莫斯科的控制共產國際都足證明毛匪偽政權的真態度。莫斯科鞭子一響，毛匪服從地跟著走。這些事實應該可以使過去讚揚中國共產黨是愛國主義者那套讕言者閉嘴了吧。我們中國早就知道向俄共一面倒是中國共產黨的政策，可是很多所謂美國的自由主義者卻故意不理會這千真萬確的事實。最奇怪的是我們的老朋友拉鐵摩爾。當狄托跟莫斯科鬧翻之後，拉鐵摩爾竟為文主張「南斯拉夫跟中共有許多相同之處」，並且一再強調他過去的觀點說，「中國共產黨是根深蒂固的民族主義者。」

拉鐵摩爾的文章發表了不久，共匪就公開表示跟著俄共譴責南斯拉夫，使拉鐵摩爾無法自圓其說。當時很多幫助共匪作宣傳的美國左傾人士，跟著共匪出賣祖國的行為，要把中國共產黨描繪成一個正正當當的政黨，也感到非常困難。此後形勢的發展雖然逼著共匪不得不提高對俄共的警惕，逐漸站到對立的地位上去，但其存在跳不出共產主義的圈子，其生存免不了要受莫斯科的庇護，一手經莫斯科撫養大的中共，雖不吃它的奶仍舊逃不出它的控制。可是，美國人卻受騙一直到今天，越攪越胡塗了！

一九四八年四月二十一日蔣委員長以國民代表大會壓倒多數的票數當選為中國憲政實施後的第一任總統。張群院長帶頭的全部行政院首長照例提出全體總辭呈，我亦隨同請辭。

總統提名比國某大學畢業的地質學專家翁文灝組織新閣，經立法院五月二十四日通過同意。翁院長一再挽留我繼任新閣新聞局局長並予我政務委員名義。盛情難卻，我只得繼續幹下去。

在這動盪政局中，我高興有機會分散我的注意。由我主持的一個委員會修建了一座總統夫婦每週參加禮拜的教堂。我奉命在八月一日由行政院新聞局發表聲明如下：

「蔣總統和夫人今晨把他們在南京中山陵附近小紅山的新住宅貢獻給居住在附近二百多位公務員及其眷屬作拜主禮堂之用。今天禮拜開始時，總統作簡單的訓辭說：在一九三七年八月間，他由牯嶺返京，曾與夫人共同許願，倘抗日戰爭奏凱歸來，必在此地基上建堂拜主。兩年前他們從重慶返京即準備獻此住宅作禮拜堂。一九四七年十月全部修繕完成，命名為勝利堂。總統最後說：『諸位教友今天來共同參加這個奉獻典禮，我與夫人感到十分快慰。』接著總統勸告大家，遵行主的最高意念，行善勿懈。他指出當年摩西解救上帝的選民所遭遇的艱難困苦比我們今日建國所遭遇的不知要大過好幾倍。他教大家回憶最近十一年來中國的勝利收穫，希望中國人決不因為目前的困難而動搖了重建新中國必勝必成的信心。」

中國局勢日趨險惡。十一月二十六日，在總統官邸舉行會議的時候，蔣夫人忽下樓請總統離席有要事面商。後來總統告訴我，蔣夫人跟美國那時的國務卿馬歇爾在長途電話上講了話。

蔣夫人知道馬歇爾因病將入醫院，故打長途電話除致慰問之意外，表示私人意見願在他未入醫院以前趕赴華府有所面商，如荷同意，請勿掛斷電話，當就近取得總統核可後，立即答覆。今馬歇爾表示歡迎，故急求總統同意。

總統願促其成行。

在會議未結束以前，蔣夫人召我赴另室說，她請求總統派我隨侍赴美，總統以我在國內負責事務重要不能容我分身卻其請。蔣夫人說，倘然我願同行，她可再請總統考慮核可。我感謝夫人倚重的感情，但我應否離職赴美還得憑總統決定。蔣夫人卒於十一月二十八日離上海，十二月一日抵華盛頓，由前中國駐日軍事代表團團長朱世民等隨侍同行。

蔣夫人抵華盛頓後，跟馬歇爾在華德瑞特（Walter Reed）醫院晤談了好幾次。馬歇爾夫人招待蔣夫人住在他們離華府卅五哩的李斯堡（Leesburg，Va.）別墅裡九天。杜魯門總統夫婦在華府總統招待貴賓的勃蘭屋（Blair House）以茶會款待蔣夫人，同座有馬歇爾夫人與總統女兒馬格蘭（Margaret）。茶後，杜魯門與蔣夫人作了半小時的密談。事後白宮發表公告，說杜魯門總統同情地聽取蔣夫人的傾訴。可是此時共匪叛軍已推進至離南京以北一百哩的蚌埠了。

《紐約時報》在這個中國問題黑白混淆，是非難辨的眾論龐雜時期，獨表現了新聞記者主持公道的風格。它在十二月十五日的那篇社評裡為中國作正義的呼籲，為當時美國報紙所不多見。茲錄其全文如下：

「中華民國政府曾透過它的駐美大使及美國的駐華大使一再要求美國公開宣布它的對華政策。中國人預料，假定美國此時發表這樣政策一定會同情他們與支持他們。因為美國是支持這個政府的九國公約簽字國之一，又因為美國是讚美中國參加世界大戰的主要國家，中國人作這假定也是理所當然。我們既需要中國，中國自不應不利我們。

「但最近傳聞，美國政府的對華態度雖未公開宣佈，卻在準備轉變。蔣總統的夫人今在華盛頓所受的招待，怎樣解釋也不能算是誠摯。最近十八個月美國給中國的軍援不及美國給希臘與土耳其的軍援三分之一。美國經濟合作總署長在上海所作的聲明，中國人都看作是美國把中國合法政府『一筆勾銷』的表示。這聲明另一個結論又說，假定現在中國這個政府被迫撤銷，代之以另一『聯合政府』，而這新政府仍能保持主要的自由，則美國仍可繼續其援助計劃。

「國務院現在發表聲明，表示何甫孟（Hoffman，即上述經合署署長——譯者註）的聲明發表前未經國務院的核可。雖然如此，中國人的印象中都以為把中國政府『一筆勾銷』，美援將轉給『聯合政府』，最少美國政府機構中已有一個單位有這構想了。可是，看看捷克、羅馬尼亞等國家的榜樣，美國政府這樣的態度不獨使中國人困惑，連我們美國人也攪不清了。美國納稅人當然應該問：『究竟何時何地跟共產黨合作組成的聯合政府曾經尊重過主要的自由？』

「中國人當然還會提另一個問題。他們要問，美國政府願意化大批金錢排斥共產黨到希臘國境外邊去。為什麼在中國竟改變政策，要求中國容納共產黨，美國才願把金錢化到中國呢。」

「國務院的聲明並沒有充份答覆這些問題。他們只就消極方面說話，沒有作積極性的表示。有關這樣重要問題的消息，不應由政府代表隔著重洋招待記者來供給美國人民。」

「每一個美國人都重視中國今日的遭遇。我們應該聽到從華盛頓直接傳來明析而負責的美國對華政策的宣告。」

翁文灝主持之行政院於十二月二十日提出全體總辭，我也隨同解除了新聞局的職位，帶著頹喪的心情回到上海。一九四九年跟莎麗一同遷居臺灣臺北。在大陸未陷匪前曾經再回上海一次。那時候，看著總統受到國內國外不可理喻的困擾深感難盡棉薄的痛苦。蔣總統於一九四九年一月二十一日宣告下野。

我回首檢討，深感我做了八年宣傳部副部長，雖受許多挫折，所得收穫，實比做一年半行政長新聞局局長豐盈得多。我所做的前後兩任職務是向全世界介紹同一個中國。在前一任，因為中國為世界戰打前站，大家把中國捧上了天。可是在後一任，讚美變成了指責，變成了譏諷。最後，連可以挽救中國危局的少數援助也不肯給。這是中了共產黨宣傳的毒，這毒性之貽害，將繼續發展下去。

我在新聞局任內，得到我派克學院時的老同學范奈（Harold L. Varney）的協助頗多。范奈是一位英文寫作能手，並且長於公共關係。畢業後我們失掉聯繫，但重逢於一九四七年。我約他到南京來做我新聞局的顧問，他慨允俛就。這在他可以暫時脫離舊工作，享受新環境，因為他從沒有來過亞洲。

我在南京，他永遠跟著我。他的太太賽寶（Sybil），很喜觀中國環境，竟在南京生了一個女孩子。我跟范奈在學校時交情親密到經常吵嘴，好像要借此來磨鍊我們的舌辯技能。在南京，他真變成了我捲在劣勢宣傳浪潮中的一個患難之交。忽然他得病，彷彿十分嚴重，使我寢食不安。後來幸告痊癒，在我解職時，一同引退回到美國去。他在這一階段中給我的合作當永誌不忘。

第十七章

在臺灣

一九四九年二月莎麗跟我清理了我們在上海的一些事務之後坐船到臺灣來重建我們的新家庭。那時候上海還在政府統治之下，但大家都不存有多少保持它的希望。我已無官一身輕回復了老百姓的身分，享受我好幾年沒有享受過的悠閒生活，因此沒有留守到最後一小時的必要。更何況，那時候要找交通便利非常困難，得到機會就動身還是上策。

留在上海的親友到碼頭上來送別。抗戰八年，彼此長期隔離之後，剛重敘又要分手，此次一別能否再相見，誰也沒有把握。因此，船離碼頭時，在暮色蒼茫中彼此相向揮手，莫不泫然淚下。

我們是準備不回去的，因此搬得動的東西都帶走，連同一架鋼琴。我的一生積蓄都留在大陸上帶不走。我在戰前，在上海買下兩座房屋，在天津也置有一些地產。戰時，上海的房屋收不到租，在天津的地產給一班流氓強佔了去。勝利後雖勝訴爭回了天津的產權，可是強佔的流氓堅持不讓。一九四八年二月共產黨佔領了天津，我的產權只能等反攻勝利後再說了。

因此，實際說來，自從一九三七年之後，我們沒有永久的家。戰爭中，我損失了最珍貴的全部書籍與手稿，以及其他心愛的東西。直到最後，我所有的一切只剩了隨身携帶的幾箱東西。因此，朋友問我，我的家在那裡，我的答覆是，「我妻子在那裡，那裡就是我的家。」我們初到臺灣暫住旅館，從來以等值美金一千元的代價買一座日本式的小屋，另花了等值美金二千元的代價買些家具把它布置修繕可以居住。到了臺灣，還是牽掛留在大陸的那些親友，於是重返上海，逗留了兩個星期，直到共匪迫近上海才再來臺灣永居了。

我面對了找職業以求生的問題。因此，又復活了開一家汽車修理廠的老願望；研究在臺北是否可以實現我這現想。調查結果發現，在臺灣修汽車想賺錢，全靠瞞著車主跟司機們做些桌子底下的交易。這是一般慣例，我自認從沒有做過些偷天換日的勾當，只好敬謝不敏了！

然而，我仍不甘讓我在紐約學到的技能白白荒廢掉。於是我找到了從前在上海清心中學的老同學，他是福特汽車公司臺北代理行的經理。我自薦給他工作，不要工錢，他當然表示歡迎。不幸我剛上工，就遇到正式工人的罷工潮。於是我的經理朋友警告我，我雖不會參加這次勞資糾紛，可是我一做工就要遭他們毆打。工潮跟著擴大，我的做工機會日見渺茫，使我最後不得不放棄這個開汽車修理廠的野心。為了表示決心不幹起見，我扔掉了那件染滿了油污的工作衣，認定攬新聞還是我應走的職業路線。

從前新聞局的老同事陸陸續續都來到了臺灣定居下來了。他們中若干人，創辦了一份油印稿紙印的英文日報命名《中國日報》。外國人來臺的日增，都感到沒有一份英文報紙可讀的不便，因此一部分舊同事，湊了少數資本作這出版的嚐試。沒有發行正式英文日報的資本，只能以這不成型的油印品應付著。不幸中途又遇火災，他們遷屋復刊，歷經困難，才成了一份定型的英文日刊。

蔣總裁以引退之身仍在大陸陷匪前往來重要據點奔走國是，直到華南棄守始來到臺灣。他來臺後新部署的第一件事就組織一個臨時宣傳組，命我主持其事，並派沈昌煥做我的助手。於是，我又回復到我宣傳崗位上來了。

一九四九年七月六日蔣總裁引退後第一次接見外國記者。不幸這次接見引起了小小糾紛。因為，我這邊的同事給史格里不斯——豪荷德報系記者方士華（Clyde Farnsworth洽定了蔣總裁的單獨接見，不料蔣夫人在紐約也由孔令侃洽定了蔣總裁准許國際新聞社派記者來臺也作單獨訪問。國際新聞社特派它駐東京記者韓德孟（Howard Handleman）專程來臺等候約見。因此，方士華和韓德孟都堅持要獨享單獨接見的權利。

蔣總裁因此感到困擾，囑咐我要在不開罪這兩個影響都很大的美國新聞單位的原則下，解除這個糾紛。我建議惟一辦法是對他們說老實話，同時答應他們分別都給單獨接見的機會。我相信，因為這接見的性質重要，雖然他們失掉了單獨佔有這新聞的特權，仍不會因堅持而喪失接見的機會，必然會同意這樣安排的。最後經過一再勸慰，到底照我的建議安排妥貼，兩人都得到單獨接見的談話。

蔣總裁的這次談話，詳述共匪佔奪了大陸後的實際情形。我願把韓德孟的報導摘錄之如下。

韓德孟最先描寫蔣總裁在臺灣生活的簡單接近平民化。他說蔣總裁由他長子經國先生隨侍著住在離臺北十哩的草山（現改名陽明山）。韓德孟發現，蔣總裁身邊沒有衛兵，足見他怎樣信任臺灣老百姓願跟他們生活在一起。韓德孟說，接見他的談話結束之後，蔣總裁陪著他走上山，不獨不帶衛兵，後面還跟著一大群攝影記者。

蔣總裁深信遠東反共戰爭並沒有失敗，韓德孟強調說。蔣總裁舉中國的抗日戰爭為例，日軍侵華一年之後的一九三八年，日方佔領的中國土地比今日共匪佔領的還要多。中國人民在共匪威脅控制之下都充滿著憤恨與怨毒。不論共匪用怎樣的高壓手腕，大陸民變還在不斷發生著。

韓德孟繼續報導蔣總裁強調俄共策動共匪叛亂實違背了他們跟中國在雅爾達所訂的條約承諾。在這條約中，蘇俄尊重我在東北的主權，絕無與叛徒私相授受之權。有人以為中共不同一般共產黨，可能也會變成狄托，蔣斥為無稽。他以為中共是徹頭徹尾的標準共產黨。

太平洋聯軍總司令麥克阿瑟將軍（General Douglas Mac Arthur）最近曾發表宣言稱蔣委員長決不會放棄剿共工作。韓德孟携此電文請蔣總裁表示意見，據稱我領袖深表知音之感。

國際新聞社之此訊連同史格里不斯——豪荷德之報導，皆經美國各報普遍刊載。且其發表時間，適為美國國務院發表白皮書的前夕，如此適當的配合安排，發生甚大宣傳效果。所不幸者，兩記者皆得獨得新聞之允諾而我方未能實踐為憾事。

當然，在這時期，我們所受最嚴重的打擊是一九四九年美國國務院發表的白皮書。

那時候艾契遜（Dean H. Acheson）為首的美國國務院為了若干始終沒有發表的理由，突然決定袖手推掉有關自由中國的一切責任。據我個人推測，他這種舉措最合邏輯的解釋是，艾契遜為了想學英國的樣，承認北平匪偽政權為中國事實上的政府，先作這促使輿論接受其轉變的心理準備。因此，他先要製造史實把中國失敗的責任推到中華民國政府的肩頭上，把美國應負的責任推卸得一乾二淨。他動員了大批國務院人員，在前太平洋關係協會幹部賈塞伯（Philip S. Jessup）領導下，儘六個星期把舊檔案編纂成這一本報告，誣證我政府之腐敗無能。一九四九年七月三十日這本一千零五十四頁的所謂「白皮書」刊印發售。

這本白皮書問世之後「美國對華政策協會」會長柯貝克發表了一篇文章，把這本白皮書章章節節一一詳加核對，暴露很多有利中華民國的文件，賈塞伯都故意排除不用，顯見此書意存誣蔑，別有作用。此書發刊的結果，使世間主持正義者紛起嚴重譴責美國國務院的中國政策，逐漸影響上層，以致此書發刊一年之後艾契遜政策作了一百八十度的大轉變，促使美軍支持韓國與中共作戰。賈塞伯不勝輿論之抨擊永遠無法參加美國政府工作。

我也有一次機會參加了白皮書引發的外交活動。八月十九日蔣總裁接受王世杰博士的建議派我到香港去密訪美國第七艦隊司令白吉爾海軍上將（Admiral Badger），希望他能運用他的影響力請求華府作共匪攻臺願予臺灣以軍事與經濟支援的保證。

我這次旅行高度保密。偽裝上飛機，下午四時半在香港著陸時，即由美軍副官穿平民裝在機場車候，逕驅車白吉爾的旗艦。第二天回臺北時亦如法泡製，由旗艦逕上飛機。白吉爾要我報告蔣總裁，華盛頓為了某種理由不准他到臺北去。他也以為，假定他跟蔣總裁見了面，美國國會以及政府有關機構將以為他有了先入為主的偏見，他給中國說話就要打折扣了。我贊成他的這套邏輯。

白吉爾上將說，他將儘量找機會到國會裡去為中國發言，特別對總統杜魯門、國防部長與聯合參謀總長強森，將一再強調立即予中華民國以適量援助的必要。他同意白皮書是美國不應該發表的文件，因為錯誤雙方都有，在當前這樣的嚴重關頭雙方都應該避免作這種無聊的責難。

白吉爾上將以現場目睹者的身分檢討國軍大陸失利的原因，值得我們深省。他覺得美國那時候給中國的軍用物資的確相當充份，但他親眼看到，所犯的錯誤是，送來的物資令人無法使用。大部分美援物資都不適合對付共產黨游擊戰之用。當然，中國方面對此錯誤也應負責。他們既不應該送來什麼，不加選擇就接收什麼，更不應該事前沒有配合作戰計劃所擬定的請援物資清單。

白吉爾檢討當時軍用物資送到中國時的浪費情形實足驚人。大概美國剩餘物資送到中國實際派了用途的只佔總數十分之一。這責任又是雙方都要負的。中國方面沒有很多專家來接收這大批雜亂無章的物資。例如，在堆棧裡發現了一大堆一大堆的棍子，中國接收者根本不知道這是汽車上的還是飛機上的零件。可是基本疏忽，還在美國方面。因為這些物資送出時應該開具分類清單交給對方，才使接收者可以按圖索驥，不致茫無頭緒。美國方面一味責怪中國接收物資怎樣貪污是不明真相，不公道的。美國物資未能物盡其用，上述情形才是真相，白吉爾上將準備詳告華盛頓。

我當時就把蔣總裁要我向他表示的我們的立場向他陳述。我們堅持共匪是叛徒，只有中華民國是在開羅會議中得美英承認的合法政府。蔣總裁希望美國能發表聲明，表示若共匪侵臺美國將支援自由中國。這聲明將予反共中國人以強有力的精神鼓勵。中華民國願得美國軍事經濟援助的合作把臺灣建設成亞洲的模範地區。

白吉爾上將建議中華民國可考慮下述的戰略：從臺灣據點，以進攻江浙為目標；從海南島為據點，以進攻粵閩為目標：然後配合大陸上三個游擊區，一在湘桂，一在西北，一在山東。

凡各區司令應令在六個月內擬送作戰計劃，以便配合運用。據稱，各處游擊隊首領紛紛向彼要求補助，彼正囑部下考慮中。

白吉爾上將又談到白皮書說，國務院實予蔣總裁以最不公平的誣衊，他說：「蔣委員長經常跟我在討論計劃時有不愉快的爭論。我甚至有時候爭論得面紅耳赤，可是他在我印象中永遠是一位非常誠摯，非常忠實的長者。他決心要做一件事，一定要徹始徹終做成它，不是遇到極大的困難，絕不肯輕易放棄，半途而廢。這一點，我要請美國政府注意。我認識蔣委員長和他的思想，自信十分透徹。他真是一位太好的長者。即使部下有對他不忠實的，他仍照舊以最忠實的態度對待他。有許多錯誤，無論如何應該由他部下負責的，蔣委員長經常自己擔負了起來。這是外國人絕對不會了解的處世態度。」

這一次跟白吉爾上將的談話，使我了解當一九四九年中國最危險的當口政府面對的許多內外交迫的逆流，實在是一種黯淡的經驗。

一九四九年夏季以後的兩年中，我雖沒有在政府中擔任工作，可是經常奉蔣總統之命往來歐美以及日本間完成種種使命。蔣總統在臺灣，亟需瞭解世界各國的發展與對中國的態度。我儘量滿足他這種需要。逐漸地蔣總統看到中國的反共變成了世界反共的一環，因此，他斷定中國反共力量的增減與自由世界反抗共黨侵略的積極與否有密切關聯。可是自由世界的同盟國有時候態度相當曖昧，是我們值得警惕的現象。

第十八章
展開瞭解世局的多面接觸

一九四九年結束時的自由世界，面對中國的空前變局都有手足無措的樣子。從他們的眼光看來，中國大陸已給共匪纂奪了去，中華民國政府遷臺，安危難卜。李宗仁以代總統的身分，先在中國大陸利用投匪叛徒思與共匪勾搭而未逞，後復逃美在紐約，陰謀爭取杜魯門政府的支持返國叛變。因此李在美國發動了一股反政府的新潮。此時反我政府者另有尚在醞釀中的伏流。例如英國正在作承認匪偽組織的準備，而美國在國務卿艾契遜領導之下，遠東政策尚在搖擺未定之天。許多跡象顯示艾契遜跟太平洋關係協會的一班人還在影響美國政府步武英國放棄中華民國。

我就在這個陰森森的國際氣氛中奉命去考察美國一般民意對我的反響。我在大陸陷匪後迄韓戰爆發這幾個月中，選樣訪問大批美國有代表性的人士。有許多話是切囑保密的，迄今尚未得發言人可以公開告人的准許。但我可以概述所作接觸的一般傾向。因此我想把一九四九年迄一九五〇年間美國有代表性人物的意見作一次綜合性的研討來看在這沉悶階段中他們怎樣影響美國的政策。

我跟一位不願發表姓名的重要美國官員談起馬歇爾遵行的那種反常路線以及一九四八年與一九四九年間他的堅決行動可以挽救中國危局時所取不合作的態度。他以為馬歇爾在一九四九年支持了中國政府應跟中國共產黨組織「聯合政府」主張之後，雖然事態發展，他明明知道這主張是錯誤的，為了保全面子起見，他仍不肯自己認錯，糾正自己的立場。

我的訪問對象說：「馬歇爾的確是一位愛國的政治家，但他或者會想，倘然他現在改變他「取銷援華』政策，人家就會問他，既然錯了，為什麼這樣遲再改。為什麼不在東北尚在中華民國手裡時，美國改變政策中國就可得救時改？」

這位被訪問者又告訴我說，他有一位朋友某一次見到杜魯門總統，告訴杜魯門，美國沒有理由停止援華。杜魯門答覆說，他敬佩馬歇爾，不願提出跟馬歇爾不能配合的政策。

這位發言人繼續說：「我自己曾親自找馬歇爾，請他重新考慮美國對華政策。他表示不能變。他說，蔣委員長不肯跟共產黨合作，我們就沒有援助他的理由。我請他注意，事態發展證明瞭蔣委員長的判斷是正確的，中國共產黨並無參加聯合政府的誠意。馬歇爾聽了顯著表示了惱怒。他問我，為什麼蔣委員長明知中國東北不能守還不肯撤兵。我告訴他，當時中國軍隊倘然公開撤離東北對中國的士氣民心打擊的確太大，並且東北失守之後，要守山海關內華北地區也生困難。馬歇爾聽了漠然一無反映。」

我從上述類似的訪問中看到了那時候杜魯門政府的內容真相：美國總統是在一個偉大軍人的聲譽遮蔽下失去了權威，而這軍人面對其在中國使節任內所犯的嚴重錯誤雖經事實證明仍堅決不肯予以糾正。

我有一次跟一位與華府決策者有密切聯繫的中國在美要人談，問他是否可以由他找艾契遜詳詳細細把中國處境和立場說給他聽。他答覆說，他曾找過我也認得的一位美國朋友請艾契遜約見他，艾契遜竟答覆那位美國朋友說：「他早出賣給蔣委員長了，跟他談得不到什麼好處，為什麼我要約見他。」這足見那時候華府的門關得怎樣緊。

我又請這位中國要人去訪問流亡在紐約的中國代總統李宗仁。他在一月四日見到了李。他發現李急著要跟華府接上關係，目的在爭取美援。我的朋友警告李，甘介侯等人給他出的主意是有百害而無一利的。李就拿出一封白崇禧給他的信給我朋友看，信裡也警告他甘介侯等的陰謀是危險的。可是李還堅持他的決策，要透過甘介侯等說服華府他是比臺灣現政府更傾向自由主義的一個人。李的活動，雖然也是我們辦宣傳面對的一股逆流，但其影響實在微不足道。

從另一位有地位的美國人方面我又瞭解了杜魯門總統對援華政策的真態度。他告訴我：「總統自己是支持援華的，但倘然政府內部國防部與聯合參謀長站在一面，國務院站在另一面發生爭執相持不下時，總統就會不作可否讓國會去作最後決定。國防部總是支持援華的，國務院老是反對援華的。因此，援華問題變成了一個美國的嚴重政治問題，需要一個有堅強不屈毅力的政治家作舵手。」

這位美國人又告訴我，國務院一有機會經常在暗示著援助臺灣是使美國掉在一個深不見底的泥淖裡，越陷越深，美國無力填這個無底洞。同時，國務院發言人又經常公開說，美國再要干預遠東政治就要把美國捲進世界大戰的漩渦。

這位美國有地位的人，在另一次晤面時又告訴我說：「國防部長兼聯合參謀長的強森今在訪問日本與韓國。他一貫主張美國派一個軍事代表團到中國並予中國以有限度的軍援。但國務院堅決反對這個計劃。國務院反對的理由是大陸革命遲早就會發生，因此，實無美援的必要。同時，國務院又說，軍援臺灣將刺激蘇俄派遣潛水艇以及給予其他軍援支持中共，甚至可能刺激英國以間接方式增加對中共的援助。

最後這位美國朋友建議說：「倘然你們可以向世界確證臺灣人民既是中國人必然支持你們的政府，更確證你們的三軍殺敵永遠像金門之戰那樣的英勇，我相信美國的對華態度一定會好轉的。因此，軍援並沒有絕望。國會也許可以有所貢獻。就目前計，你們可以花自己的錢邀請美國軍事顧問。我們政府不會反對你們這樣做。你們也可以邀請美國經濟顧問。你們可以請懷德公司（J. G. White Company）協助你們，這公司在運用援助方面很有辦法。」

當這重要關頭在美國國會中支持中華民國的有參議員諾蘭（Senator William Knowland），眾議員周以德（Congressman Walter Judd），眾議負麥高茂克（Congressman John W. Mc Cormack），參議員魯克斯（Senator Scott W. Lucas），副總統巴克萊（Vice-President Barkley）等。眾議員麥高茂克曾經要求杜魯門總統明確規定美國的對華政策。杜魯門說，他正派人到遠東去調查，等他回來後就會明朗化的。他所指的人當然就是麥克阿瑟將軍。可是，無論怎樣勸告，杜魯門始終堅持不肯撥付一九四九年規定援華的美金七千五百萬元。

我在華府知道那時候支持中國的朋友們正竭盡全力爭取這筆美援來挽救中國勿陷於共黨之手。可是，有一位美國議員告訴我：「怎樣也沒法子讓杜魯門改變他的對華政策。杜魯門以總統的身分，有權可以承認中共政權，當然這筆雖經規定援助中華民國的經費，他也有權不發的了。國會實無權強迫他立即撥付。」

一九四九年十二月三十日另外一位有地位的美國人告訴我，杜魯門親自告訴他美國不再援華了。那時候，《時代雜誌》還說美國決大量援華，絕對不確的。杜魯門是聽了一般誣蔑中國政府的報告，說中國怎樣浪費美援物資，已經沒有作戰能力，要守臺灣，非派十師美國部隊去不可，這無異發動世界大戰了。」

那位美國朋友勸告說，中華民國的存亡對美國的安危也有密切關係，還是應該援助的。杜魯門竟說：「你不必告訴我，我什麼都知道。我應做的都做了。」我的朋友建議，中國最少也應該得到跟希臘數量相等的美援。杜魯門說，美國早給了。

我這位美國朋友也作結論說：「杜魯門的思想顯見受了艾契遜的影響，我們都知道艾契遜舌辯的技巧是很高的。」

這位朋友的報告，我聽了不獨不感驚奇，並且不再感到新鮮，因為我聽到的比這套話還壞的有的是。

總之，當蔣總裁在一九四九年回到臺灣來的那段時間內，華盛頓是充滿著對中華民國不利的空氣的。

一九四四年迄一九四九年間中國遭遇到的最大的不幸是華府官方堅決主張組織聯合政府是中國惟一的出路，就是這組織聯合政府的觀念使中美兩國政府的關係越攪越糟。很多美國人就拿蔣總裁能否容納共匪參加聯合政府來做衡量他願否跟美國誠意合作的標尺。這是異常不公正的看法。因為蔣總裁瞭解聯合政府是共匪奪權陰謀的掩護早已洞若觀火，現在只因為馬歇爾和附和他的一群美國人不聽勸告死硬堅持，不得不虛與委蛇，期待他們的醒悟轉變。現在自由世界有眼光的政治家看著捷克等國的政治演變，沒有人再會相信跟共產黨組織聯合政府不被吞噬的了。可是在四十年代的初期，很多美國人閉上眼睛捧著聯合政府當做可以解決一切的「聖牛」。我們的蔣總裁就因他有先知先覺之明反對這個他們認為神附的東西，就在「自由主義」的宣傳世界中背上了十字架。

這時候另外一位堅強反對跟共產黨組織聯合政府的領袖，就是大韓民國大統領李承晚。

李承晚之不受美國國務院的歡迎正像我們的蔣總裁。當大戰結束，李承晚就任韓國總統之後，美國國務院就透過馬歇爾將軍要求他跟韓共組織聯合政府。當時就由駐韓聯軍司令霍奇茲將軍（General Hodges）轉送這個要求的。據傳，李承晚聽到這個要求想了半天，答覆霍奇茲將軍道：「你要我的答覆，我立刻可以給。跟共產黨組織聯合政府像疫癘流行時找出天花的人同居。」說完這句話，他挺胸走出了會客室。霍奇茲將軍祇是位轉言人。他後來跟人說，當時看到李大統領這種態度，心中暗暗稱快。

美國國務院對中韓兩國領袖當時都取一種不講理的憤怒態度的同一主要原因是知道自己錯了，兩位領袖所說跟共產黨打交道不可能有公平合理的結果是對的。美國國務院不願在研判的對比下站在下風，故經常鑽頭覓縫找對方的錯，挑對方的眼。

一九五〇年一月十二日我在東京跟中國駐日軍事代表團團長朱世民將軍同訪麥克阿瑟將軍。我們談了一個多小時。麥克阿瑟主張國軍在臺灣應抱後無退路破釜沉舟的決心打保衛戰。在告別時，他並作最後忠告說：「不要希望任何美國的軍援。也許你們可以得到一些經援，數量必很少，象徵性的。的確有些共和黨人在為中國奮鬥，可是我不敢說他們能得多少收穫。你可以回去把這情形報告你們領袖，可是要說，我保證我永遠是他的朋友。」

麥克阿瑟將軍在這時再度強調美國軍援的不可能或者反映白皮書發表後，十月十一日間盛傳的一節故事。據傳，華府方面因刺激中國過甚之後應稍予撫慰起見，正在考慮在每軍種中挑幾個退伍軍人組成一個二三十人的軍事代表團，另組二十多人的經濟代表團，帶著足夠裝備六師的軍用物資，六十艘快艇以及一套雷達設備到中國來支援我政府。只須中國政府向杜魯門直接請求就可生效。這鼓勵是由前駐華大使司徒雷登與美國太平洋艦隊司令白吉爾海軍上將雙方同時來的。據傳，中國方面提出了這個請求，並且在十二月二十九日杜魯門主持的國家安全委員會中列案討論。聯合參謀長主席支持此案，艾契遜全力反對。結果沒有作表決。

我在美國逗留了半個月，各方接觸的結果，斷定在短時期內決無任何軍援經援來自美國的可能。

回臺之後，到了四月二十二日蔣總統又派我作歐洲之行，途經香港、新、馬，稍有接觸後抵法國巴黎。五月六日晤聯合國託管委員會主席，法人伽盛（Roger Gazzean）。他曾任職於法國駐北平公使館，一九四二年迄一九四三年為流亡法國政府派駐莫斯科的大使，最後調任法國駐波蘭大使三年。他對世局的綜合研判如下：「世界局勢惡劣且在更惡化。美國不敢面對現實。蘇俄在冷戰中節節勝利。西方民主國前途黯淡……法國外交部長徐滿（Schuman）非常同意我的看法，主張美國應積極援助中華民國以確保臺灣，囑我以他的名義向美國國務院建議。我遵囑告賈塞伯，代寫了書面報告給艾契遜。結果，石沉大海。」

我又接觸了很多我可以信任的法國人，知道多數法國的知識份子都主張一旦第三次世界大戰爆發，法國應嚴守中立。他們非常怕蘇俄。他們不敢公開指責蘇俄，只怕一旦戰爭爆發，他們變了敵人注意的目標。因此，在他們的談話中，指責的目標反是美國不是蘇俄。當我留法期間，法國跟倫敦《泰晤士報》一樣權威的日報晨報，發表了一篇法國前任高級官員的文章，主張法國沒有理由參加第三次世界大戰，假定不幸參加將把全國毀成瓦礫堆。這種心理實在不限於法國，即歐洲其他反共國家也傳染到這種失敗主義的毒菌。

在倫敦，我見到重慶時代為英軍與我們負責聯系的軍官特懷德將軍（General de Wiart），和前為我宣傳部駐倫敦辦事處職員今在英國廣播公司工作的許謨（Peter Hume）。據許謨說：「英國現在是給美國放在口袋裡玩。它向美國弄到了這麼些經援，不得不變成美國的衛星了。」許謨說，英國人是非常現實的，知道他們的國際聲譽甚至他們的生存都要靠美國的經濟援助。

我更從幾位英國新聞界的領導人物中間知道，英、美、法三國的部長級會議決定不必就讓共匪進聯合國，留待九月間再議。英國的承認匪偽政權是得到艾契遜的點頭的，可是艾契遜受到國內輿論的監視，還不敢公然跟進。最初英國曾影響美國勿再援助臺灣，可是後來共匪提出苛刻條件，要求英國協助匪偽政權溜進聯合國以正式派大使級代表到倫敦為交換條件，英國不勝壓迫，助匪的熱情也就減少，不再堅持美國停止援臺了。法國對我表示同情，並主張美國應積極援臺。我在五月十七日由我駐法代表段茂瀾陪同晉見法國外長畢杜爾（Bidault），他就拿法國的這樣友善態度告訴我。

五月二十五日我重返華盛頓，見到了那時候做國務院顧問的杜勒斯（John Foster Dulles）。他對美援不保持任何希望。在我們的密談中，他給我的印象是，美國政府已下定決心認為此時援華已經太晚了。很多專家以為，臺灣最多只能保持三四個月。他十分同情中華民國，但恨沒有辦法轉變這個劣勢。

我第二次訪美又曾接觸到參議員諾倫、參議院秘書皮弗爾（Leslie Biffle）、司徒雷登、蒲立德（William C. Bullitt）、國務院助理國務卿魯斯克（Dean Rusk），以及米蘇里大學我的新聞學教授今為杜魯門總統新聞秘書的魯司先生（Charles Ross）。此中有兩人的談話，值得特別紀錄下來的。

第一人就是魯司先生。跟他一席談，是我來美後第一次聽到好消息。我把臺灣現狀以及臺灣反共決心向他報告之後，他說：「我已看到很多對臺灣的報告，對援臺問題現在正在重加考慮了。」魯司先生向來不肯多說話，但說的話必有根據。他囑我，再找他，聽發展消息。第二天再去訪他，他確證對華軍援正在考慮中，並允盡力促成之。他要求我經常到華府來，把杜魯門聽不到看不到的資料送給他。我告別時，寫了一封直接送給杜魯門的信，把中國現狀作詳細說明請他轉交。他答應一定會受到總統的親自注意。

第二人我要說的是司徒雷登。他二月病倒，我第二次訪美時，病更重了。這位美國駐華前大使年齡已高，回華府時就中風入醫院。他入院不久，馬歇爾將軍就去訪問他。馬歇爾以為司徒雷登病情並不嚴重，因此，就在病榻前追敘過去兩人在中國同事的經過。馬歇爾最後感歎地說道：「我跟你對中國問題的看法大都一致的。奇怪的是我們的看法結果證明都錯了。我經常在考慮這個問題。」據說，司徒雷登聽了這句話，臉色變得緋紅，慢慢又轉成蒼白。不久病人熱度高起來陷入昏迷狀態中。我去探病時，把這傳言求其助手傅涇波的證實，傅氏態度忸怩，可說證實了一半。他承認，司徒雷登接見馬歇爾，因這位老友不經意間提及往事受了刺激致病勢加重，醫囑此後不能再犯同樣的錯誤云。

六月一日我約晤了那時為哥倫比亞大學校長的艾森豪將軍（General Dwight D. Eisenhower）。談了三刻鐘。這次約見是由我在哥倫比亞大學新聞學院的同學那時候做新聞學院院長的艾克門代為介紹安排的。艾森豪還記得我們在開羅會議時見過面，並且還記得我寄給他我寫的一本書，當面謝過。他向我提出一連串的問句，表現了一位一等軍事家受過訓練掌握機要敏銳的頭腦。例如：「你們能守臺灣多久？」「守臺灣你們可能運用的軍事力量有多少？」「臺灣的糧食現狀怎樣？」「守臺灣，經濟方面能維持多久？」「軍備供應如何？」「外傳中國政府無能貪污究竟真相如何？蔣委員長對此取怎樣態度？」「你們對這日見惡化的現狀，準備作何行動來挽救它？」

艾森豪表示對中國問題十分關切並十分熟悉，我當然儘量作坦白檢討答覆他。同時，他是我母校的校長，我更應該坦誠相見。最後他說：「你所供給的資料和提出的理由都真實而合邏輯。不知你們的大使曾否把這套話講給我們高級官員聽？」我答當然講過。他謝我的坦誠，並且說，他不久要到華府去，一定會把我這套話轉告政府高級官員。

六月五日杜勒斯來電話說，在我離美返臺之前他要再見我一次。我當即應邀前往。他一見面就說，他不希望我以為他在美國對華軍援問題上沒有盡他全力爭取過而帶著這個惡印象回到臺灣去。他實際還在盡力爭取著。不久他要訪韓國，定六月十九日到日本。我就請他轉道訪華，蔣總統非常歡迎他去。他沒有作肯定的答覆。

在這次訪問中，杜勒斯向我表示，這次軍援，假定決定下來，其數量一定足以保證臺灣有足夠自衛力量。我也向他保證，假定有大量軍援來，我們不獨可以保衛臺灣，也希望可以作反攻大陸的準備。同時，我就把此次歐遊所得法國以及其他國家瀰漫著失敗主義的現狀告訴這位美國的未來國務卿，並且強調我的研判說，中國反攻一旦登陸對這些動搖國家將生怎樣震聾發聵的影響。杜勒斯聽了我的陳述相當動容，再度向我保證他正注意中國問題，將盡力助我。

在我返臺之前，我逐漸發現華盛頓那一群手足無措者的態度已經有了好轉。一九四九年最後幾個月的那一套垂頭喪氣的姿態，到了一九五〇年的仲夏已轉變而成不讓共產侵略者繼續猖狂決心形成的氣氛了。我可以回國報告，中美關係最惡劣的階段已成過去。

但我在六月中飛渡太平洋返國途中心情還是沉重的。因為我過東京再度訪問麥克阿瑟將軍問他對臺灣處境的看法。他說，臺灣處境跟兩個月前大不相同，現在危險多了。他最近得到的消息確證目前急欲奪取臺灣的不是中共而是俄共。蘇俄將以臺灣為潛水艇的基地，藉以控制東太平洋。為了要爭取臺灣，蘇俄正派員參加中國大陸上中共的空軍部隊。美國國防部長強森及參謀長聯會主席布萊德雷將軍（General Omar Bradly）今正巡視遠東，麥克阿瑟將軍以為這兩位美國高級軍事長官的此行，足以表示華府之重視亞洲與日俱增。

六月十九日我在東京得約晤強森部長與布萊德雷將軍。強森發言謹慎，致令談話進行異常困難。我發問，他除唯唯否否外不加一辭。答後默默相對。我掙扎破沉寂，說，中國反共，作背水戰，需美協助。強森沉思半晌才反映說：「形勢的確嚴重。」沉寂繼續。我又說，但很多證據證明蘇俄將以全力為共產黨奪取臺灣。強森遲疑了半天才說：「我不準備發表任何聲明。」我立刻解釋我並不代表任何報紙或通訊社要求他發表聲明。我是代表中華民國領袖徵求他的意見，他說的話，我只向蔣委員長一人報告。他這才聚精會神聽我的話。我把中國從領袖起到全體人民都抱著不管有沒有外來援助堅守臺灣始終不渝的決心。我說了半天，說完了還是恢復沉寂。

我知道強森處境的困難，原諒他的沉默。一九四九年十二月的大批援華案是強森發動的。強森後來知道國務卿艾契遜公開反對此案背後得了杜魯門總統的支持，他就故意不出席國家安全會議，以求避免跟杜魯門當面衝突。我訪問他的時候，他正準備退休，一切讓艾契遜去作主了。

我這次訪問後兩天，六月二十一日，北韓奉史達林命進攻南韓，使華府當政者都出乎意料之外的震驚。總統杜魯門七月四日宣言，他已無暇洽商中國政府，即下令第七艦隊出動保衛臺灣，顯示共匪侵臺有箭在弦上的迫切形勢。實際蘇俄這次嗾使北韓南攻，對美國政府心理的判斷犯了一次嚴重錯誤。因為艾契遜一再聲明，美國此後決不以武力參加遠東國家的任何內戰，蘇俄就給解除了對美的一切戒備。最近在六月二十四日，艾契遜還在記者招待會席上聲言，根據上述原則，美國對臺灣政策仍舊像杜魯門在一九五〇年一月二日發表的一樣，沒有改變。因此，史達林才相信美國的決策不會變，他把亞洲化成一個紅色的大洲機會已經成熟了。

我回國，九月二十七日又奉命經香港轉日再訪美國，作瞭解世局的再度接觸。在東京以較愉快的心情再訪麥克阿瑟將軍。在美國晤紐約《泰晤士報》發行人沙茲柏格夫婦與司徒雷登。訪司徒雷登時，晤其助手傅涇波，獲悉馬歇爾將軍最近到底轉變了他對中國共產黨的看法，韓戰使他最後相信把毛澤東轉變成亞洲的狄托是不可能的幻想。我想，他雖變得遲了，總比不變好！

另外一位美國將領轉變態度的是一九四一年第一個到重慶的美國軍事代表團團長麥格魯德將軍，他現在是五角大廈的顧問。他一貫堅決主張中國共產黨總有一天會反對俄國的。他曾說：「我不相信，我知道得非常熟悉的中國人會長期忍受俄國人的控制的。」他這觀念在重要關頭影響過五角大廈的決策。我在十二月一日晤見了麥格魯德將軍，告訴他，我在東京遇見日本眾議院議長幣原時，幣原告訴我的一節話。幣原說，二十年代時，蔣總統在北伐成功後排除俄共的滲透，蘇俄駐日大使曾對他悻悻然說道，蘇俄總不會忘記這一次所受的打擊。麥格魯德將軍同意，俄共發動韓戰，目標遠在韓國之外。

十一月二日我跟前國務院遠東司司長項貝格博士（Dr. Stanley K. Hornbeck）同進午餐。我們檢討世局，項貝格研判中國前途不像一般人那樣悲觀。他說：「我們應該瞭解，美國的外交政策經常是矛盾而動搖的。杜魯門六月二十七日的聲明遣第七艦隊保護臺灣是一個一百八十度的大轉變，現在我們的韓國政策又作了一個一百八十度的大轉變。艾契遜在過去曾聲言韓國一旦發生內戰，美國決不作任何行動，這是有紀錄可稽的，現在杜魯門突然下令動員陸、海、空軍作保衛韓國的軍事行動，把這政策徹底改變了。因此中國和韓國的未來，誰也不能作任何預測。」

十一月四日我蒙我的老師杜魯門總統的新聞秘書魯司先生約，共進午餐。他這一次見面，逸興遄飛，放言無礙的神情，我在做學生的時期也沒有遭遇到過。我追問他：「有沒有方法改善杜魯門總統和我們蔣總統的關係？現在我們已經站在一條戰線上了，可是杜魯門總統對援華問題還是鼓不起興趣來。是不是，他受了那些親共顧問們的影響呢？」

魯斯先生告訴我，杜魯門對蔣總統的態度已經好轉得多了，但是他還不信蔣總統左右的人。我又問他，是否可以安排一次高階層會議呢。他認為時機還沒有成熟，因為美國政府還不願刺激中國共產黨。他答應，隨時注意這問題，有機會通知我。

我在十一月七日晤見美國前駐華大使強生（Nelson T. Johnson）他也跟麥格魯德將軍一樣看法，斷定中共與俄共的關係一定會惡化的。他以為：「不管政權是否真出在槍桿子上，共產主義不能配合中國文化中國思想，共產政權不會在中國有立足之地的。我們等著瞧，不會錯。老實說，耍槍桿的到底還是中國老百姓，變成共產黨的也是中國人，因此，總有一天他們會覺醒過來的。我經常把中國詩人李太白水中撈月溺死在水裡的故事講給美國朋友聽。現在中國共產黨指著水裡月亮影子騙中國老百姓。可是，這只是影子不是真東西，或許有很多中國老百姓也像李太白一樣為了撈這撈不到的東西送了命，可是最後必有大家醒覺過來連呼上當的一天。」

十一月十日我見到了馬歇爾。他在中國大陸時，我曾有機會跟他在上海坐同一汽車到飛機場，並在車上暢談中國共產黨問題。這一次見面他就問我，中國部隊能打嗎。我知道他有我們大陸失敗的成見在作祟，故想不作直接答覆。我說，我願把我答覆許多向我提同樣問句的人的話答覆他。我是借耶教聖經羅馬第五章裡一段文字作答，自認比用自己的話更有效。那節文字說：「患難生忍耐；忍耐生老練；老練生盼望；盼望不致於羞恥。」馬歇爾讚許我熟讀耶教聖經，並且表示滿意。我們不著邊際，不接觸實際問題海闊天空談了半天話。

十一月十五日我會見了助理國務卿魯斯克（Dean Rusk）。他告訴我，韓戰現狀日見嚴重，中共軍隊十萬人已以志願軍名義參加了韓戰。志願軍不應該有坦克、大砲，但他們什麼都有。於是，他率直問我道：「我想你們中國人都在盼望第三次大戰爆發，你們可以在戰爭中得救。你以為我的想法對嗎？」我也率直答覆道：「你想得錯了。假定第三次世界大戰爆發，中國人所受的損害將超過任何別國人。你不是一再公開表示，一旦世界大戰爆發，歐洲將得美國的優先考慮嗎？美國雖強，還沒有同時兼顧歐亞兩洲的力量。或者最初一個階段，你們的海軍還會留在亞洲的海面上，可是蘇俄是準備在亞洲發動大規模潛水艇戰爭的，現在在太平洋上他們最少已經有了一百個潛水艇基地，到那時候你們的海軍就無法再留在亞洲了。第三次大戰的爆發，損害最大的豈不還是中國人嗎？」

魯斯克說：「但我讀過你們的高級官員如臺灣省主席吳國楨的宣言，都在一再預測第三次世界大戰的爆發，你們就準備反攻大陸掃蕩中共。」我答覆道：「這些宣言的目的在鼓勵大陸上的民心士氣。因為大陸同胞籲請政府早日反攻去拯救他們。他們的心情異常迫切，政府當然要隨時撫慰他們，不會疏忽任何拯救他們的機會。但，並不期待第三次世界大戰的爆發。」

我又見到了眾議員周以德、海軍上將巴吉爾、豪荷德以及很多美國新聞界的老朋友。新朋友中遇見了泰國駐華大使辛君（Mr.Singh），發言異常爽直。他坦白指責美國、英國以及聯合國都在討好中國共產黨。他警告說，報紙報導雖然說美國總統杜魯門、英國首相艾德禮不想討好中共，恐怕最後他們還會犧牲整個亞洲的。

我回國經日本曾晤麥克阿瑟將軍的副參謀長威洛貝將軍（General Charles A. Willoughby）。他建議，我們為了引發世界的注意應即反攻大陸。他曾把這意見提請華府注意，尚未得任何反映。

我下一次出國是一九五一年六月一日至十二日到美國密契根州的麥金納島上去參加道德重整會。他們的邀請是送給何應欽將軍，他因事不能去，我被推組團去參加。但中國代表團只有我跟杭立武兩個人，是最小的一個；同時日本代表團超過六十人，是最大的一個；兩相對比，已使我心情沉重，而開會所得待遇的差別更增加我的痛苦。

道德重整會的發起人有兩位：一位是羅芝主教（Bishop L. R. Roots），已經過世了；另一位是布克孟博士（Dr. Frank Buchman），是多年的傳教士，中國的好朋友。我一九三七年迄一九三八年間在漢口時，不光認識他，還認識他的子女。我們代表團太小，吃了種種虧，我想做些事引人注意，因建議在本島上本會發起人羅芝主教墓前由中國代表團行獻花禮。得布克孟的同意，排定日程約全體到會各國代表團一千二百人參加這個盛典。

在排定的那天，我僱妥馬車（島上除一輛救火車外無汽車）迎送，參加者異常踴躍。我規定的獻花節目，很隆重，但也只能延長至半小時；不料緬甸代表團中有一僧人，堅持紀念這位基督教主教他要繼續舉行佛教儀式。布克孟不能拒，允之，於是這位佛教僧人單獨進行他的儀式佔時一小時有餘。這小小轉移注意的插曲，並沒有破壞我為中國小型代表團爭取大家注意的宣傳效果。但在會議進行中，英國代表某故意迴避我們中國代表，不理睬我們，顯有蔑視之意，可是戰後在會議中見面時，他又趨奉我們惟恐不及，其前後態度的轉變，令人齒冷。總之，這一次道德重整會把中國放在國際量尺上的估價作顯著的低估，我回國直言我對這運動的不滿。

第十九章

參加廣播與報業工作

我參加道德重振會議回臺不久，行政院陳院長誠約我去談話。那時候，陳院長不勝公務重壓，正在草山休養。

寒暄畢，陳院長對我受命出國作瞭解國際現勢報告備加讚許後稱，中日之間不久將簽訂和約，因很懇切地說道：「希望你能接受我的建議做我政府派到日本去的軍事代表團團長。當然，和約簽訂之後，你自然就成了戰後的中國第一任駐日本大使了。」

我聽了陳院長這個建議真出意外，做夢也沒有想到出國去做大使。二年前，我已受命為中國廣播公司的總經理並兼《中央日報》的董事長。這兩個職位都在我熟習的職業範圍內，實無心另找新職。至最近奉蔣總統命出國訪問，也只持記者訪問的姿態，不當是踏上了外交路線。

找我做大使，這已不是第一次，可是過去都給我婉言推掉了。一九四五年秋，抗戰快結束時，我就被邀考慮出任中國駐加拿大大使，給我拒絕了。隔了不久，在倫敦各國外長會議結束之後，外長王世杰又洽商我去當駐土耳其大使，也給我婉卻了。現在又輪到我要再想理由婉卻陳院長的好意。

當時我的答覆是容我作數日考慮。當然，在國家處在這樣危急關頭，出國當大使，不是光榮而是挑起一副沉重的擔子。但，臺灣在那時候又像在驚濤駭浪裡奮鬥的孤舟，看著許多老朋友老同事都在這孤舟上努力，我一個人遠走高飛出國做大使，也於心不安。

在我心理上這樣舉棋不定的當口，我舊長官當時為總統府秘書長的王世杰博士給我出了一個主意：建議這問題等兩國準備交換大使時再考慮，可以把決定拖延一個時期。

我真高興找到這樣一個喘口氣的機會。因為那時候我正在中國廣播公司從事重振其國內外廣播網工作。國民黨中央把這個任務交給張道藩和我兩人身上。張做董事長，我做總經理，我們兩人構成一個再好也沒有的合作團隊。兩人都不向中廣公司支薪可是兩人把大部分時間精力花在中廣公司裡。莎麗那時候不在臺灣，因此我就在中廣公司裡選定兩間小房間做我的宿舍。我住在公司裡，最少無形中使少數不按時上班者糾正了這個壞習慣。

我們經常收聽大陸上共匪的廣播，以便隨時反駁。我們也轉播英國廣播公司以及其他外國的廣播給臺灣聽眾聽。這使我們的廣播效率高漲，聽眾人數增加，同時使我們的廣播在大陸鐵幕內發生巨大吸引力變成對敵心戰的一股力量。我又在香港日本等處成立測驗站，訪問大陸投奔自由的難民們，瞭解我方廣播在大陸上發生怎樣效果的實際情形。從這些測驗站中，我們得到很多確實據證，許多在大陸上的人的確依賴我們們的廣播為瞭解鐵幕外邊情形的唯一通道。

然而，偷聽我們的廣播，大陸同胞稍一不慎，有以生命作代價的危險。一個難民講給我們聽的下面一段故事可以做例子。據說，有一位反共同胞，在共匪得勢前沒有找到逃出來的機會，因此，每天用收音機偷聽我們廣播有幾小時之多。他已知道特別警戒，每天偷聽，都由他的妻子在門外看有人來，就打暗號。不料有一天，他的孩子在學校裡受人盤問父母親在家裡做什麼，竟直言在聽廣播。不到兩小時，這一對夫婦就給拘押起來。不久，他的父親被當眾公審。主審者問群眾，「這個美奸應受什麼罰？」一群眾中早就串通的人答：「槍斃。」主審者就宣告，「公審決定此人應受死刑」，當場就給槍決了！

這故事此後的發展更可怕了。這個在不經意中害他爸爸送命的孩子，竟得共產黨在學校裡的特別獎勵，舉行了一次盛大儀式，尊他為英雄，給他掛上一塊立功誘獲美國間諜的勳章。這孩子在開始幾天內竟給捧得昏天黑地。但隔了幾天靜下來，不勝良心譴責，反抗的態度從口說發展成了行動，最後卒給送進了勞改營。在營裡他又聽到母親的失踪，卒在無法報親仇的憤激中結束了自己的生命！

這樣的故事不斷從大陸鐵幕的隙縫中漏出來，雖然我們聽著不禁憤火填膺，然亦由此確證共匪怎樣怕我們的廣播，鼓勵我們要格外加強這攻心武器，再接再厲。逐漸地，我們的廣播電力設備加強，我們的節目設計技巧突進，使我們感到毛匪包圍大陸設下的鐵幕已給我們掰成這裡一個洞，那裡又是一個洞的百孔千瘡不成什麼幕了。

不幸我們訓練成熟的這些廣播心戰鬥士們，給美國在東京設立的軍部廣播電臺看著眼紅，以高薪待遇引誘他們轉移崗位過去。當然，我們能力可給的待遇，不論怎樣努力提高，也不能跟美國機關作競爭，而同事有機會得高薪我更無理由不准他們辭職。最後，我只能以美國軍部在東京的廣播也以大陸聽眾為目標，他們崗位的轉移並沒有轉移他們心戰目標這個解釋來自慰了。

後來我在廣播工作中遭遇到了不愉快的糾紛。韓戰爆發後，有一批派到臺北來推進心戰工作的美國人，竟要求要把我們的廣播組織也劃進他們指導範圍裡邊去。

我因此對廣播工作不再有多大興趣了。

當時除中廣外，正如上述我還兼任著《中央日報》的董事長。很幸運地我得了一位很得力的助手，馬星野。他是米蘇里大學新聞學院的畢業生做著《中央日報》的社長。

我發現在臺北發行一份近代報紙不是一件容易的事情。有些要人們，不瞭解本地白報紙的供應困難，每天出報的篇幅有限，總以為他們有宣言有演講必有全文發表的價值，希望報紙能滿足他們的要求。但報紙篇幅不能超過八頁是政府考慮白報紙供應來源匱乏所作的規定。假定報紙滿足了要人們的要求，每篇都原文照登，新聞又將登到那裡去呢？倘然我們不照辦，我們就會因不諒而遭譴責。

我跟馬星野都以為倘然這種情況放任不加糾正，《中央日報》將成沉悶無人愛讀的報紙，銷數日落，可以預卜。因此，我就任董事長立刻做的第一件事就是通告編輯部此後由我負責，《中央日報》，除總統與行政院院長的文告外，不登原文照登的長宣言與長文章。結果，馬星野雖全力照著我的決定做，我的願望仍未全部實現，可是我已得罪了不少人。

後來馬星野因故離《中央日報》，我亦請辭，未蒙中央核可，不得不繼任舊職，然已失去努力的興趣。在我受任日本大使前，《中央日報》重組董事會，我改選為常務董事。馬星野辭《中央日報》社長職後，改任中央第四組主任，主管宣傳。

自由中國現在已經有很多在美國受過近代新聞訓練的青年在工作了。他們大部分都是在米蘇里大學或哥倫比亞大學攻讀新聞畢業的。現在中國到美國去讀新聞系的男女青年一天比一天多，這是一個好現象。記得一九一一年，我在哥倫比亞大學讀書的時候，除掉了我，祇有一個中國人。

一九五一年的臺北報紙中米蘇里大學新聞學院畢業生做主持人的有兩家：一是《中央日報》，主持人是馬星野，另外一家是《新生報》，主持人是謝然之。另有兩家英文報：一份名《中國日報》，主編鄭南渭也是米蘇里新聞學院畢業生；另一份名《中國郵報》，主編余夢燕是哥倫比亞大學新聞學院畢業生，也是我在重慶辦的政大新聞學院畢業生。此外很多受美國新聞教育的青年在臺北工作就不勝一一枚舉了。

這些青年們都已在自由中國輿論界發生作用，怎樣使他們的貢獻成最合民主理想的功效是我們應仔細研究的課題。當然黨政雙方都不應過份干涉他們的自由活動，但從事新聞事業者也應該把建立新國家、創造新社會的責任自發自動的好好擔負起來。

一九五〇年一月當我赴東京訪問的時候，我遇到了另一位米蘇里畢業同學吳嘉棠。他在上海時，也在我《大陸報》工作過。我協助他創辦了仿傚合眾社方式以亞洲為重點的一家通訊社，命名泛亞社。老實說，當初我協助創辦這家通訊社是準備一旦臺灣淪陷後，還能保留一份為自由中國說話的新聞機構為目的的。後來，另一米蘇里新聞學院同學宋德和辭去了中央通訊社的職務，參加泛亞社做吳嘉棠的合夥工作者。兩人合辦這通訊社好幾年，直等到吳嘉棠受聘他就，這份通訊社就由宋德和一人獨辦了。

這些受過近代新聞教育的專才，自由中國沒有能儘量運用來發展它的新聞事業是一件很可惋惜的事情

第二十章
出使日本

人生總有出乎意外的巧遇，我的日本老友芳澤謙吉竟在一九五二年四月二十八日中日和約簽訂之後同時與我被任為中日兩國戰後的第一任大使。就做外交官的條件檢討，我們兩人實在沒有一點相同之處。芳澤一九〇〇年起就做日本的外交官，二三十年來歷任日本駐中、法等國的大使，是一位資深的外交官。我呢，剛剛相反，這還是第一次接受外交官的任命，無任何外交資歷可言。

我們兩人在聽到對方任命之後，同時都有相互的批評。芳澤以為我在戰時充滿了反對日本的紀錄不適任此職。我對他的保留，一是年齡，（他那時已近八旬高齡了），二是他在戰時是一位支持日本侵略的外交家。

朋友告訴我，做一個大使，除掉了知識修養的條件之外社交技能也是一件很重要的考慮。例如，芳澤會打高爾夫球，會打橋牌還會跳舞，他不獨會玩，並且還玩得很精。問我喜歡些什麼，我只能說，我喜歡結交朋友，收集笑話和剪貼報紙新聞。這些嗜好，好像跟外交業務沒有什麼幫助可言。

我曾經很率直地請問過陳誠院長，為什麼他會選中我。我自己檢討，我在美國受教育，不會說日本話，還有反日本的過去紀錄，而我國瞭解日本的外交專家可以擔任此職者有的是，為什麼單獨選中了我。不料陳院長的答覆竟簡單地說道，就因為我沒有這些顯著的資格才選中了我。他拒絕再多加說明。

我決定接受這個任命，就自我檢討究竟我對日本的認識，事與人各方面有多少把握。我發現我知道我這未來責任的對象之深竟超過我平時的想象，因此自信可以不負蔣總統和陳院長的知遇，做一任好大使。

促成我作這決定的最主要因素還是我的妻子莎麗。當一九四九年迄一九五〇年間我從臺灣出發奔走歐美各國間時，莎麗為了要解除她獨居的寂寞，住到日本去，從事日本語文的研究。在我接受駐日大使任命以前的一年中，莎麗學日本語文每天差不多要花去十二小時。她的老師是前田侯爵夫人，前田是日本駐英武官。在這位好老師教導之下，莎麗的日本語文打下了很好的根基，可是她絕對沒有料想到她會因此在我做駐日大使任內幫了我很大的忙。

莎麗在日本最初階段是很快活的，不幸一九五一年的春季，她在打蠟的地板上做健身操跌了一交，使脊椎骨脫了骱。她不得不睡在石膏模子裡好幾個月。那時候我的經濟狀況很拮据，我向蔣總統請假赴日看莎麗，蒙賜醫療費得應急。

我赴日履新的日子一天接近一天，我對日本研究的興趣也一天比一天濃厚起來。我深自檢討，我在不同的背景中看到不同的日本——在戰爭背境中，以無法控制的仇恨心理看日本；在戰後和平背境中，以驚其復國神速的欽佩心理看日本——但映在我心坎裡永誌不忘的日本，還是日本人每一個人私人生活給我的畫面，那種不帶政治性的勤苦耐勞的生活背境，絕對沒有任何內在自尊或自卑心理的反映。

五十年來我維持著研究日本人的興趣，不光從書本上，也從個人接觸間。要瞭解日本人，我們先得考慮他們所受地理環境的限制。八千五百萬人在島國小天地中求生存每一個人都有一番奮鬪史。我同意很多人類學者的看法，環境的艱苦是人類力量的泉源也是他們成功的基礎。

我最初遇到的日本朋友，是四十年前派克學院裡的一位姓池田的同學。我跟他是整個學院裡僅有的兩個東方人。兩人住在一間宿舍裡，經常交換瞭解彼此祖國的情況。前面我曾敘述過暑假中跟我共同在農家做活而闖禍的日本同學就是他。他不久因肺病而結束了他很有希望的一生。後來我又得悉，他還是東京明治學院校長前田四郎中學時的同學哩。

我認識的日本朋友有孫總理日本友人山田：朝日新聞的著名作家杉村與該報早期發行人村山長舉。在日本的政界中，我認識首相吉田茂在他二十年代任日本駐天津總領事時，我認識外相有田八郎在他任日本駐北平公使館秘書的時候。我也認識日本前首相幣原喜重郎等其他日本的政界要人，其中很多人在日本的政界與工商界今日仍佔很重要的地位。

抗戰給我研究日本的機會特別多，因我主管國際宣傳，研究敵情是我主要任務之一。戰後出國，平均每年訪日四次，每次必逗留好幾個星期。在這些逗留期間，我目睹日本在七年的短時期中從戰後的瓦礫堆般經濟狀況中復興而達今日的繁榮，充滿著興趣。他們的所以得此成就，是日本人民不發怨言的埋頭苦幹與其政治家明智的領導配合促成的。

我就挾著這一份解瞭日本人物與現狀的自信心，在一九五二年八月二十日接奉任命，九月中旬到了日本。莎麗住在日本已有兩年，能說一口流利的日本話。她喜歡學外國語文，學日文完全為了好學，卻不料幫了我的忙。

初到日本，我跟莎麗都受到前任行政院長外交部長張群先生夫婦的招待，住到他們的宿舍裡去。張先生這時候剛代表蔣總統到日本作親善的訪問。他們兩夫婦和我們倆有長時期的友誼，我們把他們當自己的兄弟姊妹看待。張先生知道日本比什麼人都清晰，認識的日本人也比什麼人都多。他設宴招待日本政府裡他認識的重要人物，經常由我作陪，感謝他借此使我在未履新前就多認識了許多重要的日本新朋及。我們兩夫婦住在他家好像重溫我們的蜜月：不管家務，可又像在自己的家裡。

可惜這種享清福的日子祇有三個星期，因為接收偽滿駐日大使官舍修繕告成，我們得正式遷入大使官舍去住了。在這所官舍中我們住了將近四年，交了很多日本和各國的新朋友，確實豐富了我們的生活。

我到任第一件事當然是覲見日本天皇呈遞我的國書了。皇室禮賓司派來一輛金碧輝煌的馬車，由兩頭黑得發亮的高頭大馬拖著，駕馬的御者也穿著璀璨的制服。在我坐的這輛馬車前面，又有一輛四匹馬拖的開道車。皇宮禮賓司長坐在車裡陪著我。我們都穿著晨禮服，戴著大禮帽。我們這一個很引人注目的行列，一路向皇宮行去，路旁行人夾道踘足，有的還伸頸張望坐在車裡的人。這使我有些窘，不得不默唸童時背熟的耶教聖經中的辭句以求鎮定。

到達皇宮，由禮賓司長引見天皇，行三鞠躬禮，天皇亦答禮如儀，然後就坐，呈遞國書。照例的寒暄開始，由我代表蔣總統問候天皇，天皇亦作同樣的問候。儀式簡捷結束，我返大使館，酒會招待迎送我的禮賓司長。後來我知道，我離大使館後，莎麗即由友人眷屬伴同驅車至皇宮附近的大街下，擠在人堆裡睜著孩子般好奇的眼睛，看我行列的經過。

覲見了天皇之後，我就遍訪首相、外相、最高法院院長，以及日本政府中其他高級長官。這是一種疲憊而枯燥的活動。訪問要人，過去我常做，並且做得異常起勁，因為都是些新聞訪問，有濃厚追求知識的興奮刺激，只須技巧運用成熟每次都可得有價值的收穫。但，這些以外交官身分跟天皇、首相以及高級官吏的社交談話，都空洞無物，對談雙方都厭惡它。但，外交儀式卻不能廢除它，不管你怎樣厭惡它。這一巡迴的官式訪問後，使我如釋重負地警告自己，此後千萬不要再接受做大使的任命了。

不提這些官式的酬酢，我倒想在這裡說一節瑣碎的小故事。日本的《改造雜誌》是一份人人愛讀的雜誌，他的發行人大和是我的朋友。大概一年前他在東京的某一次社交場合中遇見了我，閒談間，他說，他最喜歡喝杭州西湖的龍井茶。隔了幾天，我就把臺灣帶到東京的龍井茶一罐送給他。不幸，茶送到時大和病倒在床上了。可是，他聽說我竟很快找到他喜歡的茶葉送給他，為了表示感謝起見，叫家人趕緊泡了，扶他起來一茶匙一茶匙喂給他喝。他不久去世，我送他的那罐龍井茶永遠放在他的臥室裡保存著。

這是他的兒子專訪我時告訴我的。他來訪並接我和莎麗到他家裡。我們買花到他家裡拜見他的孀母，並巡視他給父親保留的臥室。

這一件簡單而充滿人情味的小故事，表現著中日兩國人民在私人生活中怎樣找到了人與人間關係的價值與深度。我以為國與國間建立永恒不變的友誼，決不靠昂貴的禮物與信誓旦旦的盟約，只有人民與人民間在這種不經意的私人接觸中建立的關係才是鞏固國交的真正粘合劑。

一九五二年十一月三日我第一次以中國駐日大使的身分拜訪日本首相吉田茂。作了些例行的寒暄之後，我又恢復了我們老朋友間說笑話的習慣說道：「我來奉訪，想報答你過去願作我們第五縱隊的盛意，我自願獻身做你的公共關係聯絡官或你們政府的公共關係聯絡官。」我說這句話是暗指著一年半以前我們兩人間的一席談話說的。那時候，吉田跟我討論怎樣團結太平洋國家以保衛和平的腹案。他主張這國際結合應包括中華民國、菲律賓、泰國、緬甸與印尼。他已命日本駐印度大使吉澤清次郎試探此國際組織能否成立的可能。

我們發現，英國想拉攏中共故意對中華民國採取敵對態度實為實現這個國際組織的主要障礙。當然，爭取美國的支持，也是完成這個計劃的重要步驟。因此，吉田看到成立這樣一個國際組織的困難，在它實現以前必遭遇許多挫折。使我感到興趣的是，兩年之後，吉田希望組成的這個國際組織竟在美國推動之下以東南亞協約組織的名義出現，可是沒有日本也沒有中華民國。更可怪的，這個原意應由純粹亞洲國家結合的聯盟，竟以東南亞協約組織的名義招進了美國、英國與法國等非亞洲國家的參加。

我跟吉田晤見後的幾個月很失望地沒有什麼收穫可言。我熱切期待要完成增強中日關係任務的進度也沒有顯著的升高。直到一九五三年三月十五日我在返國述職的前夕再度晤見吉田時，我率直對他說道：「我來此已有五個月，可是我熱切期待改善中日經濟與政治關係的發展仍停留在談判階段。究竟我們能不能提出一套中日兩國在經濟與政治上相輔相成團結合作的方案來呢？我相信，假定我們能夠提出這樣的方案，美國一定支持我們。倘然你贊成我的建議，我可以報告蔣總統，俾得召集兩國高階層會議進一步研究實施方案。」

吉田表示贊同，但預料這建議實施必遇若干困難。他說：「在我們研究中日兩國如何加強團結之前，必先把世界的注意從歐洲移到亞洲來。」他繼續表示他對歐洲現狀十分悲觀，大家都陷在狐疑不決的泥淖中，不能自拔。但，他堅決斷定反共之有效行動必在亞洲，接著他把他最近的措施扼要告訴我道：

「早在一九五二年四月間英國的國防部長亞力山大（Alexander）和外交部次長訪日，我向他們提出組織亞洲聯盟的建議。他們的反映相當淡漠。我知道英國的興趣只想搭上中共關係做生意。後來我又和美國的國務卿杜勒斯，駐日本大使艾理生（John M. Allison）與史蒂文生（Stevenson）談，他們都贊成我的計劃。因此，我們目前的主要工作應該是如何消滅美英兩國對這問題的矛盾而求對我有利的一致。我心裡在想，在實施反共滅共計劃之前是否應該先從香港伸展到緬甸、新加坡建立一條衛生免疫線（Cordon sanitaire）。我完全同意你的看法，我們必以自由中國重返大陸為最終目標。不然則我們的將來永遠是動搖危險的。」

他繼續說道：「我已經派我們的無任所大使白洲到華盛頓去探索可能。他現在已轉赴倫敦。我個人在英國服務過，故瞭解英國過於瞭解美國，我知道蔣總統剛剛相反，認識的美國要人比我多。假定蔣總統能同意我的計劃，我們兩人可從不同角度趨向同一目標。只要英美兩國能瞭解在亞洲合作的重要，我們就可以在亞洲的東京，或臺北，或香港，或新加坡召開一次國際會議來討論如何實施種種合作計劃。這個會議不宜在美國或歐洲任何地點開，它一定要開在亞洲，使與會者在現場了解實況的便利。你們總統戰後對日本的寬容我經常感激，同時他動員中國人民抵抗共產侵略我更懷最高的敬意。」

我跟吉田此次談話之後，接觸過好幾位美國的外交官，他們對吉田這套太平洋聯盟的計劃都表贊同，祇是有幾位態度不太積極。我回國向蔣總統報告，這計劃也得我們領袖的全力支持。吉田在一九五四年曾周遊世界歷訪各國，啟行前曾告我仍擬向各國政要遊說，促使這個計劃的實現。

吉田理想的能否實現，不在我要寫的範圍之內，我的注意仍轉移到我自己增進中日經濟政治合作計劃的實施。不幸我向吉田提出這一問題一年之後，仍舊沒有什麼進展。吉田有一天老實告訴我說，就他領導的這個政府說，要設計一套中日兩國長期合作的計劃是不可能的。因為，他能做首相領導這個政府多久，我自己也沒有把握。假定他跟我定下了一個兩國長期合作計劃，他無法保證他的繼任者還能照著這計劃做。至於把這計劃提請國會通過成一固定的法案，現在還不可能，因為自民黨在國會裡還不能控制絕對多數票。

自從一九五四年起，中日關係逐漸不能像過去那樣的友善了，其理由：①我們打回大陸的實現變成了一個遠程目標：②吉田在談話中告訴我，吉澤清次郎大使東南亞訪問之行發現蔣總統雖對日親善，中國還有若干高級官員仍保持反日態度；③外相岡崎繼續訪問東南亞後告訴我，一部分在印尼、緬甸的華僑表示（註：事實上係華僑中少數親匪份子），倘然日本拒絕跟中共貿易，他們都要停止跟日本的商務往來；但在菲律賓和泰國，華僑的態度剛剛相反，向他表示，日本如跟中共貿易，他們都要拒絕日本交易。外相表示，雖然他知道，日本商人跟中共做生意無利可圖，可是日本政府受各方壓力，被迫不得不發日本商人到共產國家去的護照。

一般說來，在我任內，中國大使館跟日本的關係相當親善，只有一件事攪得不愉快，實在是美中不足。

前偽滿政府在東京有一座六層樓的大廈，面對皇宮御溝，共計十二萬六千平方呎。經偽滿政府在一九四三年用鮎川義介贈款日幣三百三十萬元（約合美金七十萬元）買下命名光德館，作為偽滿大使館財產的一部分。後來這座大廈以極廉價售給三井物產會社為掩護，由三井出面堅決拒絕移交給中國政府，因此在中國方面構成很不愉快的印象。

當時日本的副首相緒方竹虎竭力主張這筆房屋應歸原主，由中華民國政府接管。三井的要求根據的確異常脆弱。聯軍總部交給日本政府需待清理的房產清單中，明明把這筆房產列入「滿洲國」財產之中。這筆房產按時價估計當在美金三百萬元左右。它的出賣情形非常曖昧，最初以日幣八千萬元（合美金二十萬元），洽售某美商公司，因地主有問題，未能成交。最後由三井信託以日幣一億元（合美金三十萬元）洽定成交，言明先付少數定金，餘款須待該房產佔用後不生糾葛始可照付。這樣一種聲明就明白表示三井信託對自己是否有權購買這筆房產並無信心。這是非法取得的財產，理應歸公，三井顯不願冒這一無根據投機之險浪擲資金。可惜，支持正義的緒方竹虎不幸棄世，使我對這問題沒有得到圓滿的解決。

一九五四年十二月八日鳩山一郎奉命組織新閣。鳩山雖然也是我的熟人，但交情究竟沒有吉田那樣的深。新外長重光葵和我關係良好。因為他做日本駐華公使的時候，我正在上海英文《大陸報》任主筆，常有交往，他認為我發表對國際問題的言論，態度公正。

當聯軍佔領日本的一個時期，各國軍事代表團都使用日本政府供給的房屋。佔領時期結束後，聯盟國都得自己找房屋。我們中國自應自己建築自己的大使館。我可以選擇的館址有兩處，一處是大使官舍隔鄰的一塊空地，一處是給聯軍炸壞並經火災成瓦礫堆的舊館址。我斷然決定採用前者，放棄後者。顯著理由是舊使館址的對面就是蘇俄大使館，雖然隔壁是日本郵政局，很多老館員還喜歡舊館址，我斷然拒絕考慮。

在大使館中我創立了一套辦公新制度。我們的辦公廳是一間大廳，像銀行辦公室一樣我和全體職員都在彼此看得到的氣氛中同室辦公。我的部屬都不贊成這套辦公方式，可是他們無法改變我的決定。在我任內，我滿意這種辦公方式的確有增加工作效率的成效。

我政府的駐日軍事參事與商務參事都在同一館址內辦公，因此與我發生工作上的密切合作與聯繫。他們的合作增加了我工作的興趣，因此跟他們發生了良好的友誼與親切的瞭解。海、陸、空軍事武官有問題經常來跟我洽商。他們要求我的意見與協助，都經我儘量貢獻。他們有困難找我，他們給主管的報告也送我看。我知道他們做些什麼，因此他們的報告有錯誤時，我得隨時予以糾正。因為我是寫新聞出身的人，有過濾情報正確與否的能力。

一九五四年一月我進了美國陸軍醫院動手術。我的膽囊裡竟生了半打膽石，雖還不感到疼痛，可是必須開刀去掉它。手術由一位日本軍醫主持。美國在日本陸軍醫院的總監史丹禮將軍（General Standlee）夫人竟請求驗她的血型，自願貢獻她的血以作我開刀後需要輸血的準備。這種舉動，真令我感動，深深領悟了生命的意義。

我在醫院裡住了兩個星期，有機會檢討我的一生，感謝主給我的深恩厚澤。同時我決定了一九五四年以後幾年應該完成的五項志願。

這五項志願為：①不再發脾氣；②寫一本介紹日本的書；③寫一本介紹日本幽默感的書；④吃東西要有節制；⑤終生不再喝酒。當我調職美國離開東京的時候，我考核自己實踐這五志願的成績如下：我寫了有關日本的兩本書，因此②與③志願交卷了；至④與⑤也能切實實踐，可以交卷；只剩①，在一九五四年發脾氣六次，一九五五年三次，一九五六年一次，一九五七年沒有，一九五八年三次，一九五九年沒有。

在我做駐日大使任內另有值得記錄的幾件瑣事，就記憶可得者撮要述之如下。

第一件是我在一九五四年七月中發起了留日學生的登山運動。召集了男女中國同學二百多人集合在富士山腳下的一個小村裡住了十天。我跟他們一起住了幾天，其餘的日子都由張公使伯謹伴著他們。有一天我帶領了一百五十個同學攀登富士山，這中間三分之一是女同學。照慣例登富士山，經常第一天登山頂在旅館過宿，第二天四時即起攀登最從高峯觀日出。但，我這一次帶的同學中有五十位小姐，我決定還不如當天往返可省許多麻煩。這決定實際增多了一天內多走十一小時崎嶇不平山路的路程。

下午五點半我們走到了山頂，休息不到一小時就得走下山路。有一位女同學簡直嬌弱到上山下山都需要同學們抬著她走。到了山腳點名竟發現少了兩名。我可真急死了，倘然走失了兩名，不知道共匪會怎樣冷嘲熱諷發動宣傳攻勢。於是我們分頭找，並且到處打電話。結果，在兩小時後，這兩人從山腰某處打電話來說，走得實在太累，祇得在那裡投宿一個小客棧，明晨再來歸隊。這兩人都是男孩子！我這才警告自己，此後不要再作這類登山運動了，稍有差錯，我的好意會生壞影響，予共匪攻擊我的好藉口。

同時，登山回家後，我的醫生非常不高興地指責我。他說，剛在一月下旬開的刀，怎麼能做這劇烈運動。現在做也做了，當然也就算了。我當時，未嚐沒有考慮過自己冒的險，可是一股要向年輕人表示我跟他們有同樣奮鬥毅力的挑戰熱情促我決心要親自參加這個運動。那一次參加，我現在還感到高興，並且至今還保留著在富士山頂上折到的一根樹枝當支持我當時走路的木棍，永遠珍視它而感到自豪。更使我高興的，那一次跟青年們携手登山，我變成了他們的伙伴，贏得了他們對我的信心，不論男女大家彷彿拉近了許多，增加了若干向心的團結力量。

我駐日本大使任內，在人事上我做了幾件幫助同僚解決困難的事情。第一件幫助了我的私人秘書李某。他經過教會同人的介紹，請到了楊秀拔做他孩子們的家庭教師，並邀楊某住到他的家裡去。他當時並不知道楊秀拔在神戶教會裡服務跟一位太太發生了戀愛關係。為了逃避他丈夫的追究，他才來東京躲到李秘書家作掩護。

李秘書雖沒有知道這些，卻發現了楊秀拔到日本是非法入境的。發現他犯了法，仍舊讓楊某留住在我大使館址範圍內的家裡，是李秘書的錯誤。但，他的意思，留他暫住，要他向日本主管自首的。同時，神戶的陳某發現楊秀拔在東京，就跟來檢舉他是共產黨，李秘書置之不理，又犯了第二次錯誤。因為他不理，問題就發展到他身上，他犯了同情共產黨，掩護共產黨的嫌疑了。

我知道他的背境很清楚。他在臺北外交部有紀錄，不獨是一位積極反共的鬥士，並且是好幾次受共產黨威脅迫害的犧牲者。但，我政府在日本的工作人員，因陳某檢舉楊某而涉及李某，初步研判不得不假定他有掩護共諜之嫌。這問題反映到臺北，外交部決調他回部，顯有查辦之意。我因根據確切資料，保證他的忠貞與陳某告訴之別有作用，請准仍留他在日館服務，卒得部方核可，李秘書通匪之嫌亦因而大白。

這事件實際反映了神戶那座有一千多僑生學校的不健全。這座學校已給共匪滲透了進去。第一步要消滅這學校裡基督教的影響。那裡聖公會的一位牧師叫麥克勞林（Rev. W. C.

Mclaughlin）的寫信告訴我實際狀況，這是一個很嚴重的隱憂。

第二件事是我幫助橫濱總領事館一位副領事名沈某的安全返國。沈某是奉召回國的，因為他要携眷同行，所以在一艘英國輪船訂定了艙位，想經過香港返回臺灣。可是，日本報紙竟借題造謠，說他的過香港是想溜到大陸投匪去的。我看到這節新聞，知道沈某在神戶的英國船上就要啟碇了，立刻運用外交關係，硬把他拉上岸來。經過了一個月的努力再加上一些經濟上的補助，我最後得把他和他的全家安全送到了臺北。他現在已安心在外交部上班工作了。

在日本的四年工作中，現在回頭想一想，這些協助雖已超出了我應該做的範圍以外，卻使我保留著永遠的懷念。

在東京使館我有一群得力的同僚是我的幸運。主管一般外交事務，我有楊公使雲竹的協助；主管文化與教育事宜，我有張公使伯謹的幫忙。主任秘書孫玉書，前在國際宣傳處任科長的崔萬秋，宋越倫與章任堪，都是異常幹練的館員，分擔了我不少繁雜沉重的館務。

我雖然在駐日大使任內，卻在一九五三年的秋季奉蔣總統命到韓國漢城去晉謁大統領李承晚。那時候，中華民國在漢城已派有大使，因此此行使我處境很感不安。我是負著雙重任務晉見李大統領的；一是邀請他答訪蔣總統討論組織太平洋聯盟計劃；二是勸請李大統領對日態度改取緩和。我在漢城逗留了四天，得李大統領允訪臺北，惟他希望蔣總統能再訪韓國。至太平洋聯盟雖然同意了一份草約，後來並沒有什麼發展。

在我第一次晉見的時候，李大統領率直地問我，為什麼蔣總統對日本這樣好。我告訴他，蔣總統對日本的態度第一次表現在一九四五年，日本戰敗，他擁有三百萬大軍處於戰勝國地位的時候。這足見他對日親善的動機，不因弱而因強。聯日聯美是我們傳統的國策，因此蔣總統眼看日本軍閥發動侵華戰爭深感遺憾。此後中日兩國不能再有戰爭，因為戰爭　喪兩國的本原實在太大了。當然，要避免戰爭就得彼此容忍。

但，李大統領堅持他日本人不可靠的信念，我無法使他稍作轉變。我在漢城跟他晤談了四次，在最後一次辭行返東京任所時，他答應到臺北去跟蔣總統當面交換意見。

在這次我赴韓晉謁李大統領以前，他在一九五三年應美國克拉克將軍（General Mark Clark）之邀訪日時我已經跟他見過面。克拉克當時以為要訂立太平洋反共聯盟，必先改善日韓關係，故很熱切地想促成這目的的初步談判。美方觀察，這種聯盟沒有日本參加不會有多大效果的，但要日本參加，必先改善日韓關係。不幸那次他發動的邀請李承晚訪日發生了反效果，因為李大統領到達那一天只有日本外相到場，日本吉田首相竟沒有到機場迎接他。李大統領怒不可遏，拒絕接受吉田首相的邀宴。最後還是克拉克將軍出來打圓場，他設茶會邀請兩人參加才讓兩人見了面。一直到我離開駐日大使任所時，我看不到日韓兩國有接近的跡象。

第二十一章

出使美國

一九五六年十二月下旬我在東京奉外交部長葉公超電召返國述職，措辭似甚緊迫。但日本外交慣例，各國大使皆應在元旦日赴皇宮向天皇與皇后致敬道賀，我因此不得不延期至次年一月二日啟行返國。

抵臺北後即在外交部官舍晤公超，總統府秘書長張群亦在座。出我意外地他們告訴我蔣總統已決定調我任駐美大使。我急告二公，我與莎麗疲於從政生活，已商定計劃決俟駐日大使任期屆滿後即退隱臺中或臺灣其他小城從事傳教與寫作工作，實無意再擔負駐美大使的重任。

二公仍強調此為蔣總統經長期考慮的決定，似難改變，並云，因為最近決定一個重要宣傳計劃，蔣總統決定我是執行這計劃最適當的人。現任駐美大使顧維鈞雖然他的長期外交經歷有輝煌功績可稽，但在宣傳方面仍應予我以優先考慮。

後來我晉謁蔣總統，面陳我倦於仕途的衷曲。蔣總統不予考慮，仍堅持他的決定。經我再作四十五分鐘的懇求，蔣總統聽著有些不耐了，最後告誡我道，「國家需要你的時候，你沒有說否的理由」。同時我想，領袖態度的堅決，表示他的特殊重視我，我怎能拂逆他這樣知遇之恩。因此，最後還是無條件的從命了。

葉部長跟著就把一份宣傳計劃交給我。我鄭重地把它帶到東京去仔細研究。我認為一份宣傳計劃的擬定，最好能因地制宜，保留一些發現錯誤隨時糾正的彈性，同時為了實施有效，宜給予執行者相當行動與決策的自由。

我回到東京不久，剛巧外交部次長時昭瀛調任駐巴西大使，經過日本得與暢談。他談到對美宣傳很多獨得的見解，我請他寫下來，其主要內容如下：

「①目的。在美推動公共關係工作，為了顯見的理由，其目標應該有限度的。

我們的工作目標應為（甲）加強同情我國策的美國作家與思想家的聯繫；（乙）爭取敵視

我的作家使改取中立或甚至同情的立場；（丙）與在美中國留學生取得密切聯繫；（丁）與在美國各大學與研究機構的中國學人取得密切聯繫。②方法。維持現有公共關係部署與人員並加強之。主持公共關係的人的工作重心在聯繫，再配合，不一定是惟一推動力的發動者。我們現有與美方的接觸及接觸人應慎重考慮遴選。

外交官員不應永遠扒桌子辦公，每人皆應排定日程分赴美國各地參加會議作有意義的積極努力，特別注意接觸出版界與新聞界人士。這樣一時看不出效果，可是放遠眼光，獲益匪淺。兩種人擔任這種工作最能見效：（甲）對美國有深切瞭解能操純熟英語有經驗的新聞記者；（乙）英語雖不怎樣純熟但對國內情形有深切瞭解的新聞記者。廣播與電視亦應同樣重視。

研究美國民意對臺灣政治與外交措施的反映是應特別注意的工作目標，雖然我們不願受美國的影響而妄動，可是透過美國有影響力的民意可能取得的資料，我們都應該知道。

時昭瀛的這套建議的確給在美公共關係定了一條正確方針。昭瀛兄對我友善而合作，他在外交部協助我在日本的館務順利推進尤足感人。不料天不假年，他竟病逝在巴西任所，我聞耗悲愴，歎自由中國建國幹才又弱一個！

一月下旬駐美大使顧維鈞奉召返國述職過東京逗留一日余曾邀宴敘談。其返美中途留東京兩日，第二日由我夫婦伴同往遊離東京兩小時汽車旅程之名勝箱根湖。遊湖返館張宴由館員陪同敘餐洗塵。宴後，顧在動身赴機場前告我，他已向總統遞辭呈，去留將由領袖決定。我因出使美國的任命尚未發表，故未作知情表示。

過了一個月消息沉寂，我希望調任之議或可擱置，因為我確實切盼能再留日本兩三年，使我對這個鄰邦得更深切的瞭解。我雖寫了一本有關日本的書，但經外交部規定，一定要在離外交職守五年以後才可以公之於世，因此我還想多收些新資料來充實它的內容。

顧大使再度請辭始奉命准辭。三月八日我同時接張秘書長群與葉部長公超電告我繼顧為駐美大使的新任命。我電覆以惶懼心情接受任命，並盼二公代向領袖致我感謝知遇之恩並願盡所能不負重寄之決意。

我同時請葉部長准我夫婦赴美履新，不坐飛機而坐郵船。因為在日工作身心俱憊，希望再任艱鉅前得休息機會。同時，我又薦舉朱撫松為駐美大使館主管宣傳之公使。朱在戰時為我從事國際宣傳工作之部屬，此時在外交部任情報司司長，是負責起草那套推動對美公共關係計劃的執筆者。因此我以為他是到美國去協助我執行這套計劃最合適的人。

四月初，我返臺述職，先赴金門馬祖逗留二日，瞭解此二島的實際防務與其對臺灣安全的戰略價值。第一日乘機安抵金門。第二日在黎明前偕同國防部長俞大維飛赴馬祖。此行必在日出前，以免敵岸砲射擊。在馬祖肉眼可見敵方人影之行動。為保安全返臺也在黑夜中。

在外交部聽取美館待理事務的簡報，主要項目為：①結算戰債約美金一億元；②注意美國與共匪在日內瓦的接觸，謹防其承認此偽政權；③敦促美國繼續其制止對匪貿易；④要求美國繼續其對我軍經援助；⑤美國過剩農產品的配售問題；⑥難民處理問題等等。後來我第二次返臺北，蔣總統又面囑應特別注意留美學生，與建立密切聯繫，並囑應加強各領事館的人事部署。

顧大使按照中國一般官場的慣例在接任的時候總帶著一班跟他工作很久，知道他工作習慣的私人秘書。他嘗說笑話似的說，這些人是他的「內閣」。我不想採用這個慣例，只呈請准我帶東京大使館一個秘書到華盛頓。就這樣，我還困在事務手續中解脫不了。這個秘書和他的眷屬從東京到華盛頓的旅費全部都要我私人負擔，在他沒有到華盛頓以前他不能起薪。這位秘書名劉麟生是國內知名的學者，我以為他應該有一等秘書的待遇，不料外交部護照科只給他一張下級科員的護照。

葉部長對我保薦朱撫松做主管公共關係的公使反映很冷淡，只任命他做帶公使銜的參事。實際葉部長心目中的人選是那時的洛杉磯總領事。我不認識這位先生，只知道他離國很久，對臺灣現狀十分隔膜。

我在臺北接受了蔣總統的最後垂訓後，在五月十三日起飛赴東京。蔣總統是在星期日做禮拜後召見我的。這一次切囑我要經常與僑胞接觸並隨時轉達領袖對他們的關懷。蔣總統不能核准我乘船赴任，如莎麗有這興趣坐船自無禁止之理。莎麗當然不願單獨循海路行，故我兩人在五月十七日在東京同乘飛機離日赴美。

我赴美故意避去檀香山與舊金山兩埠；因為那兩埠僑胞眾多，我過境必張宴歡迎，在歡迎席上我必致辭，我不願在未到任前發表任何意見。因此，我飛華盛頓坐的是西北航空公司飛機，只在西雅圖停留數小時，東飛多延一天，因此我們到華盛頓是在五月十七日。機場迎候者館員外若干親友而已。人群中發現前美國駐日總司令郝爾將軍夫婦（General and Mrs. Edward Hull）殊出意外，這一對夫婦確實是我們在東京認識的最密切往來的好朋友。

我們到雙橡園大使官邸，就寢之前，兩人跪在床前禱告，不能控制地同時涕淚交流了好幾分鐘。因為，展開在我們面前的這座官邸充滿了新漆的異臭。莎麗上牀到半夜兩時，臉部就中漆毒腫脹，從此臥病三個星期不能見生人。

六月間在某一次酒會中一位前美國大使的夫人對莎麗坦白說道：「我被邀到你們那座官邸裡去吃飯或參加酒會經常不敢靠近沙發椅臂，因為那上面堆滿了灰塵。」這位外國太太說這種話，當然有失外交儀態，莎麗當時從一個素昧生平的人嘴裡聽到了這種不客氣的批評真氣得心如刀割，因此下定決心把這官邸整理得最少能保持整潔。

我們發現大客廳的三面牆壁都矗立著書櫥，那裡面堆滿舊書。因為屋子並不大，圍上這些書櫥，就擠得人在裡邊透不過氣來。

莎麗決定先搬走這些書櫥，櫥裡的書送到四層樓儲藏起來。據查悉，這些書還是一九三五年王正廷做大使租下這座大廈時，向屋主以每本一毛美金賤價買下來作裝飾用的。二十多年來擺在那裡從來也沒有任何人翻閱任何一本過。莎麗在病體沒有完全康復以前就叫人搬走這些書櫥，並以美金七百元買一塊一種顏色的地毯，舖滿全室的地板。

火爐架那面牆壁上的書櫥莎麗保留不搬走。舊書拿走了，櫥裡換上了古董。這是莎麗搜索全廈，從頂層樓一直到地下室，發現了許多古瓶、古碗以及各種可以陳列的東西，洗洗乾淨擺設起來，居然煥然一新。很多美國朋友都駭怪我們出國履新怎能帶來這許多古董，誰也想不到這都是搜扒出來的舊東西。

定居不久，天下雨了，不料這大廈屋頂竟是漏雨的。這座大廈九十年前買進到現在，這個漏雨的屋頂，從來沒有人考慮換掉它。因為這大廈是政府在戰後買下來的官產，聰明人花錢只考慮維持外觀的修修補補，不考慮根本解決問題。換一個新屋頂要花美金好幾千元，我決定做，但不知錢從那裡來。

就在這同時，《華盛頓郵報》的社會版上登載了一位美國女記者一篇對我不懷善意的報導。據稱，這是揭發我雙橡園祕密的內幕新聞。她說，我們雙橡園內用的湯匙、玻璃杯盞、盤子、餐巾、桌布、牀褥、桌椅甚至厨師的圍裙都是出錢租來的。理由，因為美國也在考慮承認匪偽政權，中國政府沒有長期使用這官邸的把握。這是對我中華民國最不利的宣傳打擊，特別在我到任之初作這時間的選擇，用意十分狠毒。

因此購買玻璃杯盞、餐巾、桌布、桌椅等一切官邸早應有的設備變成我刻不容緩的一件大事了。外交部為預算所限，很難籌措我所需的費用。就在這個當口蔣總統來電問我就任後的情形要我作詳細報告。我當然把面對的這些問題全盤如實報告，並述為預算所限，如欲糾正這些缺點，非傾私囊以求挽救不可的苦衷。

我上蔣總統呈中，曾建議，此後出國大使應效三軍司令官兩年一任，兩任不得再任之先例，作硬性的規定。我看到一些老外交官，一任做了十多年，卸任下來照樣還是滿腹牢騷。我自己只願做滿第一任的兩年就退休，讓青年才俊來做我的後繼者。

在我駐美兩年任期內經辦的許多案件中，有一件異常突出的，那就是處理三十二個關在美國監獄裡的重罪華籍要犯案。美國政府建議，處理辦法可由這些罪犯自己選擇還是留在美國監獄裡，還是送回到中國大陸去。美國政府故意討好共匪，建議請印度代表匪偽政權派員到場監視中國罪犯的表示選擇。我們政府的立場，反對印度代表的參加，倘無印度代表到場，中華民國政府願接受這些罪犯送到臺灣來。這問題因此懸而不決了好幾個月。最後因為大部分罪犯都不願回中國大陸，印度派代表的興趣也逐漸衰褪了，問題也就永遠擱置起來了。可是，共匪揚言這都是美國欺詐手腕的運用。

其他我經手的要案大概不外下列幾大項：①遵外交部命請美國支持顧維鈞為國際法庭法官；②繼續維持中華民國在聯合國的地位；③堅持我代表團以中華民國名義非以臺灣名義參加在印度新德里開會的國際紅十字會議；④透過接待記者、電視訪問等等方式解除美國對五月二十四日臺北群眾圍攻美國駐華大使館的誤會；⑤爭取軍經援助；⑥督導領事業務以及由他人主管的宣傳業務。

做這樣一個大使，業務少，責任輕，喜歡悠哉遊哉過著清閑生活的人，當然有享受不盡的樂趣，可是我不行。我要鞭策自己儘量發展我的天才，繼續在工作中訓練自己力求上進。因此，在二十個月中，我作了一百二十次以上的演講，走遍美國三十七個州超過六十個以上的城市。不斷有人鼓勵我說，在華盛頓演講已成了做大使的重要職責之一。菲、韓、泰以及若干歐洲國家的駐美使節，每月演講少則四次，多則十次，已是家喻戶曉的事實。

美國的民間組織外交政策協會，總會在紐約，分會密佈全國達一百多處，以影響美國有思想的人民作外交決策為其工作原則。我在舊金山、芝加哥、洛杉磯、西雅圖以及其他都市的外交政策協會中都演講過。有好幾次，在我講完後，他們投測驗票，大致詢問下列問句「美國應該跟中共往來嗎？」或「美國應該跟中共貿易嗎？」在座的聽眾，特別是太太們，總比她們的丈夫們肯說老實話，常會在我講完後走到講臺前來告訴我，當她們離家到會場來的時候想投這些票，一定投「應該的」，可是現在聽了我的演講，決心投「不應該」了。我敢說，我的演講在美國民意形成的過程中的確發生一些。

因此，一個大使代表他的政府來到美國，倘然守口如瓶不開口應視為失職。這是我的信心。做了大使，經常有各種不同的演講機構，如俱樂部、大專學校、職業或社會團體、婦女會等等來請他演講。經常這些機構還輾轉挽托參眾議員們來邀請他。因此，他如拒絕不獨失去了許多美國民間團體的好感，並且會經常開罪美國重要的人民代表。

我接受邀請到各處的講演受夠了許多旅途跋涉的勞頓，花費許多精神、勞力、時間與金錢，不料其結果不獨沒有得到國內的同情反招許多責難與批評。批評的人說，我演講太多，荒廢了我在華盛頓本身的業務。我的本身重要業務培養美國政府要人的友誼。他們不知這所謂美國政府要人，不論是在行政部門或在立法部門，都為了自身有關的事情忙得不可開交，因此他們萬分不得已才勉強接受外國使節的邀請去吃頓飯。他們最不喜歡外交官沒有要事去找他們聊天。因此，勉強的招待拉不到外國朋友。在臺灣的人不會瞭解這些的。

當然另外一個角度去跟美國行政或立法要員打交道還有跟他一同或打高爾夫球，或打橋牌，或參加晚上喝酒狂歡會。我不得不在這裡承認，我在華盛頓兩年始終沒有打進這個模子裡。因為這些娛樂不配我的胃口。外傳有些中國人在華盛頓跟美國人打橋牌，一夜輸贏美金好幾百元，以我戔戔薪額就無法擔當這樣豪華的公共關係工作了。倘然這是做外交官應有的資格，我承認，我沒這資格。

臺灣方面不了解美國生活的實際需要經常使我處事感到困難。國內的印象好像能出國到美國去已經很好了，不必再計較薪水多少。這樣看法使提高使領館工作效率問題，無從談起。

我最痛苦的經驗是一位月薪美金三百元的三等秘書調職到洛杉磯去做領事的旅費問題。三等秘書調任領事是升職，應該是喜事，可是這位秘書來找我，垂頭喪氣地說道：「無法接受這份新任命。」因為他有一個太太，三個孩子，是一個五口之家，從華盛頓搬到洛杉磯，拆一邊，撐一邊，所費最少要美金好幾千元。外交部預算沒有這筆遷移費准支，他因此走不了。我同情他，從我自己的薪金和特別辦公費裡擠出美金一千元支助他還是不夠。最後經他跟外交部長長期的交涉總算額外補助了他一些旅費，但我知道外交部的這筆額外支付又不知要向主計處費多少唇舌才能核銷咧。

這種對有經驗外交人員待遇的不注意實為亟應糾正的缺點。這是我做了幾年大使後的經驗之談。

我寫這一章〈出使美國〉是一篇未完成的作品，因為有許多棘手頭痛事，有許多滿意高興事，更有許多應該瞭解我的人不瞭解我的事，不是這短短的篇幅可以寫得盡的。

但，總結檢討，我相信我在加強中美兩國的關係上多多少少作了些貢獻。只要我能做一點有永恒價值的事，那麼我承受了做一個大使不能不承受的種種不愉快也得到了豐富的報償了。

我的確盡了我最大的努力。

第二十二章
頭痛問題與其解決

回頭檢討我在華盛頓任內所遇到的最頭痛的問題該算是一九五七年五月二十四日臺北群眾圍攻美國大使館那件案子了。美國人民能否心平氣和地接受這意外的刺激，要看我們主持外交折衝與宣傳運用者的怎樣解釋它了。我感到自己處境的困難和責任的重大。這次臺北群眾事件的發生，乃是由於一位名叫雷諾茲的美軍士兵涉嫌殺害一位名叫劉自然的中國人，而被美軍法庭開釋所引起的。

《紐約時報》在六月三日對於此次意外事件的前因後果曾作了很詳盡的報導，並對於美軍法庭審訊的經過，美軍在臺地位問題以及臺北民眾向美使館抗議的情形有所評述。

我是在五月二十五日早上六點半鐘由外交部葉部長以越洋長途電話通知我這件事件的經過的（華盛頓跟臺北時差七小時。）接訊後，第一件事，我約晤助理國務卿羅勃森（Walter S.Robertson）。就在當天十一時見到了他，面致我政府對這事件的歉意，並保證業已徹查事件起因將嚴懲負責者。

我雖遠在隔洋的華府，立刻得到這事件的反映。在我離家到館辦公之前，就接到一個不告姓名的美國人來電話，說道：「你們中國人打毀我們的大使館。你得準備我們美國人來毀掉你的館。」我立即通知國務院，確保了大使館的安全。

一星期後，我得透過美國全國聯播電視網來向美國民眾答覆有關這事件的記者質詢了。這是《朗德莉小姐的記者會》節目（*Martha Rountree Press conference*）。在這節目裡，我面對的記者，除朗德莉小姐外有合眾社的巴薩拉（Ernest Barcella），《聖路易郵訊報》的勃蘭德（Rarmond Brand）：《荷斯頓郵報》的卡本德（Leslie Carpenter），紐約《前鋒論壇報》的希金斯（Marguerte Higgins），美聯社的海德華（John High-tower）：《芝加哥日報》的李薩高（Peterr Lisagor），斯克利不斯——豪華德報系的麥克奈爾（Marshall Mc Neil），國際新聞社的蒙德高茂萊（Ruth Montgomery），《紐約日報》的奧唐納爾（John O'Donnell），與斯德報系的孫德納（David Sentner）與派利斯勃萊（Oliver Presdrey）。

節目開始由我先作開場白，說明中美兩國有長期親善的紀錄，並解釋此不幸事件，絕對沒有任何反美的動機。這可以引美國駐華大使藍欽的聲明以為佐證。至事件實際動機，可引我外交部葉部長的聲明來做說明。葉部長說，事件可能的動機或者因為在臺美國人對無罪判決的讚美引發了中國人的憤怒。

我答覆另一記者質詢，說明這事件擴大的導因是警察保安的未能稱職，或者警員人力的薄弱沒有作應付這樣大規模民眾運動的準備。因此，我們總統立刻下令撤了三位高級警官的職。

這次電視質詢節目歷時一小時，觀眾反映批評我的應對相當成功。

接上受美國廣大觀眾歡迎的電視新聞節目，史比范克（Lawrence Spivak）主持的《會見記者》（*Meetthe Press*）約我在電視中再見記者。我這一次答覆記者詢問的情形跟上述朗德莉小姐節目相同，所得的宣傳效果或且過之。

在這個奮鬥階段中，我對此案最坦白的檢討，要算九月二十六日在佛琴尼亞州的阿力山大城對美國大學婦女協會國際關係組講的那一次了。在這次演講裡，我最先把引發全世界流行的群眾運動的動機詳加分析，說明所謂群眾心理是怎樣的出乎常軌，怎樣的不可理喻。一方面對我自由中國也發生了這樣的不幸事件我表示惋惜與遺憾，一方面我指出這種事件在美國也會發生。我就舉美國最近在伊利諾州烏爾拔那的學生暴動為例，其猖獗情形竟使政府要動員兩百個警員裝備了一百五十顆瓦斯炸彈才把這暴動鎮壓下去。事後檢討，這一次暴動一點沒有什麼政治背境，只是開玩笑引發了情感的爆炸。可是傾刻之間上千個學生發狂似的行動，不察者總覺得必定另有作用。我相信，臺北那時的群眾運動一定跟烏爾拔那那次的學生暴動類似的不可理喻。

當時我的聽眾好像都能接受我這樣的看法。我常覺得，只要你能以一種公平合理的態度去找美國人的瞭解，他們總會給你一個同情的反映。

一九五七年九十月間我永遠困擾在這一個令人頭痛的公共關係工作之中，不斷找機會向美國人解釋這事件的前因後果。我做新聞記者的經驗警告我，任何歪曲事實的謊言，一定要在它散佈毒素以前掃蕩絕滅它，一疏忽，毒素散佈了開來，那就無法控制了。我知道，臺北事件不在它散佈而成問題以前及時制止，可能會變成阻止中美親善關係發展的一大障礙，因此我要在這兩個月裡傾全力制止它的散佈。我信，我的努力配合著臺北宣傳的彼此聯繫合作，的確發生了效果。

這時候另有一種謠傳說，這一次事件是美國政府把中國人喜歡的美國駐華大使藍欽調走促成的。藍欽做駐華大使打破了美國外交官駐外任期的記錄，竟達八年之久，剛在這時候調任駐南斯拉夫大使。謠傳說，中國人恨美國政府奪其所愛才作這抗議行為。這真是想入非非的幻想傑作。藍欽固然在中國交了很多朋友，可是新聞透露他的繼承人是鍾華德（Howard Jones），鍾在藍欽部下工作，是美國駐華大使館的舊人，在中國的人緣也不錯呀！

我不幸，在美國外交人事轉變的這個交叉路口上安排宴會，遇到了一個差一點轉不過身來的小麻煩。我聽到鍾華德要繼任藍欽做駐華大使，就想在一九五八年一月十七日設宴歡迎他，並準備在宴席上慶賀他這新任命向他敬酒。

不料在設宴的前夕佐理國務卿羅勃森告訴我，這次外交官的調動另有新安排鍾華德將任駐印尼的大使而駐華大使將調派美國駐香港總領事莊萊德（Everett F. Drumright）升任。這一個轉變，使我計劃中的設宴失掉了意義，可又取銷不得，陷入進退維谷的窘境。幸虧羅勃森真是一位好朋友，竟及時作幕後活動，幫了我一次大忙。他知道鍾華德正在醫院裡檢查身體，因而他建議，叫他多留在醫院裡幾天。他不能應邀到，我趕緊請藍欽做我主客代替了他。這才安排得天衣無縫，過了關。

二月十一日我們夫婦得艾森豪總統與夫人之邀參加他們招待外交團的盛宴。這本是每年一次的例宴，可是我到華盛頓的第一年竟沒有舉行。到的客人有一百多，我注意到蘇俄大使跟土耳其大使講得起勁，埃及大使站在邊上聽。我站得遠：我觀察著。在社交場合中，外交官常有機會作寶貴的觀察而得豐富的收穫。

華府的氣氛好像有些雨過天青的樣子了。三月四日國務卿杜勒斯夫婦設宴專邀我跟莎麗為主客，同座有眾議員周以德和泰勒將軍夫婦（General and Mrs Maxell Taylor）。自我一九五六年五月十七日到華盛頓履新以來杜勒斯邀宴還是第一次。久凍的冰好像打開了。我們立即設宴還請杜勒斯夫婦。日子挑在杜勒斯到遠東去出席東南亞公約組織會議的前夕。除杜勒斯夫婦外，邀請的陪客是美國新聞署署長阿倫夫婦（Director and Mrs. George V. Allen），泰勒將軍夫婦，周以德眾議員夫婦以及隨同杜勒斯出席東南亞公約組織會議的美國政府要員。

杜勒斯敬酒致辭時，提到我們在中國的第一次見面。他說道：

「你或者不注意，可是我確切記得今天是我們在漢口第一次見面的二十年紀念日，也就是我第一次晉謁蔣總統的二十年紀念日。二十年來世界局勢千變萬化，可是蔣總統的世界觀念堅定如一日。我異常欽佩他。中國在這歷史轉變的重要關頭需要有這樣一位不屈不撓意志堅強的領袖。我們大家來舉杯祝蔣總統的健康。」

我的答辭，除舉杯祝美國總統的健康之外，述我回憶二十年前在漢口驅車赴機場迎接杜勒斯赴蔣委員長官舍敘談的經過，並憶當時曾面送一本我編撰的蔣總統傳記給他留念。

於是我繼續追敘一九五四年在日本大使任內的一節往事。那時候，我忽得蔣總統來電囑將一九三八年杜勒斯先生晉謁時的談話紀錄抄送臺北，以便他接見美國新國務卿時的參考。杜勒斯先生那次晉謁，我任翻譯，蔣總統以為我必留談話記錄。可是，我在戰時任這樣翻譯任務幾百次，實無暇一一加以記錄。蔣總統的電囑使我陷入無法交卷的窘境。

我告訴杜勒斯，他不知道，他在這關口上幫了我一個大忙。因為他寫的《戰爭或和平》（War or Peace）這本書供我所需的資料。我發現他在這本書裡寫道：

「我一九三八年在漢口見到了蔣委員長。那時候，日本公開並積極跟中國作戰，已經打上了一年；中國首都，南京已陷敵手，政府搬到了漢口。武漢也經常受空襲的威脅。不久武漢也失守，中國的首都遷到了重慶。

「這個時候蔣委員長受到各方面的壓力，要他跟日本妥協求全。他把這問題跟我談。據告，條件已經提出。但他決定，他的決策將以美國歷史性對華親善關係作基礎。他的結論是，美國遲早難免與日本作戰，因此，他決定，中國即使獨力支撐也必繼續抵抗，以待美國參戰日子的到來。這日子是隔了三年半才到來的，並且是在中國受了重大創傷之後才到來的。」

我最後表示，杜勒斯在赴東南亞公約組織會議和美國駐臺北外交代表會面的前夕，能想起二十年前他晉謁蔣總統的情形並能保留他所得我們領袖的印象，真使我十分高興。請大家舉杯祝他此行愉快和成功。

我們在華盛頓酬酢往來十分頻繁，遇到了很多風雲人物，自難一一記錄下來。那時候在華府的各國使節達八十四個單位之多，雖然有幾國跟我們沒有外交關係，可是大半多是有的。同時，各國使節的人事變動也很大。因此，要記住這些人名真需要電腦般的記憶力。

就社交活動說，我們在東京比較快活些。因為那裡的外交團人數少，人事變動也不怎樣頻繁，而大家見面的機會又多。例如，外交團照例每一個月有一次午餐會。這種定期歡敘的機會，華府沒有的。

我喜歡觀察又喜歡找新朋友，因此並不感到社交怎樣折磨我。朋友中雖然有幾位不會一下子就跟你打開話盒子，可是很多人見了面就喜歡講笑話。有了幽默感到處可以找朋友。但，我總想找機會一人獨處，靜靜的研究擺在面前的許多國際問題，應付當前，推測未來，深憾可以供我這樣支配的時間實在不夠。

第二十三章

卸任與檢討

我在兩次大使任內，曾做過好幾次檢討吾國外交業務的工作，向外交部建議改進。茲舉其犖犖大者如下：

我第一次建議，我們的外交官領事官職權的隸屬系統應重加考慮作明確的規定。我國是參照法國官制，大使公使無權過問總領事與領事的業務。外交官與領事官皆直接受命於外交部是兩條沒有接觸的並行線。

這是不切實際需要，減低行政效率的一大弊病。我在東京與華府任內都曾先後向外交部建議，應修改這項官制。我主張，大使應該是向外交部惟一負責的館長，總領事與領事的業務皆應受大使支配，不應向外交部作直接接觸。這是美國國務院的行政集中制。希望我國也能改採這個制度。

我第二個建議是增加駐外使領人員的待遇。使領館用人最感困難的是僱用當地人員的薪金限定了每人每月最多只有美金一百七十五元。就美國現在的薪給標準考慮，這一點薪金，無法僱用一位勝任的打字員，更不必談再高技能的書記人才了。從底層向上估計，每一職位待遇都配合不上要求，因此，要想提高工作效率，難上加難。

我的最後一個建議，就是我自己要身體力行的改革。我曾向蔣總統建議外交官任期應規定兩年一任，兩任後不得再任。我願以身作則，故在一九五八年一月遞上我的辭職書，希望在一九五八年五月，我駐美大使兩年任期屆滿，自動結束我的任務。

一九五八年三月我奉召返國，討論我的辭職問題。蒙蔣總統召見面諭，目前尚未得繼任我職務的人選，囑我返任待命。因此，我遵命又返任所。

到了七月行政院改組由陳誠繼任行政院院長。葉公超做了外交部部長九年，新閣規定由前行政院副院長黃少谷繼葉為外交部長。我發現公超是繼我駐美大使最適當的人選，現在卸任外長必願來美，正是我卸此重責的好機會。因此，我立即電請外交部注意我一月的辭職電，並建議公超是繼我負此重任的適當人選。

我的建議立經新部長接受，電囑待蔣夫人訪美返國後立即以公超為我繼任大使之任命請求美國政府的同意。不料在蔣夫人返國前三日，我忽奉臺北第二次電囑，延緩向美國政府徵求公超任命的同意一個星期。到了七月二十五日時早上，蔣夫人告訴我，她希望我暫緩向美國政府徵求公超的同意，等她向蔣總統作最後的請示。她又彷彿要把我的辭職重作考慮，可是我已作離職返國的種種準備。

接著美國陸戰隊司令派特將軍（General Randolph M. Pate）設宴為蔣夫人送行，他在席間好意的酬酢構成我難言的窘迫。派特將軍起立敬酒致辭時除向蔣夫人表示惜別外，竟說，最近聽到我與莎麗將離華府深感悱惻。他說，我倆在華府官方心頭所佔地位的重要實超過任何駐美大使夫婦之上。我們離美消息未經官方公佈，派特的揭露陷大家於窘境。

蔣夫人起立答謝時說，她聽到美國朝野對我夫婦有這樣洋溢的情感深感欣慰，並且還強調說我夫婦的確對加強中美兩國親善關係作了很多貢獻。這使我與莎麗更加緊張，除默坐外不知怎樣作其他反映。在座的美國五角大厦高級海陸空將領及其夫人都是我們的熟朋友，聽到我們離美消息這樣證實之後，紛紛向我們表示惜別之意，這才使我們無法再加抑制的離情別緒藉此得充份表露出來。

從七月十五日起到七月二十七日蔣夫人忙著接受各方面的邀宴，幾幾乎每天兩餐連同下午酒會排滿了日程，很少休閑的機會。邀請的主人從美國總統艾森豪夫婦，副總統尼克森夫婦起，參眾兩院重要議員，國務卿以及重要文職主管，三軍司令以及重要武職長官之外，華府的全國新聞記者俱樂部請她午餐演講並答詢問，華府僑胞也張宴請她指示國內情形。二十七日結束了她華府酬酢日程之後，蔣夫人飛紐約晤其姊孔夫人作久別重逢的家庭歡敘。

蔣夫人離華府前曾囑我卸任後仍助其工作。我不得不婉述目前處境，有事與願違不能從命的困難。因公超繼我的消息已成家喻戶曉的事實，美國朋友也都知道我卸任後想做些什麼的計劃，我倘然再留美不回國，將無辭向朋友們解釋理由。再加上，蔣夫人在美活動應由駐美大使隨侍協助，我卸任後再作這公開行動，將使公超與我皆感不安。蔣夫人點頭首肯我的解釋。

這次美使易人事件，事前消息透露使政府無最後迴旋餘地實非恰當安排。最顯著的例子可舉七月二十一日英文《中國日報》那節記載如下：

「在外交人員調動中最足令人注目的一件是多才多藝的外交部長葉公超接任七十二歲退休

的中國駐美大使董顯光。雖然中國政府還沒有正式向美國政府要求葉氏任命的書面同意，這手續立刻就會辦的。臺北方面已在準備給葉外長以在這個世界首都中領導中國外交的全權……」

「葉氏是一位老外交家，將在赴美新任內為自由中國爭取更多友人。他將與全世界領導外交的政治家密切合作，尤將與中國全力支持其原則的聯合國緊密合作。葉氏跟中國出席聯合國的常任代表蔣廷黻早有完善團隊的結合，這次赴美的新任命將更增加二人的合作。」

「政府外交的另一新面貌，將是葉氏強調要加強對美新聞與親善的關係。爭取美國更廣大民眾之支援自由中國，將為這位舊外長到美國去最重要的外交新任務。」

我願以摯誠祝禱我繼任者的成功。就我本人說，這是我最後的一次公職。我離華盛頓的那一天就是把我政治生活這根舊絃換上一根新絃的那一天。我要換的新絃是——宗教。我準備回到臺灣，找一個清靜的地方安居下來，渡我餘生在宗教活動中，我動的生活將告結束，應繼之以增進修養的靜的生活。

在這兩年又四個月的華府大使工作結束的關頭，我應該再作一次檢討。

在我這一任內，剛巧中美兩國間沒有發生怎樣重大的問題。同時，有關中美兩國許多重要問題的處理，多由美國駐華機構在臺北直接交涉。例如，美國對華的經濟軍事援助，是由在臺北的美國大使館其他美國駐華機構跟我政府的主管部例如外交部、國防部、財政部與經濟部等直接洽商。在美宣傳工作則皆透過中國駐聯合國常任代表蔣廷黻主持撥款。交給我主管的少數演講經費，我交由前任國際宣傳處駐緬甸辦事處的駱傳驊主其事，很得工作成效。

至於我自己，我決不讓我閑下來。我走遍美國三十七個州超過六十個城市，向各種重要會議作不同講題的演講。我寫了一百二十餘篇演講稿，應邀自由式的無稿演講次數比這數字還要多。這是我在兩年內完成的主要工作。各方面反映都認我的確做了一件很有績效的工作。但，臺北方面反以為我不應該常常離開華盛頓，我應在華府跟美國政府行政立法要員多接觸。就是由老同事主持的中央通訊社也電囑其駐華府記者少報導我的演講新聞，因為各國駐美大使都不是這樣做，我這種行動要使外交部感到窘迫。我在美國交往少，變成臺北對我普遍的責難，實際這是不公平的。在華盛頓的兩年中我的酬酢數量有紀錄可稽。約略估計，每年做我宴會客的五千人，做我酒會客的在五千人以上。好像臺北沒有人注意到我這些活動！

至於駐美大使館的同事，除了少數例外外，都是忠於職守的苦幹公務員。中間最值得一提的是我戰時舊部的公使朱撫松。

我在美館最有效的一件成就是振作辦公精神，規定正確辦公會間。過去上午十一時上班是常事，我嚴格革除這個壞習慣。按時上下班變成了大家必遵的新規定。

成立圖書室是我除舊佈新的另一新成就。過去預算規定的買書費每年也有美金好幾千元，可是書一本也看不見。因為，從大使起全體館員看見新書，不管它是公費買的，帶回去看再也想不到還。我規定，在我個人的督導下成立一間圖書室派人管理。我希望後繼者能繼續保持上去，為美館建立一間足供外交參考的圖書室。

我第三個成就是建立收集參考資料制度。一個外交官所需要的參考資料能夠隨手拿到是增加工作效率的重要設備，美館中沒有這種設備。我指定幾個人專把不斷流過我們眼前有保存價值的重要文件、新聞剪報、各種成章成冊的宣傳作品等集中分類妥慎保存。

我第四個成就是建立一切文件的集中檔案。美館成立到我任內已七十多年的歷史，我到任時驚駭發現竟沒有一間集中一切文件的檔案室，所有重要文件都分散在各主稿者的手裡。在十九街的老館屋裡，我發現一大堆一大堆的舊文件夾在舊報紙裡，沒有人管。於是我動員一部分館員額外加工整理這些垃圾。他們真穿上工作衣著手工作。這些舊紙堆，除堆滿污穢之外，還有許多給蛀蟲咬得七零八碎的。經過好幾天的工作，用卡車載掉好幾車垃圾與廢紙，只收集了少數從伍廷芳起歷任公使大使留下來的信件文件，做美館歷史性的紀念品。

我到任兩年，雖知道指定一兩個人來建立這集中檔案室的重要，可是人員不夠無法指定，一直拖到我最後一次返國述職時，經外交部擴大編制，指定兩人專做這份工作，才真正把這制度建立起來。可是，館員辦公文沒有把文件集中歸檔的習慣，這個制度，能否維持，還得看繼任者的是否重視它。

最後我深感到改革不是一個局部問題，外交行政的除舊更新更不是一個單位單獨努力可以奏效的問題。我離美館任所時，雖回顧我過去有這些成就而沾沾自喜，實際能否保持，還得看我們外交行政整體的是否進步而定了。

離館時，全體館員為兩年零四個月同事感情所激動，依依道別都要求我贈照片留念。我過去雖然沒有這樣做過，可是盛情難卻，都一一照送了。我切囑勿舉行什麼餞別宴，他們合作照辦了。我跟他們的確有濃厚的感情，特別是他們的眷屬，有困難經常找莎麗商量與協助。

我們留在華盛頓直到九月八日才乘機赴荷蘭參加那裡舉行的「基督教領導者國際委員會」的年會。會後周遊歐洲及中東十五個國家，這一次世界旅行使我最感滿意的是得專訪以色列與約旦，親自看到與耶穌一生有密切關係的許多地方。

離開了美國五個月後，我在返臺灣途中又在二月間回到了紐約。朋友勸我們檢查身體。檢查結果，莎麗的牙齒需要治療。不料留下來治牙，她竟花了三個月的時間。我先動身回臺北。一月二十日到達臺北，即向外交部報到結束我應辦的手續。

在臺北的開始半年中我收集資料寫了一本自一九四五年起日本歸還中國後臺灣教會的發展史。有時我被邀在禮拜堂中去說教。莎麗在一九五九年底返臺。我們開始我們生活的新頁。

第二十四章

生平回顧

我回顧一生的事業發展有四條路線可循。我最後挑了做官這條路是怎樣也未經預料到的，或者我是受到客觀環境的支配吧。

我很可能留在本鄉寧波做一個農夫，因為這是我母親的願望。母親買下一座農莊，使我父親在出外包建築工中間空隙時間仍得回到家裡來種田。我是不喜歡種田的，幸喜我父親也支持我的立場。這才使我跳出了做農夫的職業路線，避免了最後關進人民公社跟著毛澤東做牛做馬的劫運。

不做農夫，我第二個事業路線，可能一生做一個商務印書館的職員。假定我在上海補習小學裡沒有遇到孟德高莫萊牧師，沒有人來鼓勵我幫助我到美國去受高深教育，那麼我只能留在商務印書館裡工作求生，做到一個經理，該算是最高成就了。

我的第三條事業路線是永遠守在新聞崗位上。我想假定我能留在這條路線中，我應該是最快樂的人，因為我在新聞界已經有了相當成就，自己發行過中文報，很享一時盛譽。假定我守住我的新聞崗位，那麼一九四九年共匪奪佔大陸時，我一定順著我職業的要求，向香港或其他自由地區轉移。

結果，上述三條事業路線我一條也沒有走。受到一聯串想不到事件的推移，我竟以政府官員結束了我的終生事業。現在我回顧生平，追溯那些事件怎樣慢慢地把我牽引到政府圈子裡去，倒是一件很有趣味的自我研究。

這一聯串事件開始一九二九年。那時候，我在上海從事新聞工作，眷屬還留在天津。莎麗突然趕到上海來告訴我，海軍上將杜錫珪奉命為考察各國海軍團的團長，要我做他的秘書長隨團出國。莎麗力勸我應邀，我給說服了，才第一次做了官。

這次做官，使我得接近蔣委員長，重拾過去的關係。杜錫珪的出國使命是蔣委員長決定的因此我有隨團晉謁的機會。見面後領袖始憶龍津舊事，從此使我一生追隨左右而定了我事業發展的型。

此次晉謁後，蒙蔣委員長夫婦邀赴奉化作數日盤桓。此後我雖仍在上海主持英文《大陸報》筆政，每遇國際重要事件發生，領袖常電囑入京諮詢意見。同時，正式登記入國民黨黨籍。實際我在一九一三年美國學成返國時起即以非黨員身分為黨工作了。

我在上海因病辭去《大陸報》工作。養病家居時忽接政府客籍顧問澳洲人舊友端納來電轉達領袖意將任我為軍事委員會上海辦事處主任持檢查外電事宜。這是政府抵禦日本侵略很重要的一條防線。我經考慮後，決定應領袖的徵召正式接受了政府的任命。

一年後，抗戰正式開始，我被任命為軍事委員會第五部副部長，並曾代理部長。後第五部撤銷，宣傳事宜由國民黨宣傳部主持，我則以宣傳部副部長身分專管國際宣傳事宜。抗戰八年，我始終在這崗位上沒有變動過。

一九四五年抗戰勝利我脫離政治生活一年後又受命為行政院政務委員兼新聞局局長。一九四八年隨蔣總統下野而去。

政府遷臺後，我受命為中國廣播公司總經理。此後轉入外交界，一九五二年受命為戰後第一任駐日本大使，一九五六年轉任繼顧維鈞的駐美大使。

我從這半生綿長的經驗中，看到的世態變遷，光怪陸離，實出我意料之外，使我不得不重訂我對一切事態的基本概念。

最突出的轉變是空間距離的縮短。物質運輸與意見交流都發生了減少距離的奇蹟，使全世界人與人間異常接近起來。因此，他們很容易聯合起來面對共同的問題，過去的孤立主義根本無法存在了。這種「天下一家」奇蹟的黑暗面湧現了共產主義的威脅。物質與知識交通的加速變成了共產黨摧毀一切的利器。致令今日共產主義對人類威脅之大超過了過去帝國主義與法西斯主義的最高峯。

世界經濟也作了一個大轉變。此中最顯著的現象是人類普遍接受通貨膨脹與貨幣貶值，視為當然。我記得當我孩童時期，中國的幾枚一分值的銅版可以買一大堆吃的東西，因此人民收入雖少生活卻都過得相當愉快。今日我們生活的畫面就大大不同了。大家追求擴大收入像發了狂。我眼看很多朋友已經有了百萬家產，還在想盡方法要發財。同時我也看到很多富人一眨眼變成赤貧。全世界的財富好像在一套調節程序中廣泛地上下翻騰著。

我又看到世人的處世觀念也有了大轉變。人們現在不再死守原則，逐日臨機應變，變成了大家的處世準則。過去生活死板板的規範現在已不存在。人性充滿了適應環境的彈性。其結果，過去可能引發戰爭的許多事變，現在人不當一會事輕輕帶過了。

上述這些轉變的影響使近代人類的生活軟化了。這不能算是怎樣幸福罷，我記得我在美國做學生時，汽車很少見，飛機還是未來的夢想。人們旅行，除了坐火車外，就得騎馬或坐馬車或乾脆走路。一大半都是走路。這是大家接受的生活方式，因此把他們的體格一個個鍛鍊得結結實實。現在不論男女都有坐汽車的方便，短距離也不想移動雙腿，培養成柔弱懶散的一代。

這些時代的轉變都給共產黨把握到而痛痛快快利用上了。俄共和它的衛星們只需搖晃著核子戰爭的威脅就能動搖不結盟的國家嚇得打哆嗦。它們寧願接受「和平」，甚至向克里姆林宮屈辱求饒，也不願鼓起勇氣，挺身自衛。不說這些國家，就以最堅強的美國來說，仗著核子武器示威的俄共也經常癱瘓了美國的意志。每遇重要決策關頭大家都徬徨失措。孤立主義的陰影時常掩在他們心頭。作具體表現時，竟創停止外援之議，無異主張美國任共產黨猖獗，不加干涉。世人越徬徨，共產黨乘機掠奪的機會越多。

我在美國兩年四個月的任期是過得很愉快的。歷年來許多朋友能在這時期內，一一重溫過去的老交情，豐富了我的生活。半世紀前我來美國讀書時起開始交美國朋友。在東京任內又認得了許多美國外交界與海、陸、空軍的將領，這次到華盛頓大半重逢並多升了級。

交朋友，政見相同的隔開了很久還很親密，政見不同的，雖朝夕相處仍會漠然相對。

我可舉兩個人來作例，一個是史廸威，一個是司徒雷登。史廸威在中國時給共產黨和共產黨同路人包圍著。本來像我這樣跟他很接近的朋友，很想找機會跟他交換一些意見都給他拒人於千里之外。結果，他把所有非左傾的朋友全都扔掉了。

司徒雷登雖然開始也受到跟史廸威同樣的經驗，可是他後來還能跳出包圍，恢復他的故吾。他在中國時做燕京大學校長，多數燕大學生投入共產黨，因此他那時是受他們包圍自己作不了主的。可是，回到美國之後，他仍能從這包圍網中跳出來，恢復他自己的行動與思想自由，保留了許多老朋友的交情。

使我感到欣幸的是在外交官任內所遇到美國有過往來的對手都是堅強的反共人士。我願在這裡錄下幾位永留在我記憶中的名字以留紀念：副國務卿墨斐（Undersecretary Robert Murphy），主管遠東事務助理國務卿巴森斯（Grahem J Parsns），駐捷克大使艾理生（Mr.

John M. Allison），南卡羅林納軍校校長克拉克將軍（General Mark Clark），第七艦隊司令蒲賴德海軍上將（Adm. Alfred M. Pride），賈拉漢海軍上將（Adm. Callaham）與勃理斯都海軍上將（Adm. Bristol）。

附錄一

追思董顯光先生

曾虛白

今天我們聚集在這裏，在莊嚴肅穆的氣氛中，抱著沉重的心情以宗教儀式，追思我們大家摯愛的朋友——董顯光先生。

在表示我們的懷念以前，准許我先把大家都十分熟悉的董先生的生平作一次簡單扼要的介紹。

董先生是浙江鄞縣人。一八八七年出生在一個清寒而虔誠的基督教家庭裏。這一個家庭環境，促成了他基督徒追求真理，保衛真理，像跟魔鬼搏鬥的傳教士一樣的充滿著奮鬥經過的一生。

董先生在他生活的最初階段，跟貧窮的命運鬥。他的父親只是一個鄉下承包土木工程的工匠，絕對沒有負擔子女高深教育經費的能力。可是董先生靠著自己的努力，以半工半讀的刻苦精神，把自己從鄉間小學，升入上海清心中學，畢業後出國深造，由派克學院，升入密蘇里大學新聞系，畢業後轉入哥倫比亞大學新聞學院，完成他為真理奮鬥的修養，打定他理想事業發展的基礎。

董先生生活的第二階段是他踏進新聞界，為保衛真理而參加革命陣營，內與軍閥外對帝國主義者鬥。他學成回國在海倫上巧遇了國父，打定了他在新聞界工作的正確路線。此後他在《華北日報》任編輯，為上海各重要報紙寫通訊，為當時學術界認為權威的英文雜誌《密勒士評論》寫社評，以及自辦天津《庸報》，跟著轉任上海《大陸報》總經理兼總主筆。在他這一段多采多姿的新聞事業發展過程中，他始終以基督徒保衛真理的精神，實踐國父給他的革命任務，跟軍閥與帝國主義者作殊死的鬥爭。

抗戰炮火把董先生帶進了他生平的第三個階段。在這一階段裏他那一股傳教士追求真理，保衛真理，為救國救民而奮不顧身的忠勇精神，充份地暴露了出來。他由軍事委員會第五部副部長，轉任中國國民黨中央宣傳部副部長，後復調任行政院新聞局局長，來台後棄官轉入新聞界任《中央日報》董事長兼中國廣播公司總經理。在這一段生活階段中，他十足表現了一位新聞戰士冒險犯難的基督教衛道精神。

董先生由新聞界轉入外交界是他另闢新陣地，運用純熟新聞技巧，爭取友邦以與邪惡鬥爭的第四個生活階段。他由中國駐日本大使轉任駐美國大使，在我國這兩個最主要的盟邦中，他筆書口述，企圖說服朝野，堅定太平洋上的反共陣營，其堅苦卓絕的基督徒的鬥爭精神在他所印兩大冊日美任內演講辭的字裡行間充份地表露了出來。

董先生交卸駐美大使時，就公開表示將盡他生命的全部時間從事傳道工作。這就進展到他奉獻身心為基督教服務的第五個生活階段了。在這階段裏，他回台住在榮民總醫院的宿舍裏，除每禮拜三風雨無阻地給醫院裡的病人佈道外，更寫了一本基督教在臺發展史，這是他屬靈生活最虔誠最專屬的一個生活階段。

不幸這個階段未能持久，健康本來勝過常人的董先生竟因一次颱風停電滑跌腦震而得病。繼由中風而增泌尿症而肺炎而膀胱炎，纏綿病榻幾達十年之久，卒於本年一月九日在沉靜平安的空氣中結束了他忠勇奮鬥的一生。（詳見董先生病史。）

我們敬愛的董先生雖然應召歸天離開了我們，可是他的印象永遠留在我們的腦際，他的精神永遠與我們同在。現在讓我們共同來懷念他的為人，作一次追憶的紀念。

我想把「忠」、「智」、「勇」、「毅」、「仁」、「慈」、「廉」、「簡」，八個字來概括介紹我們認識的董先生。讓我就簡稱這是董先生的八德吧。

第一德，說忠。董先生愛國的熱情具體化而變成了他對領袖的掬忱效忠。因為他確信領袖的言行就代表了國家的最高利益，故敬領袖如敬神明，愛領袖如愛慈父。領袖有所命，必仔細揣摩，求遵照達成任務最完備的境界。設令達成必須冒險犯難，決不避赴湯蹈火的艱危。

第二德，說智。董先生是中國政府公共關係制度的設計、創作而發揮最大效能的一個人。從抗戰到今天，受他薰陶經他訓練的人，還在政府中擔任這份重要工作。美國新聞界巨頭荷華德（Roy Howard）在他給董先生寫的一本自傳叫《中國採訪線》（*Date-line: China*）的序文中說道：「假定董先生的辦法能夠早經採用，美國就能早些了解中國，事情就不會糟到現在這樣情形。」亡羊仍應補牢，董先生創建的政府公共關係制度，究竟對國家作了難以估計的貢獻。在抗戰期間，董先生的智慧在另方面更有一番貢獻，還是很少人知道的，這就是他在對敵心戰上的啟發。抗戰心戰領導人戴笠將軍經常師事董先生，有所設計，必求審核，遇有疑難，每多請益。

第三德，說勇。董先生勇於負責的精神在抗戰期中驚人地表現了出來。他奉命戰事逆轉，遇到棄守重要都市的時候，他必定要留到最後代表政府向當地軍民作臨時的告別。武漢撤守時，他留到敵軍已入漢口飛機場，才招待中外記者致辭後隨最後掩護部隊步行離漢。因避敵機，紆迴繞道，跋涉蹊徑十日之久，始達衡山我們辦公地點。在重慶，敵機轟炸威脅之下，政府機關非整體疏散下鄉亦必疏散眷屬，唯獨國際宣傳處集中眷屬於辦公地點，表現生死與共的決心。在董先生率眷領導之下，同人咸願甘苦與共。前線戰爭激烈，電訊傳來，外記者爭欲前往作實地採訪，董先生身為長官，自可派遣僚屬隨同記者前往照料，但，戰役如為重要者，董先生輒親自隨行，為僚屬作冒險的示範。上海淪陷後，董先生曾兩次喬裝混入滬市進行敵後部屬，曾在日軍辦公大廈的電梯中遇任日本電信檢查之舊友幅內，生死關頭間不容髮。

第四德，說毅。董先生以貧寒子弟得出國深造成中國新聞界眾望所歸的領導人物，誠如董夫人向新聞記者表示的，他們夫婦是經過「風、雨、雪、浪、甜、酸、苦、辣」八字鍛鍊出來的。一個人經過這八字的鍛鍊仍舊能夠不屈不撓照著自己選定的目標勇往邁進，真不知需要怎樣堅定的毅力才能支撐得住。抗戰時期國際宣傳處同人不獨備嚐經濟貧乏的壓迫，並且朝夕在要被敵機炸死的危機中掙扎著，然繁重工作仍能在團結愉快的心情中進行著，大家都憑董先生這一股堅定毅力的感召。

第五德，說仁。仁愛的具體表現是賙貧濟困，疾病相扶，董先生在這方面充份表現了他基督徒的本份。不論親友僚屬，凡有困難，一經證實，他必全力相助。我個人親自的經驗是他對國際宣傳處一位歸化外籍顧問馬斌和超乎常情的救濟合作。馬斌和某一夜拾一患惺紅熱病倒路旁的小孩，為之漏夜扣送若干醫院之門，急救不治而死，即為買棺成殮，所需經費不貲。馬以為此種社會救濟應由公家負擔，要求國際宣傳處公費支付，董先生一口允之。我說無法報銷。董答，由他負責歸墊，並稱，假定他自己遇到這種事，他也要一樣做。馬的行動代表了他，這筆錢出得心安理得。

第六德，說慈。謙卑是基督徒的美德，但就一般人來說，對上容易，對下就不免要有一番做作。可是，董先生對其他部屬不獨溫情如撫子女，且認為當然應無分職級，一律獲得他的尊重，部屬之有病患者輒親自慰問，部屬之有困難者，輒設法救濟。

第七德，說廉。董先生一生就事業言做首腦，就公職言做長官，可是他除應得的薪津之外，絕不另支公費。這一點，可以做有力證人的，就是今天做這筆報告的筆者本人。因為，從國際宣傳處到新聞局，名義上他是我的主管，實際上管人管錢的權，他都交給了我。他要花一個錢，都要由會計做帳經過我的審核。我敢說，他的廉，的確一清如水。

第八德，說簡。董先生生活的簡單竟出乎一般人想象之外。當他任中國廣播公司總經理的時候，朋友們看見他住在新公園辦公室對門一間小房裏，一床，一桌，一浴缸之外別無長物，都以為這是他臨時偶然的安排，可不知他的正常生活並不比這樣安排好多少。他天津、上海安定時候的家我都去過，並不怎樣安適。抗戰時期，他夫婦住在一間茅亭改建的小屋裏，塗籬為墻，編茅作頂，準備隨時炸掉了重蓋的。勝利還都，他在南京，跟幾個外國顧問同住一個宿舍裏。到後來外交官卸任之後，他們夫婦倆帶著簡單行李，到處為家。他好像有做不完的事，等待他去走走不完的路似的。

綜合董先生一生的八德，都是他虔誠基督徒追求真理保護真理行為的反映。他能在我行我素的日常生活中，永遠保持這超人品德的水準，得力於董夫人趙蔭薌女士賢內助的鼓勵合作最多。特別在他生命的最後階段，十年病榻，董夫人率同二女公子玫儷小姐，隨時翼護，其茹苦含辛承擔此精力雙方的沉重負擔尤足令人感佩。

董先生應召歸天，離開我們了。可是，我認為他沒有去，他的遺影永遠留在我們的記憶裏。他在送我的一本書頁上用英文寫道：“Friendship grows sweeter with the years”，譯成中文應該是「友誼跟著年齡的增長而增加它的甜蜜。」我想在座諸位，也將跟我一樣得到他這句話的感應，董先生雖然離我們而遠去，我們跟他的友誼將永遠跟隨著年齡的增長而增加它的甜蜜。

民國六十年一月二十四日

附錄二

追隨董先生半個世紀

魏景蒙

董先生的逝世是國家的損失，是新聞界的損失，汗青不朽，毋待辭費。我個人悲慟尤深，蓋非僅為國家哭，為新聞界哭，更為私誼哭也。

董先生不只是我追隨多年的老長官，且是我的父執輩，我的老師輩，我一直追隨他五十年。最初認識董先生，我還是十幾歲的少年。民國初年，鳳凰熊希齡先生組閣，號稱「人才內閣」，北洋政府曾有一個時期力圖振作，從這以後，也頗有意興辦理建設事業。先父冲州公就在這樣的環境中參加政府，主持兩項水利工程，百廢待興，佐理需人。恰好董先生從國外學成，蒞臨舊京，先父仰慕其才華，請他參加了這項有建設意義的工作。董先生與先父訂交從這時開始，我之認識先生也是從這時開始。我的印象，董先生是位深受西方教育的標準紳士，衣履整潔，態度和藹，待人接物，一片至誠，令人油然生敬仰之心。董先生與先父共事時間很長，交誼甚篤，居恒縱談天下事，旁及治事與處世之道，甚多契合之處，先父尊為益友。我那時年紀輕，逞強好勝，董先生認為少年脾氣大都如此，規勸之外，復多鼓勵。先父教我多跟董先生學習，我學了一輩子，總覺學得不夠。

董先生勉勵我兩件事：第一件，將來最好當新聞記者，作記者可以培養精確的鑑別力。記者需要強烈的是非觀念，而是非黑白，有時會被矇蔽，只有從實際工作中不斷鍛鍊鑑別力，才能成為一個成功的記者；因此成功的記者也必然具有精確的鑑別力。第二件，從少年時起就當養成讀書的習慣。讀書，讀有益的書，是最大的愉快，也是最高的享受。這習慣可以一直保持到老，終身受用無窮。董先生這些訓誨，我終身銘刻。

抗戰之前，董先生在上海主持「四社」，所稱「四社」，是指《時事新報》、英文《大陸報》、《大晚報》及「時事通訊社」的總稱。我離開學校，奉董先生之召由北平南下參加四社工作，在時事新報作記者。從這以後，一直追隨董先生工作，到三十八年撤離大陸時為止。

追隨董先生多年，有許多軼聞趣事頗堪記述。

董先生從不諱言出身寒素。父親是個木匠工人，經常為寧波當地教會蓋房屋，有一次在上樑時不幸失足摔死，母親旋亦去世，孤苦伶仃，由於與教會有深切淵源，獲教會獎學金接受學校教育，那時是滿清末年，風氣閉塞、有錢人子弟多不願送子女上洋學，董先生反而有機會接受現代教育，對於遭遇不幸的董先生卻是大幸。

董先生在學校，課業成績好，體育成績也好。有一天，在操場上踢足球，把球踢到隔牆趙老師家院子裡去了，這位年輕英俊的學生跑到趙家去拾球，一眼瞥見有位漂亮的小姑娘，兩對眼睛接觸，彼此都留下了深刻的印象。趙老師非常賞識他的這位高足，願意將女兒嫁給他，這對青年男女自然都是稱心滿意，不久就結婚了，新娘就是和董先生白頭偕老的董夫人趙蔭薌女士。董先生追憶當時的情形，曾說，舊時婚禮，照寧波的習俗，新郎須將新娘背回家，董先生也是將董夫人背回家的。

董夫人讚揚董先生是「一位最完美的丈夫」，而董夫人她自己也正是一位最完美的妻子。董先生結婚生了兩個女兒以後才出國留學的，家庭的重擔就擱在董夫人頭上，白天教書，晚間織線手套維持生計，讓丈夫安心在美國求學，使無後顧之憂。而以後相夫教子，也做得非常完美，沒有人不稱讚董夫人是位賢內助。尤其是董先生臥病的最後十年，在病榻旁親侍湯藥，無微不至，幾至心力交瘁，真是多虧了年邁的董夫人。

董先生在美國求學，米蘇里大學，新聞學院第一班畢業，又再進哥倫比亞大學深造。雖然他的同班同學很多人後來成為美國政壇顯要或是新聞界鉅子，但是這位中國留學生卻是苦讀成功的。他靠半工半讀維持學業，暑假期間，從這個城到那個城，跑來跑去找工作，端盤子，洗碗，洗衣服，作臨時工，他那樣沒有做過。那時工貲很低，純靠節省，一毛一毛的積蓄，才能於開學以後維持生活費用，還盡最大可能，匯些錢回國貼補家用。假期跑來跑去找工作，那裡有錢住客棧，到走投無路時，他曾跑到墓園裡的墳地上過夜，到這種情形，只有咬牙，才能克服難關，也顧不得膽怯和恐懼了。

這種刻苦和咬牙的精神，構成董先生完美人格的一部分；自奉儉樸，畢生清廉，也是從青年苦學時代養成了習慣，當非通常人所可及。認識董先生的人，都說他有駱駝一樣的精力，任重致遠，從來不知道什麼是危險，什麼是吃苦。抗戰時期，政府自武漢撤退，董先生是殿後隊伍中最後一批人當中之一，因為他要在撤守最後時刻舉行一次外國記者招待會，說明政府撤守武漢，是以空間換取時間決心長期抗戰的一個重要步驟，決不是潰敗，好讓外國記者在這關鍵時刻把電報發出去，澄清國際輿論。招待會散了，撤守的人都撤光了，那裡還有交通工具，董先生帶著沈劍虹徒步離開漢口，經過千辛萬苦才到達長沙的。

政府遷到重慶，雖然我們已重新建立起抗戰的領導中心，但外間世界並不十分明瞭。董先生又冒險跑到敵後的上海，去邀請外國記者到重慶採訪，任務固然圓滿達成，卻幾乎把性命送掉。有一次他在電梯裡忽然遇到日本軍部發言人嵋內，這個傢伙原是同盟社記者，和董先生認識的，被他識破，如再被他纏住，那裡還有活命希望。幸而董先生憑藉機智鎮靜功夫，終於擺脫了這場危險。

一般人都以為董先生在國外受教育，英文造詣很深，生活習慣也接近西化，對於中國社會一些古老的風俗習慣一定不怎樣熟悉，其實不然。他不但熟悉，而且尊重一些古舊的傳統。有一次，他特意用中文寫信給在國外求學的兒女，勉勵他們做規規矩矩的好人。在信中，他述說他們董家一件舊事。有一代祖先去世，找堪輿師尋覓墳地，當時找到兩塊墳地，一塊是後世子孫大富大貴，另一塊則主子孫能平安渡日，喪家毫不考慮選擇了後者，只希望子孫能規規矩矩做人，平平安安過日子。信上說：這是董家的家風，希望他的兒女等恪守不渝。董先生向來把我當作子侄輩看待，所以他把這封家書給我過目，然後要我寄出去。

一般人都只知道董先生律己甚嚴，行止有節，不威而畏，或以為他缺乏風趣，這又錯了。董先生在我之前主持過中廣公司，他在中廣就有很多有風趣的故事。名佈道家寇世遠先生曾在中廣服務，他就寫過董先生這樣一段故事：

「有一次，同仁工作到深夜，大家用些無傷大雅的胡鬧來驅逐睡意。一位年輕記者模倣董先生拄拐杖擺八字腳的步伐，在辦公室歪來扭去，學董先生的口音說話，我們正在哈哈大笑，突然有人發現總經理正站在門邊，一時大家尷尬得不知所措。董先生一聲不響，慢慢從口袋裡掏出一大把糖菓，逐一分發，給那位滑稽演員卻是加倍，然後故意誇張地擺著八字腳在眾人面前兜了一圈出去了，逗得大家開心大樂。一位女播音員追去大喊：『總經理萬歲』。

在中廣，還有一個故事膾炙人口。播報新聞最佳的播音員王玫小姐和毛威結婚，還缺點錢，上簽呈給總經理借錢，董先生當時很躊躇。論情論理，他要借給她，王玫對公司有貢獻，董先生更深知一個快要結婚的新嫁娘手頭缺錢是件很尷尬的事，他自己有切身感受；但論法，中央新頒布規定，對職員借錢有嚴格限制，不能破例。最後他批交會計室，錢照借，在總經理薪水項下扣還。這樣，情、理、法兼顧，他自己才感到心安理得。這件事，在中廣公司流傳很廣，大家又喊：「總經理萬歲！」

董先生很風趣很幽默是人所盡知的，寇先生所講的故事，只不過是一個典型的例子。他最會說笑話，笑話中隱含哲理，用比喻方式暗示一番大道理。他曾經用英文寫過一本《中國笑話集》分贈外國友人。議集中，常因董先生說了一個幽默的笑話，使全座皆歡，因此董先生所到之處必然端座春風；演講時，董先生常運用幽默的語句，深入淺出，將艱深問題作了解答，使聽眾留下深刻印象，因此大家都喜歡聽董先生演講。董先生任駐美大使時，他的演講節目總是排得滿滿的。

應付外國記者，董先生最成功。第一，他絕不說假話，是就是，非就非；能夠說的，儘量說；不能說的，隨便外國記者怎樣繞灣子也套不出來，但絕不撒謊。第二，他運用機智，運用幽默，打破緊張空氣，間接的解答了困難問題。老一輩的名記者沒有一個不佩服董先生。有一次，已故世的《紐約時報》老闆沙茲柏克來臺訪問，議集中，董先生忽然對沙茲柏克說：「《紐約時報》發行人的位置本來是屬於我的，後來才被你搶去的。」沙聽到為之一怔，坐在旁邊的沙太太立刻解釋她和董先生在米蘇里新聞學院原是同班同學，而且共坐一張課桌，常常約會在一起。當時，誰能和她結婚，誰就有資格做《紐約時報》老闆的繼承人，因為奧克斯老闖沒有兒子，瑪莉·奧克斯小姐是他的獨生女。如果瑪莉·奧克斯嫁了董先生而不是嫁給沙茲柏克，《紐約時報》發行人自然屬於董先生了。

董先生名滿天下，譽滿天下，像我與董先生有這樣深切關係的人再去讚頌他的勳業與事功，顯然是多餘的。使我最敬佩的還是他精密的思考方法，他絕不為一時的表面現象所搖惑，而能更進一步的去思考問題。民國三十年十二月八日，日本偷襲珍珠港，第一個將這消息報告給蔣委員長的是董先生，我們業已經過四年半苦戰，獨立抵抗日本軍閥的侵略，現在，美國國境也同樣遭到日軍的侵襲，從此使戰局完全改觀，美國將和我們併肩作戰，當然是令人興奮的消息。但董先生卻進一步想到中美兩大民族的歷史背景與文化背景截然不同，在一般美國人的心目中，總以為中國是一個神祕的，深不可測的古老國家，必須先讓美國人認識我們，了解我們，然後才能發揮併肩作戰的效用。美國和英國併肩作戰不會發生這樣問題，和其他歐洲國家合作也不會發生問題，但同我們合作就不一樣。現在的中國和現在的中國人真是這樣難了解嗎？不適，當然不是。我們首先要做的是讓人家了解我們並不神祕，我們急切的需要展開公共關係。想來想去，他越想越感覺這件事的重要，因此上書蔣委員長，建議在軍委會設置新聞局，軍中成立發言人制度，設置各級新聞處，政府機構亦應設置新聞局，各省市成立新聞處。

同時在政大成立新聞研究院，聘請美國教授擔任教席。委員長都一一予以批准，這些計畫後來也一一付諸實施。新聞研究院辦了兩班，董先生受聘為院長，他主持這個學院所表現的民主作風令人咋舌，他面對教授們的抗議，面對學生們的批評，不但不以為侮，卻以極大的容忍態度處理一切難題，終於獲得教授們的愛戴和學生們的敬仰。董先生的《回憶錄》對這些事情敘述非常詳盡。《回憶錄》說：「中國報界增加了六十名男女報人的潛在力量，增加了六十名為新聞自由而奮鬥的人，即令他們曾給我許多麻煩都是值得的。」

政府於三十八年遷到臺灣，總裁決心改造黨務，徵詢黨內同志的意見。董先生建議：黨應該倣效教會的辦法，擴大為民服務的工作，以服務輔助宣傳，用服務爭取民眾對黨的信仰，發生廣大，深入而歷史不衰的政治影響，自能贏得民眾衷心的擁護。黨建立在這樣一個深厚的民眾的基礎之上，三民主義的理想才可以逐漸實現。這個建議現在也已見諸實施，有非常具體的成就。

韶光易逝，董先生離開我們已經週年，追寫生平，稱揚盛德，感慨萬千。董先生在日記中這樣寫著：「無論何物，凡是不費力而得到的，大概都不會給他相當的興趣。」又寫著：「世上沒有一事可以比得上個人努力而成功的。」董先生全靠他個人的努力去完成理想，志之所在，終身不逾，由「費力而得到」。他感到愉快，應得到的都得到了，他還有什麼遺憾？這位立得正、坐得穩，一直抬起頭，挺起脊樑的老人離開我們而去，我們感到悲慟，只是個人感情的事，對老人而言，他沒有半點遺憾。

Do人物14　PC0398

董顯光自傳

——報人、外交家與傳道者的傳奇

原　　著／董顯光
譯　　者／曾虛白
主　　編／蔡登山
責任編輯／黃大奎
圖文排版／楊家齊
封面設計／陳佩蓉

出版策劃／獨立作家
發 行 人／宋政坤
法律顧問／毛國樑　律師
製作發行／秀威資訊科技股份有限公司
地址：114 台北市內湖區瑞光路76巷65號1樓
電話：+886-2-2796-3638　傳真：+886-2-2796-1377
服務信箱：service@showwe.com.tw
展售門市／國家書店【松江門市】
地址：104 台北市中山區松江路209號1樓
電話：+886-2-2518-0207　傳真：+886-2-2518-0778
網路訂購／秀威網路書店：https://store.showwe.tw
國家網路書店：https://www.govbooks.com.tw

出版日期／2014年11月　BOD一版　**定價**／430元

|獨立|作家|
Independent Author
寫自己的故事，唱自己的歌

董顯光自傳：報人、外交家與傳道者的傳奇 / 董顯光原著；
曾虛白譯. -- 一版. -- 臺北市：獨立作家, 2014.11
面； 公分. -- (Do人物；PC0398)
BOD版
ISBN 978-986-5729-23-3 (平裝)

1. 董顯光 2. 臺灣傳記

783.3886 103011612

國家圖書館出版品預行編目

讀者回函卡

感謝您購買本書，為提升服務品質，請填妥以下資料，將讀者回函卡直接寄回或傳真本公司，收到您的寶貴意見後，我們會收藏記錄及檢討，謝謝！如您需要了解本公司最新出版書目、購書優惠或企劃活動，歡迎您上網查詢或下載相關資料：http:// www.showwe.com.tw

您購買的書名：________________________________

出生日期：_______年_______月_______日

學歷：□高中（含）以下　□大專　□研究所（含）以上

職業：□製造業　□金融業　□資訊業　□軍警　□傳播業　□自由業

□服務業　□公務員　□教職　□學生　□家管　□其它_____

購書地點：□網路書店　□實體書店　□書展　□郵購　□贈閱　□其他

您從何得知本書的消息？

□網路書店　□實體書店　□網路搜尋　□電子報　□書訊　□雜誌

□傳播媒體　□親友推薦　□網站推薦　□部落格　□其他__________

您對本書的評價：（請填代號　1.非常滿意　2.滿意　3.尚可　4.再改進）

封面設計____　版面編排____　內容____　文／譯筆____　價格____

讀完書後您覺得：

□很有收穫　□有收穫　□收穫不多　□沒收穫

對我們的建議：________________________________

____

____

____

請貼
郵票

11466
台北市內湖區瑞光路 76 巷 65 號 1 樓
獨立作家讀者服務部 收

（請沿線對折寄回，謝謝！）

姓　　名：＿＿＿＿＿＿＿＿＿＿　年齡：＿＿＿＿　性別：□女　□男

郵遞區號：□□□□□

地　　址：＿＿＿＿＿＿＿＿＿＿＿＿＿＿＿＿＿＿＿＿＿＿

聯絡電話：(日) ＿＿＿＿＿＿＿＿＿＿ (夜) ＿＿＿＿＿＿＿＿＿＿

E-mail：＿＿＿＿＿＿＿＿＿＿＿＿＿＿＿＿＿＿＿＿＿＿